Insolvenzrecht

Ralph Kramer • Frank K. Peter

Insolvenzrecht

Grundkurs für Wirtschaftswissenschaftler

3., überarbeitete und erweiterte Auflage

 Springer Gabler

Ralph Kramer
FH Worms
Worms, Deutschland

Frank K. Peter
Kanzlei im Europahaus
Worms, Deutschland

ISBN 978-3-658-03277-7
DOI 10.1007/978-3-658-03278-4

ISBN 978-3-658-03278-4 (eBook)

Die Deutsche Nationalbibliothek verzeichnet diese Publikation in der Deutschen Nationalbibliografie; detaillierte bibliografische Daten sind im Internet über http://dnb.d-nb.de abrufbar.

Springer Gabler
© Springer Fachmedien Wiesbaden 2011, 2012, 2014

Lektorat: Anna Pietras, Renate Schilling

Gedruckt auf säurefreiem und chlorfrei gebleichtem Papier

Springer Gabler ist eine Marke von Springer DE.
Springer DE ist Teil der Fachverlagsgruppe Springer Science+Business Media.
www.springer-gabler.de

Vorwort zur 3. Auflage

Das Insolvenzrecht gewinnt in der Praxis wie auch im Hochschulunterricht zunehmend an Bedeutung. In diesem Bereich gibt es zahlreiche Lehrbücher, welche jedoch häufig den Nachteil aufweisen, dass die Verknüpfung mit dem allgemeinen Zivilrecht nur unzureichend herausgearbeitet wird. Gerade für Wirtschaftswissenschaftsstudenten, welche mit den Grundlagen des Zivilrechts nicht so vertraut sind wie Juristen, bereitet das Insolvenzrecht, also insbesondere die Verknüpfung von Insolvenzrecht mit Zivilrecht, Schwierigkeiten. Das vorliegende Lehrbuch soll diese Lücke schließen. Insbesondere soll im Bereich des materiellen Insolvenzrechts ein besonderer Wert auf die überblicksmäßige Darstellung der zivilrechtlichen Grundlagen und der sich daran anschließenden insolvenzrechtlichen Folgen gelegt werden.

Dieses Buch weist den Rechtsstand Juli 2013 auf und berücksichtigt damit die gesetzlichen Änderungen durch die Insolvenzrechtsnovelle 2012 (ESUG). Zudem wurde das Kapitel über die Besteuerung in der Insolvenz erstmalig aufgenommen sowie das zur Sanierungsberatung wesentlich erweitert.

Für Änderungs- und Verbesserungsvorschläge sind wir Autoren jederzeit dankbar (rk-law@gmx.de bzw. peter@kanzlei-im-europahaus.de).

Worms, im Juli 2013

Ralph Kramer

Frank K. Peter

Inhaltsverzeichnis

Abkürzungsverzeichnis

AEAO	Anwendungserlass zur Abgabenordnung
AG	Aktiengesellschaft
AnfG	Anfechtungsgesetz
AO	Abgabenordnung
ArbG	Arbeitsgericht
Art.	Artikel
BAG	Bundesarbeitsgericht
BetrVG	Betriebsverfassungsgesetz
BGB	Bürgerliches Gesetzbuch
BGH	Bundesgerichtshof
BStBl	Bundesteuerblatt
BUrlG	Bundesurlaubsgesetz
DB	Der Betrieb (Zeitschrift)
DRiG	Deutsches Richtergesetz
EGBGB	Einführungsgesetz zum Bürgerlichen Gesetzbuch
EMRK	Europäische Menschenrechtskonvention
EStG	Einkommenssteuergesetz
EuGH	Europäischer Gerichtshof
EuInsVO	Europäische Insolvenzverordnung
FG	Finanzgericht
GBO	Grundbuchordnung
GenG	Genossenschaftsgesetz
GewO	Gewerbeordnung
GG	Grundgesetz
GmbH	Gesellschaft mit beschränkter Haftung
GmbHG	GmbH-Gesetz
HGB	Handelsgesetzbuch
InsO	Insolvenzordnung
InsVV	Insolvenzverwalter-Vergütungsverordnung
KG	Kammergericht

KSchG	Kündigungsschutzgesetz
KWG	Kreditwesengesetz
LAG	Landesarbeitsgericht
LG	Landgericht
MuSchG	Mutterschutzgesetz
NJW	Neue Juristische Wochenschau (Zeitschrift)
NZI	Neue Zeitschrift für Insolvenzrecht
OLG	Oberlandesgericht
RPflG	Rechtspflegergesetz
SGB	Sozialgesetzbuch
SGG	Sozialgerichtsgesetz
StGB	Strafgesetzbuch
UStG	Umsatzsteuergesetz
VAG	Versicherungsaufsichtsgesetz
VVG	Versicherungsvertragsgesetz
ZPO	Zivilprozessordnung

1 Grundlagen des Insolvenzrechts

1.1 Ziele und Bedeutung des Insolvenzverfahrens

Nach § 1 InsO soll das Insolvenzverfahren zwei Hauptzielen dienen. Es soll zum einen sicherstellen, dass sämtliche **Gläubiger gemeinschaftlich befriedigt** werden. Auf diese Art und Weise verwirklicht das Insolvenzverfahren die Gleichbehandlung aller Gläubiger. Im Rahmen einer Einzelzwangsvollstreckung würde der Gläubiger bevorzugt werden, welcher als erster vollstreckt. Der sog. „Wettlauf der Gläubiger" ist von der InsO nicht erwünscht.

Darüber hinaus dient das Insolvenzverfahren dazu, redlichen Schuldnern, welche natürliche Personen sind, die **Restschuldbefreiung** zu ermöglichen, d. h. ihnen soll unter bestimmten Voraussetzungen die Möglichkeit eines wirtschaftlichen Neuanfangs ermöglicht werden.

Abbildung 1.1   Hauptziele des Insolvenzverfahrens nach § 1 InsO

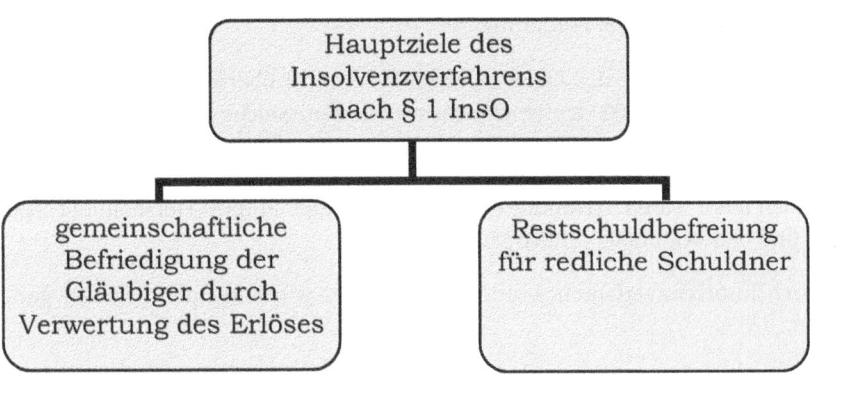

Im Hinblick auf diese zwei Hauptziele hat das Insolvenzverfahren drei Funktionen. Es dient zunächst der **Befriedigungsfunktion**, d. h. sämtliche Gläubiger sollen möglichst vollständig ihre Forderungen erhalten. Es dient darüber hinaus der **Gleichbehandlungsfunktion**, d. h. alle Gläubiger sollen gleich behandelt werden. Letztendlich dient es der **Entschuldungs- und der Sanierungsfunktion**, d. h. der Schuldner soll die Möglichkeit der Sanierung haben.

Abbildung 1.2   Funktionen des Insolvenzverfahrens

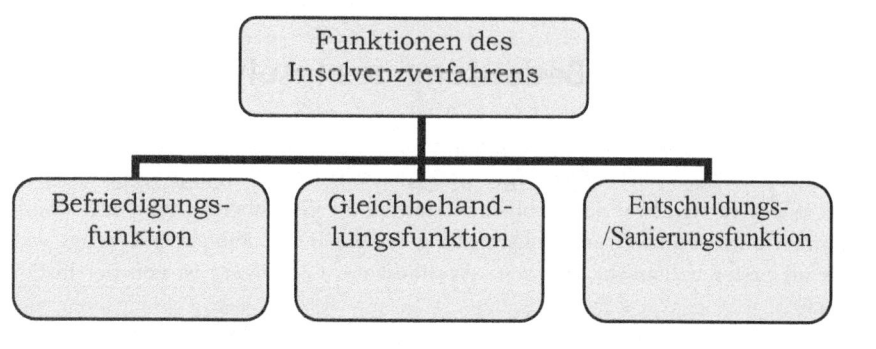

Selbstverständlich können in der Praxis des Insolvenzverfahrens diese Ziele nicht gleichermaßen verwirklicht werden. Insbesondere lässt sich in der Praxis kaum die Befriedigungsfunktion erreichen, d. h. dass alle Gläubiger möglichst vollständig befriedigt werden. Meist wird das Unternehmen des Schuldners zerschlagen und die Gläubiger erhalten 1 bis 4 % der ursprünglichen Forderung.

Die praktische Bedeutung des Insolvenzrechts kann nicht überschätzt werden. So gab es von 2000 bis 2010 ca. 340.000 Unternehmensinsolvenzen, welche zu einem Verlust von ca. 5 Millionen Arbeitsplätzen geführt haben. Die Gesamtschadenssumme, welche durch diese Insolvenzen verursacht wurde, beträgt ca. 250 Milliarden €. Die größten Insolvenzen der vergangenen Jahre waren: Arcandor (52.000 Beschäftigte), Philipp Holzmann (23.000 Mitarbeiter) und Babcock Borsig (21.000 Mitarbeiter).

Die meisten Insolvenzverfahren wurden im Jahr 2009 von folgenden Insolvenzgerichten bearbeitet:

- Berlin-Charlottenburg: 2.324 Verfahren

- Köln: 1.348 Verfahren

- Hamburg: 1.193 Verfahren

- München: 997 Verfahren

- Chemnitz: 911 Verfahren

Insofern zeigt sich auch eine lokal unterschiedliche Bedeutung des Insolvenzrechts.

Die durchschnittliche Dauer des Regelinsolvenzverfahrens beträgt 4,5 Jahre.

1.2   Aufbau der InsO / Verfahrensarten der InsO

1.2.1   Aufbau der InsO

Das Insolvenzverfahren und dessen Ablauf sind in der Insolvenzordnung (InsO) geregelt. Der Aufbau der Insolvenzordnung folgt dem typischen Ablauf eines Insolvenzverfahrens:

- In den §§ 1 – 10 InsO befinden sich zunächst **allgemeine Verfahrensvorschriften**.

- Danach regeln die §§ 11 – 79 InsO die **Eröffnung des Insolvenzverfahrens**.

- In den §§ 80 – 147 InsO sind die **Wirkungen der Eröffnung des Insolvenzverfahrens** beschrieben.

- Die §§ 148 – 173 InsO betreffen die **Verwaltung und Verwertung der Masse**.

- Letztendlich regeln die §§ 174 – 216 InsO die **Befriedigung der Insolvenzgläubiger** und die **Einstellung des Verfahrens**.

Insbesondere die allgemeinen Verfahrensvorschriften gelten für sämtliche Verfahrensarten und Verfahrensstadien.

Nachdem die Insolvenzordnung nicht sämtliche Fragen regelt, sieht § 4 InsO einen Verweis auf die Zivilprozessordnung (ZPO) vor. Deren Vorschriften sind damit ergänzend anwendbar.

> **Beispiel:**
> Versucht der Schuldner nach Insolvenzantragstellung, aber vor Insolvenzeröffnung, sein Vermögen in das Ausland zu verschieben, so kann ein dinglicher Arrest gemäß § 4 InsO, § 916 ZPO beantragt werden. Dies bedeutet, dass das Vermögen des Schuldners beschlagnahmt wird und somit im Inland bleibt und dem Insolvenzverfahren zur Verfügung steht.

1.2.2   Verfahrensarten der InsO

Die Insolvenzordnung sieht nicht nur ein einheitliches Insolvenzverfahren vor, vielmehr besteht grundsätzlich die Wahl zwischen verschiedenen Verfahrensarten, wenngleich die praktische Bedeutung unterschiedlich ist.

Abbildung 1.3   Verfahrensarten

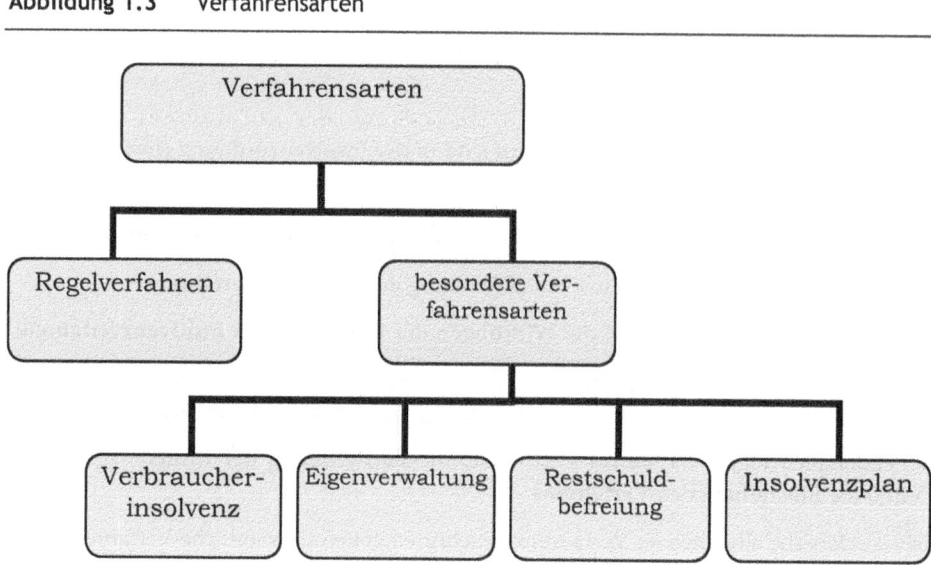

Der Standardfall in der Praxis ist nach wie vor das **Regelinsolvenzverfahren**. Das Regelinsolvenzverfahren kommt bei allen Arten von Schuldnern, das heißt bei natürlichen und bei juristischen Personen, zur Anwendung. Es ist dadurch gekennzeichnet, dass die Verwaltung des Schuldnervermögens durch einen vom Gericht bestellten Insolvenzverwalter erfolgt, welcher mit umfangreichen Befugnissen ausgestattet ist. Dieser ist sowohl gegenüber der Gläubigerversammlung als auch gegenüber dem Insolvenzgericht rechenschaftspflichtig.

Ein besonderes Insolvenzverfahren stellt das sog. **Verbraucherinsolvenzverfahren** (§§ 304 ff. InsO) dar. Es ist auf natürliche Personen anwendbar, die nur eine untergeordnete gewerbliche Tätigkeit ausgeübt haben und insolvent sind. Im Gegensatz zum Regelinsolvenzverfahren verfügt hier kein Insolvenzverwalter über das Vermögen des Schuldners, sondern ein sog. Treuhänder. Meist ist das Verbraucherinsolvenzverfahren wesentlich weniger umfangreich wie das Regelinsolvenzverfahren.

Die **Eigenverwaltung** gemäß §§ 270 ff. InsO stellt eine weitere besondere Verfahrensart dar. Hier verwaltet der Schuldner sein Vermögen selbst; er ist allerdings der Gläubigerversammlung rechenschaftspflichtig. Der Insolvenzverwalter übt hier eine Kontrollfunktion dergestalt aus, dass er insbesondere den Forderungseinzug und die Verteilung des Erlöses überwacht.

Eine weitere Besonderheit stellt das sog. **Restschuldbefreiungsverfahren** nach §§ 286 ff. InsO dar. Durch dieses Verfahren soll einem redlichen Schuldner, der eine natürliche Person ist, nach einer Wohlverhaltensperiode von sechs Jahren ein wirtschaftlicher Neuanfang ermöglicht werden. Die gegen ihn bestehenden Forderungen bestehen zwar grundsätzlich noch weiter, sind aber für die Gläubiger gegen ihn nicht mehr durchsetzbar. Die Restschuldbefreiung setzt eine gerichtliche Entscheidung voraus.

Das sog. **Insolvenzplanverfahren** gemäß §§ 217 ff. InsO ist eine Verfahrensart, welche in der Vergangenheit eher selten zur Anwendung kam. Dies kann sich jedoch durch die geplante Änderung des Insolvenzrechts ändern. Nach aktueller Rechtslage können die Gläubiger gemeinsam eine von der InsO abweichende Verwertung und Verwaltung des Vermögens des Schuldners beschließen. Hierdurch soll eine bessere Verwertung des Schuldnervermögens möglich sein, so dass im Ergebnis ein größerer Erlös an die Gläubiger ausgekehrt werden kann.

Daneben gibt es das **Nachlassinsolvenzverfahren** (§§ 315 ff. InsO), welches insbesondere dann zur Anwendung kommt, wenn der Erbe einem überschuldeten Nachlass gegenübersteht. Durch das Nachlassinsolvenzverfahren kann er seine persönliche Haftung vermeiden.

2   Das Insolvenzeröffnungsverfahren

Über die Eröffnung des Insolvenzverfahrens entscheidet das Insolvenzgericht durch Eröffnungsbeschluss (§ 27 InsO). Es orientiert sich hierbei an folgender Checkliste, welche letztendlich vom Gesetz vorgegeben ist:

<u>Checkliste</u>: Eröffnung des Insolvenzverfahrens

1. **Zuständigkeit des Insolvenzgerichtes**

   a) Örtliche Zuständigkeit

   b) Sachliche Zuständigkeit

   c) Funktionelle Zuständigkeit

2. **Zulässigkeit der Verfahrensart**

3. **Ordnungsgemäße Antragstellung**

4. **Antragsberechtigung / Insolvenzfähigkeit**

5. **Vorliegen eines Insolvenzgrundes**

   a) Zahlungsunfähigkeit

   b) Drohende Zahlungsunfähigkeit

   c) Überschuldung

6. **Zusätzliche Voraussetzungen bei einem Fremdantrag** (Rechtschutzinteresse, Glaubhaftmachung der Forderung und des Insolvenzgrundes)

7. **Kostendeckende Masse**

Unzulässig ist das Insolvenzverfahren über das Vermögen des Bundes, eines Landes oder einer juristischen Person des öffentlichen Rechts (§ 12 InsO).

2.1   Zuständigkeit des Insolvenzgerichtes

Nur ein zuständiges Insolvenzgericht kann das Insolvenzverfahren wirksam eröffnen. Bei der Frage der Zuständigkeit des Insolvenzgerichtes sind drei Bereiche zu unterscheiden.

Abbildung 2.1   Zuständigkeit

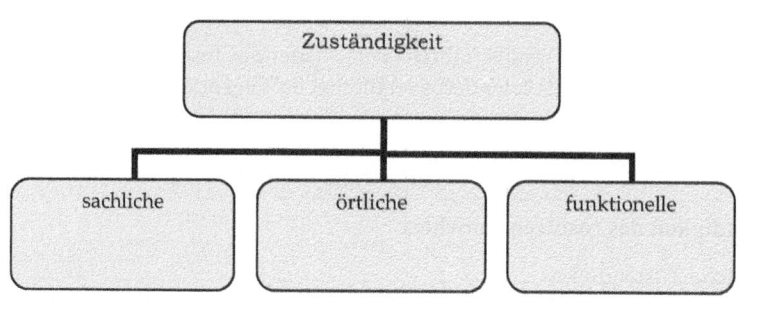

2.1.1   Örtliche Zuständigkeit

Zuständig für das Insolvenzverfahren ist das Amtsgericht, in dessen Bezirk ein Landgericht seinen Sitz hat, wobei das Insolvenzgericht für den kompletten Bezirk des Landgerichts gemäß § 2 Abs. 1 InsO zuständig ist.

Oft haben damit kleinere Amtsgerichte kein Insolvenzgericht, sondern oft ist das Amtsgericht Insolvenzgericht, welches seinen Sitz am Sitz des Landgerichtes hat (§ 2 Abs. 2 InsO; sog. **örtliche Konzentration**). Begründung für diese (außergewöhnliche) Zuständigkeit ist, dass so sichergestellt werden soll, dass beim Insolvenzgericht ein oder mehrere Spezialisten sitzen, die ständig mit dieser, auch für viele Juristen eher ungewöhnlichen Materie, zu tun haben.

> **Beispiel:**
> Zum Landgerichtsbezirk Augsburg gehören fünf Amtsgerichte. Nicht alle Amtsgerichte haben hier eine eigene Insolvenzabteilung, sondern das Amtsgericht Augsburg als Insolvenzgericht ist für den gesamten Landgerichtsbezirk Augsburg zuständig.

2.1.2   Sachliche Zuständigkeit

Sachliche Zuständigkeit meint das richtige Gericht in innerhalb des Gerichtsaufbaus. Die sachliche Zuständigkeit des Insolvenzgerichtes besteht unabhängig im Hinblick auf die Höhe der Schulden. Gemäß § 4 InsO i.V.m. § 40 Abs. 2 ZPO handelt es sich bei der sachlichen Zuständigkeit um eine **ausschließliche Zuständigkeit**, so dass hier durch eine abweichende Parteivereinbarung nicht eine andere Zuständigkeit begründet werden kann.

Gemäß § 2 Abs. 1 InO ist das **Amtsgericht** sachlich zuständig für Insolvenzverfahren.

2.1.3   Funktionelle Zuständigkeit

Innerhalb eines Gerichts entscheiden regelmäßig Richter oder Rechtspfleger über einen Vorgang. Richter haben im Regelfall ein rechtswissenschaftliches Studium und eine entsprechende Vorbereitungszeit bei der Justiz hinter sich, während Rechtspfleger üblicherweise Fachabitur oder Abitur haben und an einer Rechtspflegerschule ausgebildet wurden.

Im Insolvenzverfahren ist grundsätzlich gemäß § 3 Nr. 2e RPflG der **Rechtspfleger** zuständig.

Gemäß § 18 RPflG ist abweichend von dieser grundsätzlichen Regelung ein **Richter** in folgenden Fällen zuständig, wobei es sich innerhalb des Insolvenzverfahrens um bedeutende Vorgänge handelt:

- Entscheidung über die Eröffnung des Insolvenzverfahrens gemäß § 27 InsO

- Auswahl und Bestellung eines vorläufigen Insolvenzverwalters gemäß § 22 InsO

- Ernennung des Insolvenzverwalters gemäß § 27 InsO bzw. eines Treuhänders gemäß § 313 Abs. 1 InsO

- Verfahren über einen Schuldenbereinigungsplan gemäß §§ 305 ff. InsO

- Gewährung und Widerruf der Restschuldbefreiung gemäß §§ 300 ff. InsO

Allerdings kann gemäß § 18 Abs. 2 RPflG der Richter die Sache, die grundsätzlich beim Rechtspfleger ist, jeder Zeit an sich ziehen bzw. wieder an den Rechtspfleger abgeben.

Im vielen Fällen haben die zuständigen Richter neben den allgemeinen juristischen Kenntnissen auch betriebswirtschaftliche Vorkenntnisse.

§ 18 RPflG Insolvenzverfahren

(1) In Verfahren nach der Insolvenzordnung bleiben dem Richter vorbehalten,

1. das Verfahren bis zur Entscheidung über den Eröffnungsantrag unter Einschluss dieser Entscheidung und der Ernennung des Insolvenzverwalters sowie des Verfahrens über einen Schuldenbereinigungsplan nach den §§ 305 bis 310 der Insolvenzordnung,

2. bei einem Antrag des Schuldners auf Erteilung der Restschuldbefreiung die Entscheidungen nach den §§ 289, 296, 297 und 300 der Insolvenzordnung, wenn ein Insolvenzgläubiger die Versagung der Restschuldbefreiung beantragt, sowie die Entscheidung über den Widerruf der Restschuldbefreiung nach § 303 der Insolvenzordnung,

3. Entscheidungen nach den §§ 344 bis 346 der Insolvenzordnung

(2) Der Richter kann sich das Insolvenzverfahren ganz oder teilweise vorbehalten, wenn er dies für geboten erachtet. Hält er den Vorbehalt nicht mehr für erforderlich, kann er das Verfahren dem Rechtspfleger übertragen. Auch nach der Übertragung kann er das Verfahren wieder an sich ziehen, wenn und solange er dies für erforderlich hält.

(3) Die Entscheidung des Rechtspflegers über die Gewährung des Stimmrechts nach den §§ 77, 237 und 238 der Insolvenzordnung hat nicht die in § 256 der Insolvenzordnung bezeichneten Rechtsfolgen. Hat sich die Entscheidung des Rechtspflegers auf das Ergebnis einer Abstimmung ausgewirkt, so kann der Richter auf Antrag eines Gläubigers oder des Insolvenzverwalters das Stimmrecht neu festsetzen und die Wiederholung der Abstimmung anordnen; der Antrag kann nur bis zum Schluss des Termins gestellt werden, in dem die Abstimmung stattgefunden hat.

(4) Ein Beamter auf Probe darf im ersten Jahr nach seiner Ernennung Geschäfte des Rechtspflegers in Insolvenzsachen nicht wahrnehmen.

2.2   Zulässigkeit der Verfahrensart

Nach der Insolvenzordnung ist das Regelinsolvenzverfahren, wie der Name schon sagt, der Standardfall. Lediglich in Ausnahmefällen kommt das sog. Verbraucherinsolvenzverfahren gemäß §§ 304 ff. InsO, das Restschuldbefreiungsverfahren gemäß §§ 286 ff. InsO, die Eigenverwaltung gemäß §§ 270 ff. InsO, oder das Insolvenzplanverfahren gemäß §§ 217 ff. InsO in Betracht.

Wird die **falsche Verfahrensart** beantragt, ist der Antrag als unzulässig zurückzuweisen oder dem Antragsteller Gelegenheit zu geben, die fehlenden Voraussetzungen der richtigen Verfahrensart nachzuholen.

> **Beispiel:**
> Eine natürliche Person kann kein Regelinsolvenzverfahren beantragen, ohne vorher einen Schuldenbereinigungsplan versucht zu haben (§ 305 Abs. 1 InsO). Wenn das Gericht nunmehr das Verbrauchinsolvenzverfahren eröffnen will, so ist dies nicht möglich. Gemäß § 305 Abs. 3 InsO wird das Gericht dem Antragsteller die Möglichkeit geben, diesen innerhalb einer bestimmten Frist nachzureichen.

2.3   Ordnungsgemäße Antragstellung

Das Insolvenzverfahren wird nicht von Amts wegen, sondern nach § 13 Abs. 1 S. 1 InsO nur auf Antrag eröffnet.

Hierbei ist ein **schriftlicher Antrag** erforderlich, der die ladungsfähige Anschrift des Antragstellers enthalten muss.

Muster: Insolvenzantrag

Insolvenzantrag

des .....

             - Antragsteller -

(Vertreter: .....)

gegen

.....

             - Antragsgegner -

(Vertreter: .....)

Sehr geehrte Damen und Herren,

ich vertrete ..... (Vollmacht liegt bei), für den ich beantrage, das Insolvenzverfahren über das Vermögen des ..... zu eröffnen.

Gründe:

Der Antragsteller hat gegen den Schuldner eine fällige Forderung in Höhe von ..... €. Beim Antragsgegner liegt der Eröffnungsgrund der Zahlungsunfähigkeit vor. Das ergibt sich schon daraus, dass die Zwangsvollstreckung in das schuldnerische Vermögen erfolglos war.

Zur Glaubhaftmachung der Forderung des Antragsstellers und zur Glaubhaftmachung des Insolvenzgrundes überreiche ich:
.....

Zur Sicherung der künftigen Insolvenzmasse rege ich die Anordnung von Sicherungsmaßnahmen gemäß § 21 InsO an, insbesondere die Anordnung von ...... Die Anordnung der angeregten Sicherungsmaßnahmen erscheint erforderlich, weil ......

Mit freundlichen Grüßen
.....
(Rechtsanwalt/Rechtsanwältin)

Anlagen wie im Text erwähnt

Wird der Antrag über einen Bevollmächtigten des Antragstellers gestellt, muss gemäß §§ 4 InsO, 80 Abs. 1 S. 2 ZPO eine **schriftliche Vollmacht** im Original oder in beglaubigter Form mit vorgelegt werden. Wird die Vollmacht per Telefax übermittelt, ist das Original nachzureichen. Allerdings wird gemäß §§ 4 InsO, 88 ZPO für den Fall, dass der Insolvenzantrag durch einen Rechtsanwalt unter Hinweis auf seine Bevollmächtigung gestellt wird, dieser nur auf eine Rüge hin nachgeprüft.

§ 88 Mangel der Vollmacht

(1) Der Mangel der Vollmacht kann von dem Gegner in jeder Lage des Rechtsstreits gerügt werden.

(2) Das Gericht hat den Mangel der Vollmacht von Amts wegen zu berücksichtigen, wenn nicht als Bevollmächtigter ein Rechtsanwalt auftritt.

Der Insolvenzantrag ist als Prozesshandlung **bedingungs- und befristungsfeindlich**, d. h. er kann weder unter einer Bedingung, noch mit einer Befristung gestellt werden.

Gemäß § 13 Abs. 2 InsO kann allerdings der Insolvenzantrag bis zur Eröffnung des Insolvenzverfahrens oder bis zur rechtskräftigen Abweisung des Antrages jederzeit zurückgenommen werden.

Gemäß § 46b Abs. 4 KWG[1] und gemäß § 88 VAG[2] bestehen bei der Antragstellung gegen Banken und private Versicherungen Besonderheiten.

2.4   Antragsberechtigung

Hinsichtlich der Antragsberechtigung ist zwischen dem Eigenantrag und dem Fremdantrag zu unterscheiden (§ 13 Abs. 1 InsO):

2.4.1   Eigenantrag

Ein Antrag des Schuldners selbst ist grundsätzlich immer zulässig. Allerdings setzt die Antragstellung einer natürlichen Person auf Eröffnung des Insolvenzverfahrens über ihr eigenes Vermögen zu deren Wirksamkeit die **uneingeschränkte Geschäfts- und damit Prozessfähigkeit** gemäß § 4 InsO i.V.m. § 51 Abs. 1 ZPO voraus.

> **Beispiel:**
> Auch die Vor-GmbH, welche sich im Gründungsstadium zwischen dem Notartermin (Errichtung) oder Handelsregistereintragung befindet, ist rechtsfähig. Über deren Vermögen kann Insolvenzantrag gestellt werden.

Wird ein Antrag auf Eröffnung des Insolvenzverfahrens über das Vermögen einer juristischen Person oder einer Gesellschaft ohne Rechtspersönlichkeit gestellt, ist jedes Mitglied das Vertretungsorgan; bei einer Gesellschaft ohne Rechtspersönlichkeit oder einer KGaA jeder persönlich haftende Gesellschafter sowie Abwickler gemäß § 15 Abs. 1 InsO.

---

[1] Kreditwesengesetz
[2] Versicherungsaufsichtsgesetz

Abbildung 2.2   Antragsbefugte Vertreter im Gesellschaftsrecht

AG	Vorstand (§ 78 AktG)
GmbH	Geschäftsführer (§ 35 GmbHG)
GbR	alle Gesellschafter (§§ 709, 714 BGB)
OHG	jeder Gesellschafter (§ 125 Abs. 1 HGB)
KG	nur Komplementär (§ 125 Abs. 1 HGB) nicht jedoch Kommanditist (§ 170 HGB)

Für den Fall, dass der Antrag nicht von allen Mitgliedern des Vertretungsorgans, allen persönlich haftenden Gesellschaftern oder Abwicklern gestellt wird, ist dieser nur zulässig, wenn der vorgetragene Eröffnungsgrund glaubhaft gemacht wird. Gemäß § 15 Abs. 2 InsO hat das Insolvenzgericht die übrigen Mitglieder des Vertretungsorgans, persönlich haftende Gesellschafter oder Abwickler, dann zu hören. Glaubhaftmachung in diesem Zusammenhang bedeutet gemäß § 4 InsO, § 294 ZPO, das entsprechende Unterlagen dem Insolvenzgericht vorgelegt werden, aus denen sich der Insolvenzgrund ergibt.

> **Beispiel:**
> Eine GmbH hat zwei Geschäftsführer, welche gesamtvertretungsberechtigt sind (§ 35 Abs. 2 S. 2 GmbHG). Stellen beide Geschäftsführer den Insolvenzantrag, so ist dies unproblematisch möglich. Stellt dagegen nur ein Geschäftsführer den Insolvenzantrag, so ist eine zusätzliche Glaubhaftmachung erforderlich.

Eine **Prokura** gemäß § 48 HGB oder eine **Handlungsvollmacht** gemäß § 54 HGB berechtigen nicht zur Stellung eines Insolvenzantrages.

Anders ist dagegen die Rechtslage beim **faktischen Geschäftsführer**, welcher durch folgende Merkmale gekennzeichnet ist; er kann einen Insolvenzantrag stellen:

■ Gestaltung von Geschäftsbeziehungen mit Vertragspartnern der Gesellschaft

■ Verhandlungen mit Kreditgebern und Banken

■ Kontrolle über Finanzströme der Gesellschaft

■ Entscheidung über Steuerangelegenheiten

■ Steuerung der Buchhaltung und Bilanzierung

◼ Entscheidungen über die Unternehmenspolitik

◼ Organisation des Unternehmens

◼ Eigenständige Einstellung von Mitarbeitern

Ein Insolvenzantrag kann weder bedingt noch befristet gestellt werden.[3]

2.4.2   Fremdantrag

Nach § 13 Abs. 1 S. 2 InsO sind auch die persönlichen Gläubiger, die einen begründeten Vermögensanspruch gegen den Schuldner haben, zur Stellung des Insolvenzantrages berechtigt, wobei Gläubiger i.S.d. § 13 Abs. 1 S. 2 InsO vor allem Insolvenzgläubiger nach § 38 InsO sind.

Ein **Vermögensanspruch** ist dabei eine Forderung, die eine Geldleistungspflicht zum Gegenstand hat, oder sollte sie nicht auf eine Geldzahlung gerichtet sein, sich aber dennoch in einen Geldleistungsanspruch inhaltlich umwandeln lässt.

> **Beispiele:**

  • Arbeitnehmer bzgl. ihrer Forderungen auf rückständigen Arbeitslohn

  • Zahlungs- oder Schadensersatzanspruch aufgrund eines Kaufvertrags

Auch können Absonderungsberechtigte nach § 49 InsO und Massegläubiger nach § 53 InsO antragsberechtigte Gläubiger sein.

> **Beispiel:**

  Der Vermieter des insolventen Schuldners hat offene Mietzinsansprüche. Diese sind über das Vermieterpfandrecht (§§ 562 ff BGB) abgesichert, wobei der Vermieter Insolvenzgläubiger diesbezüglich ist.

Dagegen ist der Aussonderungsberechtigte nach § 47 InsO kein Insolvenzgläubiger, da sein Anspruch außerhalb des Insolvenzverfahrens zu erfüllen ist.

> **Beispiel:**

  Ein Dritter hat vor Eröffnung der Insolvenz dem Schuldner einen Gegenstand geliehen. Der Herausgabeanspruch gemäß § 985 BGB ist gemäß § 47 S. 2 InsO außerhalb des Insolvenzverfahrens geltend zu machen. Der Dritte ist damit kein Insolvenzgläubiger.

---

[3] BGH NJW 2006, S. 2701, 2702

2.4.3 Antragsverpflichtung

Oft ist der Schuldner nicht nur nach § 13 Abs. 1 S. 2 InsO berechtigt, den Insolvenzantrag zu stellen, sondern sogar nach § 15a InsO verpflichtet, ab einem bestimmten Zeitpunkt Insolvenzantrag zu stellen. Hiernach ist nämlich der Insolvenzantrag **unverzüglich, spätestens aber binnen drei Wochen** ab Kenntnis des Insolvenzgrundes zu stellen. Wie sich aus der Formulierung eindeutig ergibt, ist die drei Wochen Frist eine Obergrenze. Der Insolvenzantrag muss ohne schuldhaftes Zögern gestellt werden, was unverzüglich bedeutet (§ 121 BGB). Dies bedeutet, dass nach Feststellung des Insolvenzeröffnungsgrundes und einer kurzen Überlegungsphase der Antrag gestellt werden muss.[4]

In der Praxis stellen GmbH-Geschäftsführer im Durchschnitt mit neun Monaten **Verspätung** einen Insolvenzantrag. Hintergrund ist der Umstand, dass ein verfrühter Insolvenzantrag abgewiesen werden würde und der Gesellschaft einen Schaden zufügen würde, für welchen der Geschäftsführer haftbar wäre. Eine im Jahr 2009 erstellte Statistik zeigt, dass 66 % aller Insolvenzanträge zu spät gestellt werden, während 25 % gerade noch rechtzeitig erfolgen. In 9 % der Fälle wird der Antrag dagegen zu früh gestellt. Die zu späte Antragsstellung von einem Verpflichteten ist sogar mit Strafe bedroht (vgl. § 84 GmbHG, § 401 AktG, § 148 GenG[5]).

Auch stellt die Insolvenzantragsverpflichtung nach § 15a InsO eine sog. drittschützende Norm i.S.d. § 823 Abs. 2 BGB dar.[6] § 823 Abs. 2 BGB i.V.m. § 15a InsO ist damit eine Anspruchsgrundlage für Schadensersatzansprüche.

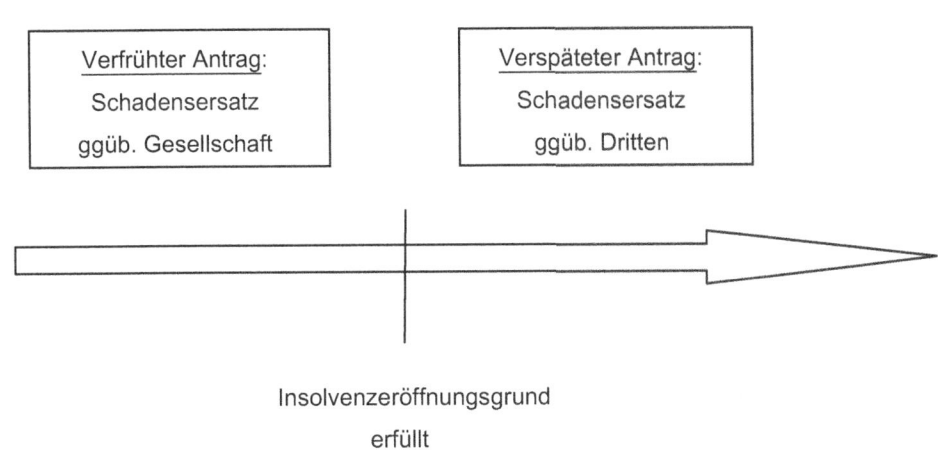

---

[4] BGH NJW 1979, S. 1823, 1826
[5] Genossenschaftsgesetz
[6] Bundestags-Drucksache 16/6140

Wird ein **Steuerberater** für einen insolvenzreifen Mandanten tätig, ist allerdings der Steuerberater nicht nach § 15a InsO verpflichtet, Insolvenzantrag zu stellen, da nach dem eindeutigen Wortlaut des § 15a InsO nur ein Geschäftsführer dazu verpflichtet ist. Allerdings kann sich der Steuerberater nach §§ 823 Abs. 2 BGB, 830 Abs. 2 BGB schadensersatzpflichtig machen. Hier kommt als verletztes Schutzgesetz § 15 a Abs. 4 InsO in Betracht, wobei hierfür Beihilfe nach § 27 StGB ausreichend ist.

§ 27 StGB Beihilfe

(1) Mit der Verurteilung durch ein inländisches Gericht wegen einer oder mehrerer mit Vorsatz begangener strafbarer Handlungen zu einer Freiheitsstrafe ist bei einem Beamten der Verlust des Amtes verbunden, wenn

1   die verhängte Freiheitsstrafe ein Jahr übersteigt,

2   die nicht bedingt nachgesehene Freiheitsstrafe sechs Monate übersteigt oder

3   die Verurteilung auch oder ausschließlich wegen des Vergehens des Missbrauchs eines Autoritätsverhältnisses (§ 212 StGB) erfolgt ist.

(2) Zieht eine strafgerichtliche Verurteilung nach einem Bundesgesetz eine andere als die im Abs. 1 genannte Rechtsfolge nach sich, so endet die Rechtsfolge, wenn nichts anderes bestimmt ist, soweit sie nicht im Verlust besonderer auf Wahl, Verleihung oder Ernennung beruhender Rechte besteht, nach fünf Jahren. Die Frist beginnt, sobald die Strafe vollstreckt ist und vorbeugende Maßnahmen vollzogen oder weggefallen sind; ist die Strafe nur durch Anrechnung einer Vorhaft verbüßt worden, so beginnt die Frist mit Rechtskraft des Urteils.

Voraussetzung ist hierfür, dass der Steuerberater Hilfe zu einer vorsätzlichen Insolvenzverschleppung des Mandanten geleistet hat.

Der Steuerberater kann seine **Haftung nur vermeiden**, wenn er seinem Mandanten nachweisbar zur Stellung des Insolvenzantrages geraten hat. Hierfür kommen folgende Tätigkeiten in Betracht:

■ Erstellung der Buchhaltung

■ Erstellung des Jahresabschlusses

■ Wirtschaftliche Beratung

Nimmt ein Geschädigter den Steuerberater auf Schadensersatz in Anspruch, muss er die den Schadensersatzanspruch begründenden Tatsachen beweisen. Nach § 138 Abs. 2 ZPO gilt allerdings, dass sowohl der insolvenzantragspflichtige Mandant, als auch der Steuerberater Aufklärungspflichten im Prozess haben. Gegenstand dieser Aufklärungspflicht ist hierbei insbesondere die Frage, inwieweit der beratende Steuerberater an der schadensbegründenden Handlung mitgewirkt hat.

2.5 Vorliegen eines Insolvenzgrundes

Des Weiteren bedarf es für die Eröffnung des Insolvenzverfahrens eines Insolvenzgrundes gemäß § 16 InsO. Das Gesetz sieht drei Insolvenzgründe vor, welche nebeneinander bestehen: Zahlungsunfähigkeit, drohende Zahlungsunfähigkeit und Überschuldung.

Abbildung 2.3 Insolvenzgründe

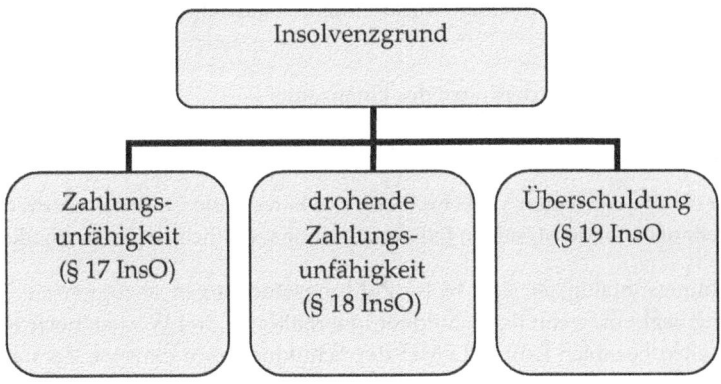

Gemäß § 5 Abs. 1 InsO hat das Insolvenzgericht von Amts wegen zu prüfen, ob ein Insolvenzgrund vorliegt.

2.5.1 Zahlungsunfähigkeit

Nach § 17 Abs. 1 InsO ist die Zahlungsunfähigkeit ein allgemeiner Grund für die Eröffnung des Insolvenzverfahrens.

Zahlungsunfähigkeit kann sowohl bei **natürlichen als auch juristischen Personen** auftreten.

§ 17 Abs. 2 InsO definiert die **Zahlungsunfähigkeit** als die Unfähigkeit des Schuldners, fällige Zahlungsverpflichtungen zu erfüllen. Die Zahlungsunfähigkeit liegt in der Regel vor, wenn der Schuldner seine Zahlungen einstellt, wobei die Nichterfüllung der Schuld auf einen objektiven Mangel an Zahlungsmitteln zurückzuführen sein muss. Sogar die Nichtzahlung einer einzelnen Verbindlichkeit kann ausreichen, wenn deren Höhe beträchtlich ist.[7] Die Vermutung der Zahlungsunfähigkeit nach § 17 Abs. 2 S. 2 InsO kann nicht durch den Nachweis der Zahlungsunwilligkeit des Schuldners widerlegt werden;

---

[7] BGHZ 149, S. 178, 185

erforderlich ist der Nachweis der Zahlungsfähigkeit.[8] Zudem wird Zahlungsunfähigkeit vermutet, wenn der Geschäftsführer einer GmbH Bücher und Belege nicht entsprechend den gesetzlichen Vorschriften aufbewahrt.[9]

Ob Zahlungsunfähigkeit gegeben ist, wird durch einen **Finanzplan** festgestellt, in dem die fälligen Verbindlichkeiten des Schuldners den noch vorhandenen Zahlungsmitteln gegenübergestellt werden, wobei maßgeblicher Zeitpunkt für die Beurteilung die Antragstellung und die Entscheidung über den Insolvenzantrag ist. Dies bedeutet, dass die Zahlungsunfähigkeit über einen beschränkten Zeitraum gegeben sein muss. Zudem hat der BGH festgestellt, dass die Feststellung der Zahlungsunfähigkeit auch mit Hilfe von Indizien getroffen werden kann:[10]

• Nichtzahlung von Steuerforderungen des Finanzamts

• Mehrere erfolglose Vollstreckungsversuche des Gläubigers[11]

Es muss sich für die beteiligten Verkehrskreise der berechtigte Eindruck aufdrängen, dass der Schuldner außerstande ist, seinen fälligen Zahlungsverpflichtungen nachzukommen.[12]

Von der Zahlungsunfähigkeit sind bloße **Zahlungsstockungen** abzugrenzen. Eine Zahlungsstockung liegt vor, wenn der Schuldner innerhalb von drei Wochen noch 90 % seiner Verbindlichkeiten bezahlen kann.[13] Leistet der Schuldner noch einzelne Zahlungen, bleiben aber wesentliche Verbindlichkeiten unerfüllt, ändert dies grundsätzlich nichts an der Zahlungsunfähigkeit.[14] Gleiches gilt, wenn die Verlängerung der Darlehen, welche dem Schuldner gewährt wurden, möglich ist, jedoch keine sichere Erfolgsaussicht hat.[15]

Eine gegebene Zahlungsunfähigkeit wird erst dann wieder beseitigt, wenn der Schuldner die geschuldeten Forderungen in ihrer Gesamtheit an die Gläubiger leistet (innerhalb 3 bis 6 Monaten). Sie wird nicht schon dadurch beseitigt, wenn er lediglich dem antragstellenden Gläubiger Zahlungen leistet.

2.5.2   Drohende Zahlungsunfähigkeit

Nach § 18 InsO ist auch die drohende Zahlungsunfähigkeit ein Insolvenzeröffnungsgrund.

---

[8] BGH IX ZR 239 / 09 = DB 2012, S. 915
[9] BGH II ZR 119/10
[10] BGH IX ZR 134 / 10 = DB 2011, S. 1688
[11] BGH IX ZR 175 / 02 = DB 2003, S. 2383
[12] BGH IX ZR 46 / 01
[13] BGH NJW 2005, S. 3062 ff
[14] BGH IX ZR 89/02 = ZInsO 2003, S 755 ff
[15] BGH IX ZR 621/10 = DB 2013, S. 58 ff

Nach § 18 Abs. 2 InsO droht ein Schuldner zahlungsunfähig zu werden, wenn er voraussichtlich nicht in der Lage ist, seine bestehenden Zahlungsverpflichtungen im Zeitpunkt der Fälligkeit zu erfüllen. Berücksichtigt werden hier die aktuellen und die kommenden Verbindlichkeiten, welche mit einer gewissen Wahrscheinlichkeit zu erwarten sind. Prognosezeitraum sind die nächsten sechs Monate, jedoch muss sich dieser auch (teilweise) auf das Folgejahr erstrecken. In der Praxis geschieht dies durch Ausarbeitung eines Finanzplans durch einen Wirtschaftsprüfer.

Die Beweislast für den Insolvenzeröffnungsgrund liegt beim Antragsteller.

Ein vereinfachter Liquiditätsplan sieht wie folgt aus:

	Woche 1 Euro	Woche 2 Euro	Woche 3 Euro	Woche 4 Euro	Woche 5 Euro
Umsätze Produktion u. Leistung					
Einnahmen VuV					
Sonst. Einnahmen					
Summe Erlöse Geschäftstätigkeit					
Verwertzungserlöse					
Summe Mittelzufluss					
Beratungskosten					
Personalkosten					
Verbindl.. Lieferung u. Leistung					
Sonst. Verbindl.					
Zinsen					
Summe Mittelabfluss					
SALDO					

Bei der drohenden Zahlungsunfähigkeit besteht die Besonderheit, dass ein darauf gestützter Insolvenzantrag **nur vom Schuldner selbst** gestellt werden kann. Hier sind Insolvenzanträge von Gläubigern unzulässig, da der Sinn und Zweck dieses Antragsgrundes darin besteht, dass dem Schuldner bereits im Vorfeld der Zahlungsunfähigkeit durch die „Flucht in die Insolvenz" durch professionelle Unterstützung eines Insolvenzverwalters eine Sanierungsmöglichkeit eröffnet werden soll.

Damit ist ein auf die drohende Zahlungsunfähigkeit des Schuldners gestützter Insolvenzantrag bei juristischen Personen oder bei einer Gesellschaft ohne Rechtspersönlichkeit von allen Mitgliedern des Vertretungsorgans, von allen persönlich haftenden Gesellschaftern bzw. allen Abwicklern zu stellen (§ 18 Abs. 3 InsO).

Zahlungsunfähigkeit und drohende Zahlungsunfähigkeit können gemäß folgender Übersicht voneinander abgegrenzt werden:

	Zahlungsunfähigkeit	Drohende Zahlungsunfähigkeit
Prognosezeitraum	3 Wochen	i.d.R. 12 – 24 Monate
Verbindlichkeiten	nur begründete Verbindlichkeiten zzgl. Sicherheitspuffer	alle voraussichtlich zu bezahlenden Verbindlichkeiten
Berücksichtigung von ungewissen Verbindlichkeiten, v.a. Rückstellungen	nur ausnahmsweise, wenn Fälligkeitszeitpunkt in Prognosezeitraum fällt	grds., wenn Fälligkeitszeitpunkt in Prognosezeitraum fällt

2.5.3 Überschuldung

Letztendlich kann nach § 19 InsO auch bei juristischen Personen, dem Nachlass oder dem Gesamtgut (bei der Gütergemeinschaft im Familienrecht) auch bei einer Überschuldung Insolvenzantrag gestellt werden. Hier soll die Insolvenz einer nicht überlebensfähigen Gesellschaft nicht bis zur Zahlungsunfähigkeit hinausgezögert werden. In der Praxis, insbesondere bei GmbH's ist dieser Insolvenzeröffnungsgrund von wesentlicher Bedeutung.

Überschuldung liegt dabei vor, wenn das Vermögen des Schuldners die bestehenden Verbindlichkeiten nicht mehr deckt, wobei für die Bewertung des Vermögens des Schuldners die Fortführung des Unternehmens nach § 19 Abs. 2 InsO zugrunde zu legen ist, wenn diese nach den Umständen wahrscheinlich ist.

Die Frage der Überschuldung wird nach dem aktuell geltenden sog. **zweistufigen Überschuldungsbegriff** geprüft:[16]

1. Stufe: Vermögen des Schuldners deckt Verbindlichkeiten nicht mehr

2. Stufe: negative Fortführungsprognose

---

[16] Dieser soll von 18.10.2008 bis 31.12.2013 gelten, wobei politisch derzeit die unbefristete Geltung dieses Überschuldungsbegriffs im Raum steht. Der frühere modifizierte zweistufige Überschuldungsbegriff ist nicht mehr anwendbar, vgl. OLG Schleswig ZIP 2010, S. 516

Dieser Überschuldungsbegriff soll lebensfähige Unternehmen davor bewahren, wegen bilanzieller Verluste Insolvenz beantragen zu müssen.[17]

Bei der Frage der Überschuldung ist nicht auf die Handelsbilanz gemäß § 240 HGB abzustellen. Auch die Steuerbilanz kann allenfalls nur als Indiz herangezogen werden. Es ist vielmehr eine Sonderbilanz, die sog. **Überschuldungsbilanz**, zu erstellen. Die Besonderheit der Überschuldungsbilanz liegt darin, dass die Aktiva mit ihren wahren Werten (d. h. den realisierbaren Verkehrswerten unter Auflösung der stillen Reserven) angesetzt werden. Bei den Passiva sind die echten, also die real bestehenden Verbindlichkeiten, anzusetzen.[18]

Für die Ermittlung des wirklichen Wertes eines Unternehmens gibt es damit zwei Möglichkeiten: Liquidationswerte oder Betriebsfortführungswerte. Als Verwertungsszenario ist die den Umständen nach wahrscheinlichste Verwertungsart zugrunde zu legen.[19]

> **Beispiel:**

  Kann für einen Gegenstand im Fall der Veräußerung ein Preis von 1.000 € erzielt werden, während dessen Nutzen im Fall der Betriebsfortführung mit 1.200 € angesetzt werden kann, so ist grundsätzlich auf den Veräußerungspreis von 1.000 € abzustellen.

In der Praxis gibt es Bewertungshandbücher, in welchen die Bewertung wichtiger Vermögenspositionen dargestellt ist. So kommt folgenden Bewertungsaspekten eine besondere praktische Bedeutung zu:

- Ausstehende Einlagen von Gesellschaftern sind zu aktivieren, sofern diese durchsetzbar sind.

- Sachanlagen sind mit dem tatsächlichen Verkehrswert in Ansatz zu bringen, unter Aufdeckung stiller Reserven. Steuerliche Auswirkungen sind zu hierbei berücksichtigen.

- Forderungen sind mit ihrem Buchwert in Ansatz zu bringen, es sei denn, es sind angemessene Wertberichtigungen vorzunehmen.[20]

- Aktive Rechungsabgrenzungsposten (§ 250 Abs. 1 HGB) können nur dann aktiviert werden, wenn sie einen tatsächlich realisierbaren Vermögenswert haben.[21]

- Aussonderungsrechte gemäß § 47 InsO sind nicht zu aktivieren (es handelt sich um kein Schuldnervermögen).

---

[17] Bundestags-Drucksache 16/10600 S. 13
[18] BGH II ZR 88/99
[19] IDW FAR 1/1996, WPg 1997, S. 25
[20] LG Göttingen 10 T 119/08
[21] OLG Frankfurt/M. 17 U 63/99 = NZG 2001, S. 173

- Verbindlichkeiten sind mit dem Nennwert anzusetzen.

- Verbindlichkeiten mit Rangrücktritt (§ 39 II InsO) sind nicht zu passivieren. Diese kommen lediglich als Merkposten unter die Summe der Passiva des Überschuldungsstatus.[22]

- Einlage stiller Gesellschafters sind zu passivieren (§ 236 I HGB); eine Ausnahme besteht dann, wenn der stille Gesellschafter als Mitunternehmer anzusehen ist (atypisch stille Gesellschaft).

Wurde Überschuldung festgestellt, kommt es auf die **Fortführungsprognose** gemäß § 19 Abs. 2 S. 2 InsO an, d. h. wenn die Fortführung des Unternehmens überwiegend wahrscheinlicher als die Stilllegung ist, scheidet eine Insolvenz aus.

Voraussetzung hierfür ist die **Fortführungsfähigkeit** des Unternehmens (objektive Komponente) und der **Fortführungswille** (subjektive Komponente).[23] Während letzterer in der Regel als gegeben unterstellt werden kann, ist ersterer zu prüfen. Unter Berücksichtigung dieser Prognosekriterien ist die Fortbestehensprognose im Wege einer betriebswirtschaftlichen Ertrags- und Finanzplanung zu erstellen.[24] Klargestellt wurde in diesem Zusammenhang bislang, dass sich eine Fortbestehensprognose nicht auf ein von der Zustimmung von Gläubigern abhängiges Sanierungskonzept stützen kann, wenn die Zustimmung von den Gläubigern bereits verweigert wurde.[25]

Abbildung 2.4   Kriterien der Fortführungsprognose

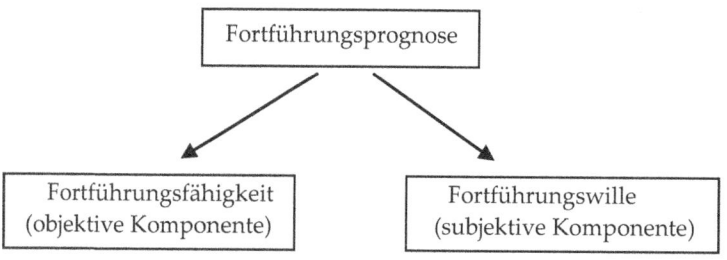

---

[22] BGH II ZR 88 / 99
[23] BGH II ZR 303/05

[24] BGH II ZR 303/05; OLG Stuttgart 4 U 189/05
[25] BGH II ZR 207/01

Prognosegegenstand ist die Ertrags- und nicht nur die Zahlungsfähigkeit des Unternehmens in den kommenden 12 bis 18 Monaten.[26] Meist wird diese Beurteilung durch einen Wirtschaftsprüfer vorgenommen, welcher an die einschlägigen berufsrechtlich relevanten Regelungen gebunden ist, z.B. IDW-S 6.

Nach herrschender Ansicht tragen in einem etwaigen späteren Gerichtsverfahren die Geschäftsführungsorgane die Darlegungs- und Beweislast für eine positive Fortbestehensprognose.[27] Hat die Geschäftsführung die Fortbestehensprognose von einem unabhängigen und fachlich qualifizierten Sachverständigen erstellen und dokumentieren lassen, stellt dies für sie eine Exkulpationsmöglichkeit dar; Voraussetzung hierfür ist, dass die Geschäftsführung den Sachverständigen über sämtliche für die Prognoseerstellung erheblichen Umstände informiert und die erstellte Fortbestehensprognose einer eigenen Plausibilitätskontrolle unterzogen hat.[28]

Ein einfaches Muster eines Überschuldungsstatus kann daher wie folgt aussehen:

Aktiva	Passiva
A. Ausstehende Einlagen	A. Rückstellungen
B. Anlagevermögen	B. Verbindlichkeiten
1) Immaterielle Vermögenswerte	C. Über-/Unterdeckung
2) Grundvermögen	
3) Bewegliche Sachanlagen	
C. Umlaufvermögen	
Summe	Summe

---

[26] OLG Naumburg GmbHR 2004, S. 361

[27] BGH II ZR 303/05

[28] BGH II ZR 48/06

Abbildung 2.4   Zusammenfassung Insolvenzeröffnungsgründe

Schuldner ist	Gläubigerantrag	Schuldnerantrag
natürliche Person	Zahlungsunfähigkeit (§ 17 InsO)	Zahlungsunfähigkeit (§ 17 InsO)

juristische Person	- Zahlungsunfähigkeit
	  (§ 17 InsO)
	- Überschuldung (§ 19 InsO)
		- Zahlungsunfähigkeit
		  (§ 17 InsO)
		- drohende Zahlungsfähigkeit
		  (§ 18 InsO)
		- Überschuldung (§ 19 InsO)

GbR, OHG, KG	Zahlungsunfähigkeit
	(§ 17 InsO)
		- Zahlungsunfähigkeit
		  (§ 17 InsO)
		- drohende Zahlungsfähigkeit
		  (§ 18 InsO)

Nachlass	- Zahlungsunfähigkeit
	  (§ 17 InsO)
	- Überschuldung (§ 19 InsO)
		- Zahlungsunfähigkeit
		  (§ 17 InsO)
		- drohende Zahlungsunfähigkeit
		  (§ 18 InsO)
		- Überschuldung (§ 19 InsO)

2.5.4   Beseitigung der Überschuldung in der Praxis

In der Praxis, gerade vor dem Hintergrund einer Sanierungsberatung, stellt sich häufig die Frage, wie eine Überschuldung beseitigt werden kann. Dabei kommen verschiedene Instrumente zum Einsatz.

Die gesetzlich nicht normierte **Patronatserklärung** ist die Erklärung eines Dritten („Patron", häufig die Muttergesellschaft) zur Aufrechterhaltung der Bonität eines anderen Unternehmens (häufig Tochtergesellschaft). Sie kommt als weiche und harte Patronatserklärung vor.

■ Die **harte Patronatserklärung** räumt eine rechtsverbindliche Einstandspflicht ein. Sie ist zur Vermeidung der Überschuldung geeignet.[29]

---

[29] BGH IX ZR 9/10 = ZInsO 2011, S. 1115, 1117

> **Beispiel:**
> „Die A-AG verpflichtet sich gegenüber der B-GmbH, diese in jedem Fall mit den finanziellen Mitteln auszustatten, welche erforderlich sind, damit die B-GmbH ihre finanziellen Verpflichtungen gegenüber ihren Gläubigern erfüllen kann."

■ Die **weiche Patronatserklärung** ist dagegen nicht mit rechtlichen Verpflichtungen verbunden, und damit auch nicht zur Vermeidung oder Beseitigung einer Überschuldung geeignet.[30]

> **Beispiel:**
> „Unsere Gesellschaft wird ihren Einfluss geltend machen, damit unsere Tochtergesellschaft deren Verbindlichkeiten nachkommt."

Zu berücksichtigen ist in diesem Zusammenhang, dass Patronatserklärungen ordentlich mit angemessener Frist gekündigt werden können.[31]

Eine andere, weit verbreitete Möglichkeit stellt der **Rangrücktritt** dar, § 19 Abs. 2 S. 2 InsO.[32] Rechtlich handelt es sich um einen den Inhalt eines Schuldverhältnisses abändernden Vertrag. Der Inhalt eines Rangrücktritts hat sich an § 39 Abs. 1 Nr. 5, 19 Abs. 2 InsO zu orientieren.

> **Beispiel:**
> „Der Gläubiger A hat gegen die B-GmbH eine Forderung aus .... über .... €. Zur Vermeidung einer Überschuldung der B-GmbH vereinbaren die Parteien gemäß § 19 Abs. 2 S. 2 InsO den Nachrang dieser Forderung hinter die in § 39 Abs. 1 Nr. 1 - 5 InsO bezeichneten Forderungen."

Den stärksten Sanierungsbeitrag stellt jedoch der **Forderungsverzicht** („Haircut") dar, ggfs. verbunden mit einer **Besserungsabrede**.[33] Der Forderungsverzicht ist ein Erlassvertrag gemäß § 397 BGB. Die Besserungsabrede bewirkt, dass im Fall der Besserung der wirtschaftlichen Verhältnisse die Forderung des Gläubigers wieder auflebt. Im Interesse des Gläubigers sind die Gründe, die zu einem Wiederaufleben der Forderung führen, möglichst konkret zu definieren.

---

[30] BGH IX ZR 9/10 = ZInsO 2011, S. 1115, 1117
[31] BGH II ZR 296/08
[32] BGH II ZR 13/09 = ZInsO 2010, S. 1069, 1070
[33] Hinsichtlich der steuerlichen Auswirkungen (außerordentlicher Ertrag) sei auf den Sanierungserlass des BMF verwiesen (BMF-Schreiben vom 27.3.2003, BStBl 2003, S. 240)

2.6   Zusätzliche Voraussetzungen bei einem Fremdantrag

2.6.1   Rechtliches Interesse

Üblicherweise ist davon auszugehen, dass ein Gläubiger, der seine Forderung und den Eröffnungsgrund glaubhaft macht, über ein sog. rechtliches Interesse an der Insolvenzeröffnung verfügt.

Ein **rechtliches Interesse** ist immer dann anzunehmen, wenn die Befriedigung des Gläubigers auf einfachere, schnellere und zweckmäßigere Weise nicht erreicht werden kann. Ein rechtliches Interesse ist damit insbesondere nicht gegeben, wenn der Gläubiger mit seinem Antrag insolvenzfremde Zwecke verfolgt.[34]

> **Beispiele:**
> Ein Gläubiger, der nur über eine sehr geringe Forderung gegen den Schuldner verfügt, stellt Insolvenzantrag. Sein eigentliches Interesse besteht darin, einen ihm lästigen Konkurrenten auszuschalten.[35] Das gleiche gilt, wenn es dem Finanzamt als Gläubiger nur darum geht, die wirtschaftliche Existenz des Schuldners zu vernichten.[36]

Das rechtliche Interesse liegt auch dann nicht vor, wenn die Forderung zweifelsfrei vollständig dinglich gesichert ist, z. B. durch eine Grundschuld.[37]

Auch fehlt es an einem rechtlichen Interesse, wenn die Forderung des antragstellenden Gläubigers, wie im Beispiel dargestellt, nur gering ist, oder aber der Antragsteller durch seinen Insolvenzantrag, obwohl seine Hauptforderung bereits beglichen ist, diesen nur noch wegen Zinsen oder offenen Kosten weiterverfolgt.

Ebenfalls kann es am rechtlichen Interesse bereits dann fehlen, wenn der Gläubiger vor Stellung des Insolvenzantrages keine zumutbaren und von vornherein nicht aussichtslosen Vollstreckungsmaßnahmen im Rahmen der **Einzelzwangsvollstreckung** unternommen hat.

---

[34] BFH VII B 19/88
[35] LG Dortmund ZIP 1980, S. 633
[36] BFH VII B 180/04; BFH/NV 2005, S. 1002
[37] BGH NJW 2008, S. 1380

Abbildung 2.5   Fehlendes rechtliches Interesse

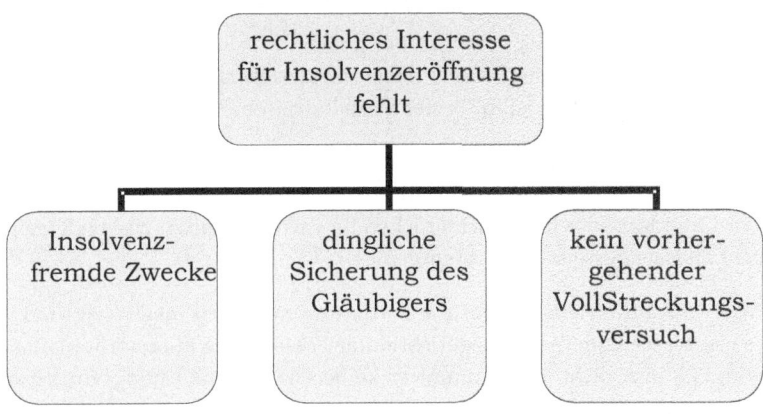

2.6.2   Glaubhaftmachung von Forderungen und Eröffnungsgrund

Bei einem Fremdantrag ist zusätzlich erforderlich, dass der Gläubiger seine Forderung und den Eröffnungsgrund glaubhaft macht.

Dies geschieht mittels eines präsenten Beweismittels bzw. insbesondere einer eidesstattlichen Versicherung gemäß §§ 4 InsO, 294 Abs. 1 ZPO. Dabei ist auch ausreichend, wenn im Rahmen einer anwaltlichen Versicherung durch einen Rechtsanwalt der Sachverhalt spezifiziert dargelegt wird. Zu beachten ist, dass das Insolvenzeröffnungsverfahren ein Eilverfahren ist, so dass nicht präsente Beweismittel vor Gericht als ungeeignet zurückgewiesen werden.

> **Beispiel:**

Im Rahmen der Glaubhaftmachung der Forderung ist eine bestimmte Bezeichnung des Schuldners incl. der Angaben über die Forderung unter Vorlage entsprechender Belege zu machen, wobei die Belege grundsätzlich im Original vorzulegen sind.

Selbst Sozialversicherungsträger müssen bei der Glaubhaftmachung die gleichen Voraussetzungen erfüllen. Sie genießen gegenüber anderen Gläubigern keine Vorteile.

Allerdings geht der BGH davon aus, dass das 6-monatige Nichtzahlen der Sozialversicherungsbeiträge als Glaubhaftmachung ausreicht.[38]

Ausnahmsweise genügt die Glaubhaftmachung nicht. Wird eine Forderung vom Gemeinschuldner bestritten und handelt es sich dabei um die **einzige Forderung**, die den Insolvenzgrund ausmachen würde, ist ihr Bestehen zu beweisen.[39]

Will das Gericht einen das Insolvenzverfahren eröffnenden Beschluss erlassen, muss dieses vom Vorliegen des Eröffnungsgrundes und vom Bestand der Forderung überzeugt sein.[40] Hier gilt der Grundsatz der freien richterlichen Beweiswürdigung, was bedeutet, dass das Gericht nicht an feste Beweisregeln gebunden ist.

Hat der Insolvenzantragsteller weder die Forderung noch den Insolvenzgrund glaubhaft gemacht, so ist dieser vom Insolvenzgericht unter Fristsetzung aufzufordern, dies nachzuholen. Gelingt es ihm nicht, bzw. nimmt er keine Glaubhaftmachung vor, ist der Insolvenzantrag gemäß § 4 InsO i.V.m. § 91 ZPO kostenpflichtig als unzulässig zurückzuweisen.

Auch kann ein von Anfang an **unbegründeter Insolvenzantrag** den Antragsteller **schadensersatzpflichtig** machen. Als Anspruchsgrundlagen kommen hier insbesondere die Kreditgefährdung nach § 824 BGB oder die üble Nachrede gemäß § 186 StGB i.V.m. § 823 Abs. 2 BGB in Betracht.

§ 824 BGB: Kreditgefährdung

(1) Wer der Wahrheit zuwider eine Tatsache behauptet oder verbreitet, die geeignet ist, den Kredit eines anderen zu gefährden oder sonstige Nachteile für dessen Erwerb oder Fortkommen herbeizuführen, hat dem anderen den daraus entstehenden Schaden auch dann zu ersetzen, wenn er die Unwahrheit zwar nicht kennt, aber kennen muss.

(2) Durch eine Mitteilung, deren Unwahrheit dem Mitteilenden unbekannt ist, wird dieser nicht zum Schadensersatz verpflichtet, wenn er oder der Empfänger der Mitteilung an ihr ein berechtigtes Interesse hat.

§ 186 StGB: Üble Nachrede

Wer in Beziehung auf einen anderen eine Tatsache behauptet oder verbreitet, welche denselben verächtlich zu machen oder in der öffentlichen Meinung herabzuwürdigen geeignet ist, wird, wenn nicht diese Tatsache erweislich wahr ist, mit Freiheitsstrafe bis zu einem Jahr oder mit Geldstrafe und, wenn die Tat öffentlich oder durch Verbreiten

---

[38] BGH IX ZB 238/05 = ZInsO 2005, S. 827
[39] BGH NZI 2006, S. 174
[40] OLG Köln NZI 2000, S. 130 ff

von Schriften (§ 11 Abs. 3) begangen ist, mit Freiheitsstrafe bis zu zwei Jahren oder mit Geldstrafe bestraft.

Für den Fall, dass der Insolvenzgläubiger lediglich fahrlässig auf eine tatsächlich nicht bestehende Zahlungsunfähigkeit des Schuldners geschlossen hat, liegt noch kein Eingriff in das Recht des Schuldners an seinem eingerichteten und ausgeübten Gewerbebetrieb nach § 823 Abs. 1 BGB vor.[41]

2.6.3 Anhörung des Schuldners

Nach § 14 Abs. 2 InsO hat das Insolvenzgericht den Schuldner bzw. seinen gesetzlichen Vertreter zu hören, wenn der Gläubiger sein rechtliches Interesse an der Insolvenzeröffnung dargelegt und sowohl Forderung wie Eröffnungsgrund glaubhaft gemacht hat.

In den in § 10 Abs. 1 S. 1 InsO genannten Fällen kann die Anhörung des Schuldners unterbleiben. Dies ist der Fall, wenn sich der Schuldner entweder im Ausland aufhält und die Anhörung das Verfahren übermäßig verzögern würde, oder wenn der Aufenthaltsort des Schuldners unbekannt ist.

Der Schuldner hat im Rahmen der Anhörung die Möglichkeit, mit allen ihm zur Verfügung stehenden präsenten Beweismittel i.S.v. § 294 ZPO die vom Insolvenzgericht bisher bejahten Voraussetzungen für die Eröffnung eines Insolvenzverfahrens zu erschüttern.

§ 294 ZPO: Glaubhaftmachung

(1) Wer eine tatsächliche Behauptung glaubhaft zu machen hat, kann sich aller Beweismittel bedienen, auch zur Versicherung an Eides statt zugelassen werden.

(2) Eine Beweisaufnahme, die nicht sofort erfolgen kann, ist unstatthaft.

Kommt das Gericht nach der Anhörung zur Überzeugung, die Forderung des Antragstellers, der behauptete Insolvenzgrund oder die Glaubhaftmachung seien fraglich, kann es den Insolvenzantrag als unzulässig zurückweisen. Eine Glaubhaftmachung des Schuldners im Rahmen der Anhörung kann allerdings wiederum durch eine erneute Glaubhaftmachung des Antragstellers erschüttert werden.

Korrespondierend zum Anhörungsrecht des Schuldners bestehen für ihn aber auch nach § 97 InsO **Auskunfts- und Mitwirkungspflichten**. Kommt der Schuldner oder sein organschaftlicher Vertreter diesen Pflichten nicht nach, kann der Schuldner zwangsweise vorgeführt und vom Insolvenzrecht angehört werden, wobei die zwangsweise Vorführung und die Verhaftung nicht nur beim Schuldner, sondern gemäß § 101 Abs. 1 S. 1, 2. Alt. i.V.m. §§ 97, 98 Abs. 2 InsO auch bei den Mitgliedern des Vertretungs- und Aufsichtsorgan und den persönlich haftenden Gesellschaftern, die diese Stellung in den letzten beiden Jahren vor Antragstellung innehatten, zulässig ist.

---

[41] BGHZ 36, S. 18, 23

2.7   Kostendeckende Masse

2.7.1   Begriff der Insolvenzmasse

Die Insolvenzmasse ist der zentrale Begriff des Insolvenzrechts. Eine Insolvenzmasse ist zunächst nötig für die Eröffnung des Verfahrens gemäß § 26 InsO und für das Insolvenzverfahren selbst (Einstellung mangels Masse, § 207 InsO). Sie ist maßgebend für die Vergütung des Insolvenzverwalters gemäß §§ 1 ff. InsVV, § 63 InsO. Die Verwertung der Insolvenzmasse ist die abschließende Befriedigung der Gläubiger (§ 174 InsO).

Unterliegen Gegenstände nicht der Zwangsvollstreckung, weil es sich z. B. um unpfändbare Gegenstände handelt, oder handelt es sich um Hausratsgegenstände des Schuldners, die keine außergewöhnlichen sind, gehören diese gemäß § 36 Abs. 1 Abs. 3 InsO nicht zur Insolvenzmasse. Nach § 36 Abs. 2 InsO besteht allerdings für Geschäftsbücher und Sachen nach § 811 Abs. 1 Nr. 4, Nr. 9 ZPO eine Ausnahme.

§ 811 Abs. 1 ZPO Unpfändbare Sachen:

Nr. 4: „bei Personen, die Landwirtschaft betreiben, das zum Wirtschaftsbetrieb erforderliche Gerät und Vieh nebst dem nötigen Dünger sowie die landwirtschaftlichen Erzeugnisse, soweit sie zur Sicherung des Unterhalts des Schuldners, seiner Familie und seiner Arbeitnehmer oder zur Fortführung der Wirtschaft bis zur nächsten Ernte gleicher oder ähnlicher Erzeugnisse erforderlich sind".

Nr. 9: „die zum Betrieb einer Apotheke unentbehrlichen Geräte, Gefäße und Waren".

> **Beispiele:**
>
> Das Fahrrad, die Wohnungseinrichtung und die Brille des Schuldners sind - neben weiteren Gegenständen - unpfändbar.

Einkünfte des Schuldners aus unselbständiger Arbeit, insbesondere aus Arbeitsverhältnissen, sind gemäß § 850 ZPO geschützt. Im Rahmen dieser Vorschriften kommen die sog. Pfändungsfreibeträge zur Anwendung.

> **Beispiel:**
>
> Einem Schuldner, welcher drei Personen zum Unterhalt verpflichtet ist, ist ein pfändungsfreier Betrag von 1.680 € netto monatlich zu belassen.

Hat der Schuldner dagegen Einkünfte aus Vermietung und Verpachtung, so gilt § 851 b ZPO.

§ 851 b ZPO:

(1) Die Pfändung von Miete und Pacht ist auf Antrag des Schuldners vom Vollstreckungsgericht insoweit aufzuheben, als diese Einkünfte für den Schuldner zur laufenden Unterhaltung des Grundstücks, zur Vornahme notwendiger Instandsetzungsarbeiten und zur Befriedigung von Ansprüchen unentbehrlich sind, die bei einer Zwangsvollstreckung in das Grundstück dem Anspruch des Gläubigers nach § 10 des Gesetzes über die Zwangsversteigerung und Zwangsverwaltung vorgehen würden. Das gleiche gilt von der Pfändung von Barmitteln und Guthaben, die aus Miet- und Pachtzahlungen herrühren und zu denen im S. 1 bezeichneten Zwecken unentbehrlich sind.

Bei der Insolvenzmasse kommt es auf die verwertbare Masse an. Hierbei werden **Aussonderungsrechte** abgezogen. Liegen absonderungsbelastete Rechte vor, sind diese nur mit dem Überschussbetrag, ggf. beschränkt, auf die Erstellung- und Verwertungskosten von pauschal 4,5 % gemäß § 170 InsO zu berücksichtigen.

Forderungen sind bei der Bestimmung der Insolvenzmasse mit deren wertberechtigten Höhe zu berücksichtigen. Hierbei werden Erinnerungswerte insbesondere dann angesetzt, wenn die Forderungen mit hohem Prozessrisiko eingeklagt werden müssten oder der Drittschuldner bereits seit längerer Zeit verschwunden ist oder zu erkennen ist, dass dieser selbst zahlungsunfähig ist.

Zur Beurteilung, ob eine kostendeckende Masse für Eröffnung des Insolvenzverfahrens vorhanden ist, wird im Regelfall der vorläufige Insolvenzverwalter, ein **Massegutachten** anfertigen. In vielen Fällen sind diese Gutachten sehr oberflächlich, zumal sie in einer durchschnittlichen Bearbeitungszeit von drei Wochen erstellt werden. Eine wissenschaftliche Überprüfung ergab, dass ca. 80 % dieser Gutachten falsch sind. Im Schnitt beträgt ihr Umfang (bei Kapitalgesellschaften) 1 ½ bis 55 Seiten.

<u>Muster:</u> Kurzgutachten für GmbH

Amtsgericht München
Insolvenzgericht

....., den .....

Insolvenzverfahren .....

Az.: .....

Ihr Zeichen: .....

Unser Zeichen: .....

Sehr geehrte Damen und Herren,

in dem o.a. Insolvenzeröffnungsverfahren überreiche ich das angeforderte
Sachverständigengutachten

Insolvenzantragverfahren über das Vermögen der Fa. .....

Gerichtl. Aktenzeichen: .....
erstellt am: .....

Im Verfahren auf Eröffnung des Insolvenzverfahrens über das Vermögen von ..... berichte ich über meine bisherige Tätigkeit und erstatte das nachfolgende Gutachten zur Vorbereitung der Entscheidung des ..... über die beantragte Eröffnung des Verfahrens respektive die Abweisung des Eröffnungsantrages gemäß § 26 Abs. 1 InsO.

I. Auftrag

Durch Beschluss des ..... vom ..... hat das Gericht im Rahmen des § 5 InsO den Unterzeichnenden beauftragt, zu den Voraussetzungen für die Eröffnung eines Insolvenzverfahrens Stellung zu nehmen und insbesondere die Frage der Zahlungsunfähigkeit i.S.d. § 17 InsO zu untersuchen. Zugleich soll der Gutachter Stellung nehmen zur kostendeckenden Masse eines möglichen Insolvenzverfahrens.

Mit der Erteilung des Gutachtenauftrags wurden zugleich im Rahmen von Sicherungsmaßnahmen nach § 21 Abs. 2 InsO Zwangsvollstreckungsmaßnahmen gegen den Schuldner untersagt und nicht vollendete Vollstreckungsmaßnahmen einstweilen eingestellt, soweit sie nicht unbewegliche Gegenstände betreffen.

Der Auftrag geht auf einen Insolvenzantrag von ..... vom ....., eingegangen bei Gericht am ....., zurück.

II. Durchführung

Kurzfristig nach Erhalt des Gutachtenauftrags habe ich mich mit ..... in Verbindung gesetzt. Ich habe den Betrieb besichtigt und gemeinsam mit ..... eine Wertschätzung vorgenommen.
Die für die Gutachtenerstellung erforderlichen Auskünfte haben ..... erteilt. Ferner wurden mir ..... zur Einsichtnahme vorgelegt. Sämtliche angeforderten Auskünfte wurden bereitwillig erteilt.

III. Stellungnahme und Ergebnis

....

2.7.2   Kosten des Verfahrens

Die Kosten des Insolvenzverfahrens ergeben sich aus § 54 InsO. Darunter fallen also die Gerichtskosten für das Verfahren und die Vergütungen und Auslagen des vorläufigen Insolvenzverwalters, des Insolvenzverwalters und des Gläubigerausschusses.

Abbildung 2.6 Kosten des Insolvenzverfahrens

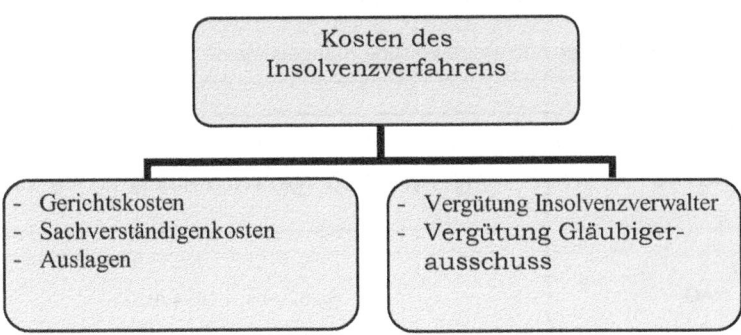

Aufgrund des nach § 5 Abs. 1 InsO bestehenden Amtsermittlungsgrundsatzes hat das Insolvenzgericht zunächst die voraussichtliche Kostendeckung zu ermitteln und vorhandene Verfahrenskosten erforderlichenfalls durch einen Sachverständigen berechnen zu lassen. Hierbei reicht grundsätzlich eine Einschätzung bzw. Prognose aus, da nach § 26 Abs. 1 S. 1 InsO die „voraussichtlichen" Kosten zu ermitteln sind.

Stellt sich erst während des Insolvenzverfahrens die Massearmut heraus, hat der Insolvenzverwalter dies dem Insolvenzgericht mitzuteilen (§ 208 InsO). Im Regelfall wird dann das Verfahren nach § 207 InsO eingestellt.

2.7.3 Abweisung mangels Masse

Das Insolvenzgericht weist nach § 26 Abs. 1 InsO den Antrag auf Eröffnung eines Insolvenzverfahrens als unbegründet ab, wenn zwar die Eröffnungsvoraussetzungen grundsätzlich vorhanden sind, allerdings das Vermögen des Schuldners voraussichtlich nicht ausreichen wird, um die Verfahrenskosten zu decken.

Hierbei kommt es auf die **verwertbare Masse** an, so dass Aussonderungsrechte festzustellen und abzusetzen sind. Absonderungsbelastete Rechte sind mit ihrem Überschussbetrag, ggf. beschränkt auf die Feststellung und Bewertung von Schaden von insgesamt 9 % des Erlöses, gemäß §§ 170, 171 InsO zu berücksichtigen.

Stellt das Insolvenzgericht fest, dass eine die Verfahrenskosten deckende Masse nicht vorhanden ist und ist niemand zur Zahlung eines Kostenvorschusses bereit und liegen darüber hinaus auch nicht die Voraussetzungen für eine Stundung (§ 4 a InsO) vor, hat das Insolvenzgericht den **Insolvenzantrag mangels Masse abzuweisen**. Hiergegen steht dem Antragsteller und, sofern von diesem verschieden, dem Schuldner gemäß § 34 Abs. 1 InsO die sofortige Beschwerde zu.

Wurde der Insolvenzantrag mangels Masse abgewiesen, führt dies bei einer juristischen Person zu deren Auflösung. Diese wird dann regelmäßig im Handelsregister gelöscht.

Abbildung 2.7   Folgen der Antragsabweisung mangels Masse für Gesellschaften

OHG / KG	§ 131 Abs. 1 Nr. 3, Abs. 2 Nr. 2 HGB (§ 161 Abs. 2 HGB)
AG	§ 262 Abs. 1 Nr. 4 AktG
GmbH	§ 60 Abs. 1 Nr. 5 GmbHG
Genossenschaft	§ 81a Nr. 1 GenG

Bei natürlichen Personen führt die Abweisung des Insolvenzantrages mangels Masse dazu, dass diese im **Schuldnerverzeichnis** eingetragen werden, in welchem nunmehr vermerkt wird, dass die Eröffnung des Insolvenzverfahrens nicht erfolgen konnte. Die Löschungsfrist hierfür beträgt fünf Jahre.

2.8   Vorläufige Sicherungsmaßnahmen

Das Insolvenzgericht hat nach § 21 InsO alle Maßnahmen zu treffen, die erforderlich erscheinen, um bis zur endgültigen Entscheidung über den Antrag auf Eröffnung des Insolvenzverfahrens, eine dem Gläubiger nachteilige Veränderung der Vermögenslage des Schuldners zu verhüten. § 21 Abs. 1 InsO ist als sog. Generalklausel gefasst.

§ 21 Abs. 2 InsO zählt daneben beispielhaft die wichtigsten vorläufigen Sicherungsmaßnahmen auf.

Abbildung 2.8   Wichtige vorläufige Sicherungsmaßnahmen nach § 21 Abs. 2 InsO

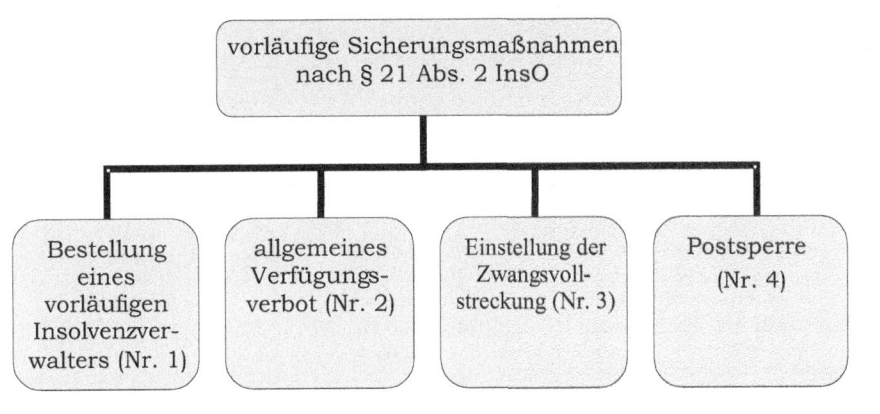

Nach § 21 Abs. 2 Nr. 1 InsO wird ein vorläufiger Insolvenzverwalter durch das Insolvenz-gericht bestellt, wobei nach § 18 Abs. 1 RPflG der Richter dafür zuständig ist. Nach § 21 Abs. 1 Nr. 1 i.V.m. § 56 InsO hat er bei der Auswahl des vorläufigen Insolvenzverwalters dieselben Auswahlkriterien zu beachten, wie bei der Bestellung des endgültigen Insol-venzverwalters. In der Praxis wird allerdings die Person bestellt, die später zum endgülti-gen Insolvenzverwalter bestellt werden soll. Nach § 58 InsO wird der vorläufige Insol-venzverwalter vom Gericht beaufsichtigt und kann gemäß § 59 InsO vom Gericht wieder entlassen werden. Nach § 66 InsO muss er am Ende Rechnung legen. Die Vergütung des vorläufigen Insolvenzverwalters ist in § 26 a InsO geregelt.

Nach § 21 Abs. 2 InsO hat der vorläufige Insolvenzverwalter die in Abbildung 2.10 darge-stellten Befugnisse.

Abbildung 2.9   Inhalt von § 21 Abs. 3 InsO

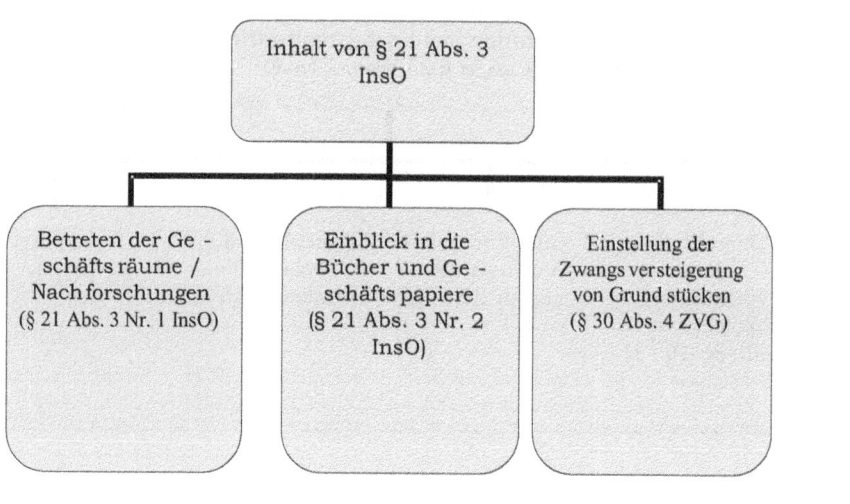

Bei den in § 21 InsO genannten vorläufigen Sicherungsmaßnahmen handelt es sich lediglich um Regelbeispiele, so dass es auch dem Insolvenzgericht möglich ist, andere, nicht
benannte aber ihm geeignet erscheinende Maßnahmen zu treffen.

> **Beispiel:**

- Versiegelung von bestimmten Gegenständen

- Untersagung der Herausgabe von bestimmten Gegenständen an Dritte

- Verhängung einer Kontensperre

Durch die Gesetzesnovelle 2012 (ESUG) wurde in § 22 a InsO die Möglichkeit der Einrich-
tung eines **vorläufigen Gläubigerausschusses** in das Gesetz aufgenommen. Das Gericht
muss einem diesbezügliche Gläubigerantrag nachkommen, wenn der Geschäftsbetrieb des
Schuldners noch besteht, der Antrag nicht unverhältnismäßig ist und keine nachhaltige
Veränderung der Vermögenslage zu erwarten ist.

Sobald die Sicherungsmaßnahmen nicht mehr erforderlich sind, sind diese aufzuheben,
z. B. weil der Insolvenzantrag abgewiesen worden ist. Die Aufhebung ist dann gemäß § 25
InsO bekannt zu machen

2.9 Entscheidung über den Insolvenzantrag

Nach Abschluss der Ermittlungen hat das Insolvenzgericht mehrere Möglichkeiten, über den Insolvenzantrag zu entscheiden.

Abbildung 2.10 Entscheidung über den Insolvenzantrag

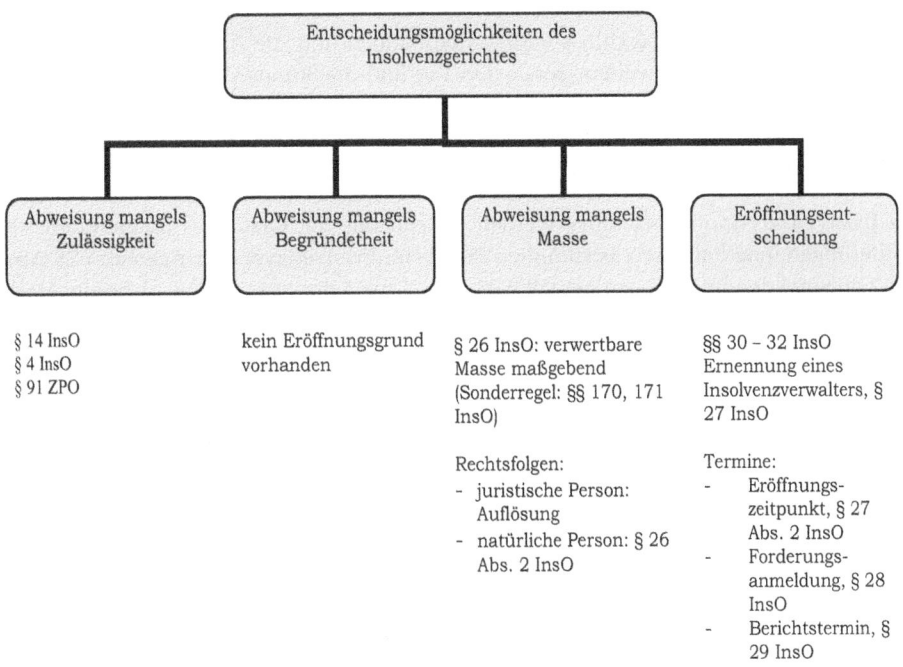

Der Antrag eines Gläubigers auf Eröffnung eines Insolvenzverfahrens ist nach § 14 Abs. 1 InsO nur zulässig, wenn ein berechtigtes Interesse an der Eröffnung des Insolvenzverfahrens besteht und er darüber hinaus seine Forderung und den Eröffnungsgrund glaubhaft macht.

Wenn diese Voraussetzung nicht vorliegt, ist der Insolvenzantrag **als unzulässig zurückzuweisen**. In diesem Fall trägt der den Insolvenzantrag stellende Gläubiger gemäß § 4 InsO i.V.m. § 91 ZPO die Kosten des Verfahrens.

Stellt das Gericht fest, dass kein Insolvenzeröffnungsgrund vorliegt, ist der Insolvenzantrag als unbegründet abzuweisen.

Ist keine ausreichende Insolvenzmasse gegeben, weist das Gericht den Insolvenzeröffnungsantrag gemäß § 26 InsO mangels Masse ab.

Liegen dagegen alle für die Eröffnung eines Insolvenzverfahrens notwendigen Voraussetzungen vor, so beschließt das Gericht die Insolvenzeröffnung. Der **Insolvenzeröffnungsbeschluss** ist öffentlich bekannt zu machen, sowie dem Schuldner, den Gläubigern und den Schuldnern des Schuldners gemäß § 30 Abs. 1 S. 2 InsO zuzustellen und in den betreffenden Registern gemäß §§ 31, 32 InsO kenntlich zu machen, d. h. es hat z. B. eine Eintragung in das Grundbuch, das Schiffsregister, oder ins Handelsregister zu erfolgen.

Der Insolvenzeröffnungsbeschluss enthält den Namen und die Anschrift des Schuldners und die des Insolvenzverwalters, sowie den Tag und die Stunde der Eröffnung des Insolvenzverfahrens. Ist die Stunde der Eröffnung des Insolvenzverfahrens nicht angegeben, so gilt gemäß § 27 Abs. 2 InsO als Eröffnungszeitpunkt die Mittagsstunde des Tages, an dem der Beschluss erlassen worden ist.

Im Insolvenzeröffnungsbeschluss werden gleichzeitig die Gläubiger aufgefordert, ihre Forderungen innerhalb einer bestimmten Frist beim Insolvenzverwalter gemäß § 28 Abs. 1 InsO anzumelden und diesem gemäß § 28 Abs. 3 InsO ihre eventuellen Sicherungsrechte mitzuteilen. Gemäß § 28 Abs. 3 InsO wird den Schuldnern des Schuldners aufgegeben, nur noch an den Insolvenzverwalter zu leisten; es handelt sich um einen sog. offenen Arrest. Gemäß § 20 Abs. 2 InsO ist der Schuldner, wenn er eine natürliche Person ist, darauf hinzuweisen, dass er die sog. Restschuldbefreiung erlangen kann.

Im Eröffnungsbeschluss werden darüber hinaus noch die Termine für die erste Gläubigerversammlung (**Berichtstermin**), in der auf Grundlage des vom Insolvenzverwalters zu erstattenden Bericht über den Fortgang des Insolvenzverfahrens beschlossen wird, und Termin zur Prüfung der angemeldeten Forderungen (**Prüfungstermin**) nach § 29 InsO bestimmt. Gemäß § 29 Abs. 2 InsO können beide Termine, d. h. Gerichtstermin und Prüftermin miteinander verbunden werden.

Muster: Insolvenzeröffnungsbeschluss

Amtsgericht …..

Beschluss

Über das Vermögen des Herrn … , geboren…. ,…Straße …, ….

wird wegen Zahlungsunfähigkeit heute, dem ……., um 10:45 Uhr das Insolvenzverfahren öffnen.

Die Eröffnung erfolgt aufgrund des am ………… bei Gericht eingegangenen Antrags des Schuldners sowie eines am ……… eingegangenen Antrags eines Gläubigers.

Zugleich werden die Verfahren Az. ….. und unter Führung des zuerst genannten miteinander verbunden (§ 4 InsO, § 147 ZPO).

Zur Insolvenzverwalterin wird ernannt Rechtsanwältin …..

Forderungen der Insolvenzgläubiger sind bis zum ……..., unter Beachtung des § 174 InsO, bei der Insolvenzverwalterin anzumelden. Gläubiger werden aufgefordert, der Insolvenzverwalterin unverzüglich mitzuteilen, welche Sicherungsrechte sie an beweglichen Sachen oder Rechten des Schuldners in Anspruch nehmen. Der Gegenstand, an dem das Sicherungsrecht beansprucht wird, die Art und der Entstehungsgrund des Sicherungsrechts sowie die gesicherte Forderung sind zu bezeichnen. Wer diese Mitteilung schuldhaft unterlässt oder verzögert, haftet für den daraus entstehenden Schaden (§ 28 Abs. 3 InsO).

Wer Verpflichtungen gegenüber dem Schuldner hat, wird aufgefordert, nicht an diesen zu leisten, sondern nur noch an die Insolvenzverwalterin.

Eine Gläubigerversammlung wird vorerst nicht einberufen. Das Verfahren wird schriftlich durchgeführt (§ 5 InsO).

Stichtag, der dem Berichts- und Prüfungstermin (§§ 29, 156, 146 InsO) entspricht, ist der ……. Bis zu diesem Zeitpunkt können die Gläubiger schriftliche Stellungnahmen bei Gericht einreichen

• zur Person des Insolvenzverwalters,

• zur Einsetzung und Besetzung des Gläubigerausschusses (§ 68 InsO)

……

Die Tabelle mit den Forderungen und den Anmeldungsunterlagen sowie der Bericht des Insolvenzverwalters werden spätestens ab dem ……. zur Einsicht der Beteiligten auf der Geschäftsstelle des Insolvenzgerichts ….. Raum …. niedergelegt.

Ein schriftlicher Widerspruch, mit dem ein Beteiligter eine Forderung bestreitet, muss spätestens am Prüfungstag bei Gericht eingehen. Im Widerspruch ist anzugeben, ob die Forderung nach ihrem Grund, ihrem Betrag oder ihrem Rang bestritten wird.

> Haben Gläubiger vorgetragen, die Forderung stamme aus einer vorsätzlich begangenen unerlaubten Handlung des Schuldners, so hat der Schuldner im Widerspruch zusätzlich anzugeben, ob er diesen Vortrag bestreitet.
>
> Der Schuldner hat die Restschuldbefreiung beantragt. ...
>
> ...., den .....
>
> xy
> Richter/in am Amtsgericht

Wird das Insolvenzverfahren eröffnet, so trägt die **Kosten des Verfahrens** grundsätzlich der Schuldner. Sollte der Antrag unzulässig sein bzw. zurückgenommen werden, so werden die Kosten in der Regel dem Antragsteller auferlegt (§ 4 InsO i.V.m. § 269 Abs. 3 ZPO). Gelegentlich kommt es vor, dass Schuldner, zur Vermeidung der Insolvenz, nach Antragstellung – aber vor Insolvenzeröffnung – die Forderung des Antragstellenden Gläubigers begleichen. In diesem Fall würde der Gläubiger den Antrag für erledigt erklären, so dass der Schuldner grundsätzlich die Kosten des Verfahrens trägt.[42]

---

[42] BGH NJW 2002, S. 515 = BGH NZI 2002, S. 91, 92; OLG Köln ZInsO 2001, S. 420

3 Folgen der Insolvenzeröffnung

3.1 Beschlagnahme

3.1.1 Voraussetzungen und Umfang

Durch die Insolvenzeröffnung wird bewirkt, dass wesentliche Teile des Schuldnervermögens beschlagnahmt werden. Nach § 80 InsO verliert der Schuldner mit Eröffnung des Insolvenzverfahrens die Befugnis, sein zur Insolvenzmasse gehörendes Vermögen zu verwalten und insbesondere über dieses zu verfügen. Vielmehr wird der Insolvenzverwalter verfügungsbefugt. Wenn der Schuldner Kaufmann ist, erlangt der Insolvenzverwalter hierdurch nicht die Kaufmannseigenschaft (§ 1 HGB).[43]

Zu beachten ist allerdings, dass nach der Insolvenzordnung das Vermögen des Schuldners aus **zwei Massen** besteht, nämlich aus der Insolvenzmasse, die den Verfügungen des Schuldners entzogen ist, und aus dem insolvenzfreien Vermögen, über welches er noch frei verfügen kann.

Abbildung 3.1   Vermögensmassen des Schuldners nach Insolvenzeröffnung

---

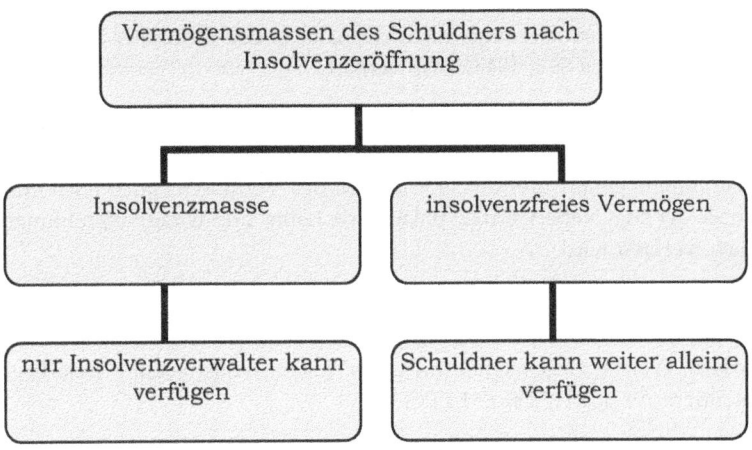

Die Beschlagnahme des zur Insolvenzmasse des Schuldners gehörenden Vermögens tritt in dem Zeitpunkt ein, in dem der Richter den Insolvenzeröffnungsbeschluss unterzeichnet.

---

[43] BGH NJW 1987, S. 1940, 1941

Dieser Zeitpunkt ist gemäß § 27 Abs. 2 Nr. 3 InsO auf die Stunde genau anzugeben. Ist diese nicht angegeben, so gilt gemäß § 27 Abs. 3 InsO als Zeitpunkt der Eröffnung die Mittagsstunde des Tages, an dem der Beschluss erlassen worden ist.

Durch die Beschlagnahme wird die sog. **öffentlich-rechtliche Verstrickung** des Schuldnervermögens bewirkt, so dass nunmehr die strafrechtliche Schutzvorschrift des § 136 StGB Anwendung finden kann.

§ 136 StGB Verstrickungsbruch, Siegelbruch

(1) Wer eine Sache, die gepfändet oder sonst dienstlich in Beschlag genommen ist, zerstört, beschädigt, unbrauchbar macht oder in anderer Weise ganz oder zum Teil der Verstrickung entzieht, wird mit Freiheitsstrafe bis zu einem Jahr oder mit Geldstrafe bestraft.

(2) Ebenso wird bestraft, wer ein dienstliches Siegel beschädigt, ablöst oder unkenntlich macht, das angelegt ist, um Sachen in Beschlag zu nehmen, dienstlich zu verschließen oder zu bezeichnen, oder wer den durch ein solches Siegel bewirkten Verschluss ganz oder zum Teil unwirksam macht.

(3) Die Tat ist nicht nach den Absätzen 1 und 2 strafbar, wenn die Pfändung, die Beschlagnahme oder die Anlegung des Siegels nicht durch eine rechtmäßige Diensthandlung vorgenommen ist. Dies gilt auch dann, wenn der Täter irrig annimmt, die Diensthandlung sei rechtmäßig.

(4) § 113 Abs. 4 gilt sinngemäß.

Die Beschlagnahme führt allerdings nicht dazu, dass der Schuldner seine Rechts- oder Geschäftsfähigkeit gemäß §§ 1, 104 ff. BGB verliert.

Gemäß § 35 InsO erfasst der sog. **Insolvenzbeschlag** das gesamte Vermögen des Schuldners, d. h. das Vermögen des Schuldners, welches dem Schuldner seit der Eröffnung des Insolvenzverfahrens gehört und das er während des Verfahrens auch noch erlangt. Dies bedeutet, dass der sog. Neuerwerb (z. B. laufende Lohn- und Unterhaltszahlungen, Schenkungen) davon erfasst wird.

Gegenstände, die nicht der Zwangsvollstreckung unterliegen, gehören gemäß § 36 InsO nicht zur Insolvenzmasse. Diese sind von der Beschlagnahme und dem Haftungszugriff ausgeschlossen. Welche Gegenstände nicht der Zwangsvollstreckung unterliegen, ergibt sich insbesondere aus §§ 811, 850, 851 ZPO.

§ 811 ZPO: Unpfändbare Sachen

(1) Folgende Sachen sind der Pfändung nicht unterworfen:

1. die dem persönlichen Gebrauch oder dem Haushalt dienenden Sachen, insbesondere Kleidungsstücke, Wäsche, Betten, Haus- und Küchengerät, soweit der Schuldner ihrer zu einer seiner Berufstätigkeit und seiner Verschuldung angemessenen, bescheidenen Lebens- und Haushaltsführung bedarf; ferner Gartenhäuser, Wohnlau-

ben und ähnliche Wohnzwecken dienende Einrichtungen, die der Zwangsvollstreckung in das bewegliche Vermögen unterliegen und deren der Schuldner oder seine Familie zur ständigen Unterkunft bedarf;

2. die für den Schuldner, seine Familie und seine Hausangehörigen, die ihm im Haushalt helfen, auf vier Wochen erforderlichen Nahrungs-, Feuerungs- und Beleuchtungsmittel oder, soweit für diesen Zeitraum solche Vorräte nicht vorhanden und ihre Beschaffung auf anderem Wege nicht gesichert ist, der zur Beschaffung erforderliche Geldbetrag;

3. Kleintiere in beschränkter Zahl sowie eine Milchkuh oder nach Wahl des Schuldners statt einer solchen insgesamt zwei Schweine, Ziegen oder Schafe, wenn diese Tiere für die Ernährung des Schuldners, seiner Familie oder Hausangehörigen, die ihm im Haushalt, in der Landwirtschaft oder im Gewerbe helfen, erforderlich sind; ferner die zur Fütterung und zur Streu auf vier Wochen erforderlichen Vorräte oder, soweit solche Vorräte nicht vorhanden sind und ihre Beschaffung für diesen Zeitraum auf anderem Wege nicht gesichert ist, der zu ihrer Beschaffung erforderliche Geldbetrag;

4. bei Personen, die Landwirtschaft betreiben, das zum Wirtschaftsbetrieb erforderliche Gerät und Vieh nebst dem nötigen Dünger sowie die landwirtschaftlichen Erzeugnisse, soweit sie zur Sicherung des Unterhalts des Schuldners, seiner Familie und seiner Arbeitnehmer oder zur Fortführung der Wirtschaft bis zur nächsten Ernte gleicher oder ähnlicher Erzeugnisse erforderlich sind;

4a. bei Arbeitnehmern in landwirtschaftlichen Betrieben, die ihnen als Vergütung gelieferten Naturalien, soweit der Schuldner ihrer zu seinem und seiner Familie Unterhalt bedarf;

5. bei Personen, die aus ihrer körperlichen oder geistigen Arbeit oder sonstigen persönlichen Leistungen ihren Erwerb ziehen, die zur Fortsetzung dieser Erwerbstätigkeit erforderlichen Gegenstände;

6. bei den Witwen und minderjährigen Erben der unter Nummer 5 bezeichneten Personen, wenn sie die Erwerbstätigkeit für ihre Rechnung durch einen Stellvertreter fortführen, die zur Fortführung dieser Erwerbstätigkeit erforderlichen Gegenstände;

7. Dienstkleidungsstücke sowie Dienstausrüstungsgegenstände, soweit sie zum Gebrauch des Schuldners bestimmt sind, sowie bei Beamten, Geistlichen, Rechtsanwälten, Notaren, Ärzten und Hebammen die zur Ausübung des Berufes erforderlichen Gegenstände einschließlich angemessener Kleidung;

8. bei Personen, die wiederkehrende Einkünfte der in den §§ 850 bis 850b bezeichneten Art beziehen, ein Geldbetrag, der dem der Pfändung nicht unterworfenen Teil der Einkünfte für die Zeit von der Pfändung bis zu dem nächsten Zahlungstermin entspricht;

9. die zum Betrieb einer Apotheke unentbehrlichen Geräte, Gefäße und Waren;

10. die Bücher, die zum Gebrauch des Schuldners und seiner Familie in der Kirche oder Schule oder einer sonstigen Unterrichtsanstalt oder bei der häuslichen Andacht bestimmt sind;

11. die in Gebrauch genommenen Haushaltungs- und Geschäftsbücher, die Familienpapiere sowie die Trauringe, Orden und Ehrenzeichen;

12. künstliche Gliedmaßen, Brillen und andere wegen körperlicher Gebrechen notwendige Hilfsmittel, soweit diese Gegenstände zum Gebrauch des Schuldners und seiner Familie bestimmt sind;

13. die zur unmittelbaren Verwendung für die Bestattung bestimmten Gegenstände.

(2) Eine in Absatz 1 Nr. 1, 4, 5 bis 7 bezeichnete Sache kann gepfändet werden, wenn der Verkäufer wegen einer durch Eigentumsvorbehalt gesicherten Geldforderung aus ihrem Verkauf vollstreckt. Die Vereinbarung des Eigentumsvorbehaltes ist durch Urkunden nachzuweisen.

Weiterhin sind Ansprüche auf höchstpersönliche Dienstleistungen nicht Bestandteil der Insolvenzmasse.[44]

> **Beispiel:**

Erbringung von Beratungsdienstleistungen (Insolvenzberatung) gegenüber dem Schuldner.

3.1.2   Freigabe aus der Insolvenzmasse

Der Insolvenzverwalter ist berechtigt, Gegenstände, die zur Insolvenzmasse gehören, wieder freizugeben. Die Freigabe erfolgt hier durch eine an den Schuldner gerichtete einseitige, empfangsbedürftige Willenserklärung des Insolvenzverwalters, die darauf gerichtet ist, die Zugehörigkeit des freizugebenden Gegenstandes zur Insolvenzmasse auf Dauer aufzugeben.[45]

Erfolgt eine Freigabe, entfallen die Beschlagnahmewirkungen und das Verwaltungs- und Verfügungsrecht des Schuldners lebt wieder auf. Eine Freigabe kommt hier insbesondere bei nicht verwertbaren oder sehr hoch belasteten Gegenständen oder bei nicht einbringlichen Forderungen in Betracht. Das Recht des Insolvenzverwalters zur Freigabe ist gesetzlich nicht geregelt, wird jedoch in den §§ 32 Abs. 3 und 85 Abs. 2 InsO vorausgesetzt.

Hierbei sind mehrere Arten der Freigabe möglich:

---

[44] BGH IX ZR 69/12
[45] BGHZ 127, S. 156, 163

- **echte Freigabe** = Aufhebung des Insolvenzbeschlages[46]

- **unechte Freigabe** = Herausgabe eines massefremden Gegenstandes an dessen Inhaber (d. h. an einen Aussonderungsberechtigten)

- **modifizierte Freigabe** = der Schuldner wird ermächtigt, ein zur Masse gehörendes Recht in eigenem Namen geltend zu machen. Hierbei erlischt der Insolvenzbeschlag nicht, die Masse wird allerdings von Prozesskosten entlastet.[47]

Abbildung 3.2   Freigabe

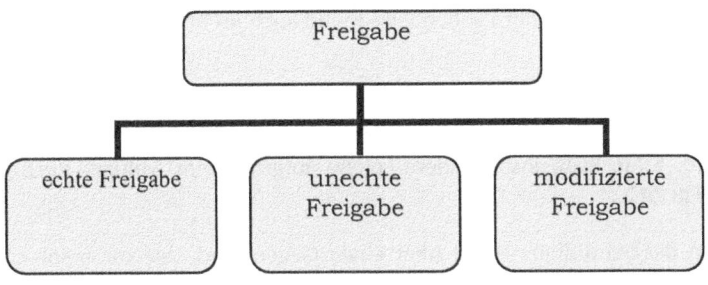

Wenn der Insolvenzverwalter einen Gegenstand freigibt, muss der Gläubiger gegen den Schuldner und nicht gegen den die Masse verwaltenden Insolvenzverwalter vorgehen, um seinen Anspruch durchzusetzen.[48]

Es ist allerdings keine willkürliche Freigabe möglich. Die Freigabe findet ihre Schranken darin, dass die Masse den Gläubigern dient und daher nur beschwert werden darf, wenn dies vorteilhaft, oder zumindest unschädlich ist. Ist dies nicht der Fall, kann die Freigabe unwirksam sein bzw. zu einer Haftung des Insolvenzverwalters nach § 60 InsO führen.

In § 80 Abs. 2 S. 1 InsO ist die Unwirksamkeit von sog. **relativen Verfügungsverboten** i.S.d. §§ 135, 136 BGB geregelt.

§ 135 BGB: Gesetzliches Veräußerungsverbot

(1) Verstößt die Verfügung über einen Gegenstand gegen ein gesetzliches Veräußerungsverbot, das nur den Schutz bestimmter Personen bezweckt, so ist sie nur diesen Personen gegenüber unwirksam. Der rechtsgeschäftlichen Verfügung steht eine Verfügung gleich, die im Wege der Zwangsvollstreckung oder der Arrestvollziehung erfolgt.

---

[46] BVerwG 1984, S. 2427
[47] BFH ZIP 1983, S. 1247, 1248
[48] BGH IX ZR 71/11 = DB 2012, S. 628

(2) Die Vorschriften zugunsten derjenigen, welche Rechte von einem Nichtberechtigten herleiten, finden entsprechende Anwendung.

§ 136 BGB: Behördliches Veräußerungsverbot

Ein Veräußerungsverbot, das von einem Gericht oder von einer anderen Behörde innerhalb ihrer Zuständigkeit erlassen wird, steht einem gesetzlichen Veräußerungsverbot der in § 135 bezeichneten Art gleich.

Die relativen Verfügungsverbote sind für den Insolvenzverwalter nicht bindend. Dies wäre nur bei sog. absoluten Verfügungsverboten der Fall, d. h. Verfügungsverbote, die nicht nur dem Schutz bestimmter Personen dienen, sondern eine Veräußerung im Interesse der Allgemeinheit verhindern sollen. Diese sind auch im Insolvenzverfahren wirksam.

> **Beispiel:**
> Hier sind praktisch bedeutsam die gerichtlichen oder behördlichen Veräußerungsverbote i.S.d. § 136 BGB, insbesondere solche aufgrund einstweiliger Verfügung gemäß §§ 935, 938 ZPO.

Verfügungen des Schuldners selbst über einen Gegenstand, der zur Insolvenzmasse gehört, sind gemäß § 81 Abs. 1 S. 1 InsO nach Eröffnung des Insolvenzverfahrens unwirksam. Es handelt sich hierbei um eine absolute Unwirksamkeit, d. h. um eine Unwirksamkeit, die gegenüber jedermann gilt.

Unter einer **Verfügung** ist dabei ein Rechtsgeschäft zu verstehen, durch welches der Verfügende (Schuldner) unmittelbar auf ein Recht einwirkt, in dem er es entweder überträgt, auftritt, mit einem Recht belastet, oder in seinem Inhalt ändert. Hierunter fallen auch die Annahme von Zahlungen und Annahme von anderen Leistungen, rechtsgeschäftsähnlicher Handlungen, sowie Prozesshandlungen mit unmittelbar rechtsgestaltendem Charakter.

Hat der Schuldner entgegen dieses Verfügungsverbotes dennoch verfügt, kann der Insolvenzverwalter den Gegenstand nach § 985 BGB heraus verlangen, da der Schuldner aufgrund des Verfügungsverbotes Eigentümer geblieben ist. Hatte der Erwerber bereits eine Gegenleistung erbracht, ist diese aus der Masse nach § 81 Abs. 1 S. 3 InsO zurückzugewähren, soweit die Masse hierdurch bereichert ist. Bei diesem Anspruch handelt es sich allerdings um eine sog. sonstige Masseverbindlichkeit nach § 55 Abs. 1 Nr. 3 InsO, so dass erforderlich ist, dass die Gegenleistung tatsächlich in die Masse geflossen ist.

Nach § 81 Abs. 1 S. 2 InsO besteht die Möglichkeit eines gutgläubigen Erwerbs nach §§ 892, 893 BGB.

§ 892 BGB: Öffentlicher Glaube des Grundbuchs

(1) Zugunsten desjenigen, welcher ein Recht an einem Grundstück oder ein Recht an einem solchen Recht durch Rechtsgeschäft erwirbt, gilt der Inhalt des Grundbuchs als richtig, es sei denn, dass ein Widerspruch gegen die Richtigkeit eingetragen oder die

Unrichtigkeit dem Erwerber bekannt ist. Ist der Berechtigte in der Verfügung über ein im Grundbuch eingetragenes Recht zugunsten einer bestimmten Person beschränkt, so ist die Beschränkung dem Erwerber gegenüber nur wirksam, wenn sie aus dem Grundbuch ersichtlich oder dem Erwerber bekannt ist.

(2) Ist zu dem Erwerb des Rechts die Eintragung erforderlich, so ist für die Kenntnis des Erwerbers die Zeit der Stellung des Antrags auf Eintragung oder, wenn die nach § 873 erforderliche Einigung erst später zustande kommt, die Zeit der Einigung maßgebend.

Ein gutgläubiger Erwerb scheidet aber in der Praxis regelmäßig aus, weil die Verfügungsbeschränkung des Schuldners aus dem Grundbuch ersichtlich ist, vgl. § 892 Abs. 1 S. 2 BGB, § 33 InsO.

Für den Fall, dass der Schuldner zwar vor Verfahrenseröffnung verfügt hat, aber der rechtliche Erfolg erst nach der Eröffnung des Insolvenzverfahrens eingetreten ist, richtet sich die Wirksamkeit seiner Verfügung nicht nach § 81 InsO, sondern nach § 91 InsO. Nach § 91 InsO können Rechte an Gegenständen der Insolvenzmasse nach der Eröffnung des Insolvenzverfahrens nicht mehr wirksam erworben werden. Bei § 91 InsO handelt es sich um einen Auffangtatbestand, mit dem eine nachträgliche Minderung der Insolvenzmasse ausgeschlossen werden soll. Damit ist die Abtretung einer künftigen Forderung vor Eröffnung eines Insolvenzverfahrens später unwirksam. Gleiches gilt für die Bestellung eines künftig entstehenden Sicherungsrechtes vor der Eröffnung eines Insolvenzverfahrens an einer Forderung, die nach Eröffnung des Insolvenzverfahrens entsteht.

3.1.3 Leistungen an den Schuldner

Bereits im Eröffnungsbeschluss wird bestimmt, dass Personen, die Verpflichtungen gegenüber dem Schuldner haben, nicht mehr an den Schuldner zu leisten haben, sondern an den Verwalter. Es handelt sich hierbei um einen **offenen Arrest** gemäß § 28 Abs. 3 InsO. Dies führt dazu, dass der Drittschuldner, wenn er an den Schuldner leistet, dies auf eigenes Risiko tut.

Allerdings kann eine zunächst unwirksame Leistung gemäß §§ 362 Abs. 2, 185 Abs. 2 BGB durch Genehmigung des Insolvenzverwalters wirksam werden.

§ 362 Abs. 2 BGB: Erlöschen durch Leistung

(2) Wird an einen Dritten zum Zwecke der Erfüllung geleistet, so findet die Vorschrift des § 185 Anwendung.

§ 185 Abs. 2 BGB: Verfügung eines Nichtberechtigten

(2) Die Verfügung wird wirksam, wenn der Berechtigte sie genehmigt oder wenn der Verfügende den Gegenstand erwirbt oder wenn er von dem Berechtigten beerbt wird und dieser für die Nachlassverbindlichkeiten unbeschränkt haftet. In den beiden letz-

teren Fällen wird, wenn über den Gegenstand mehrere miteinander nicht in Einklang stehende Verfügungen getroffen worden sind, nur die frühere Verfügung wirksam.

Der Insolvenzverwalter ist verpflichtet, eine an den Schuldner bewirkte Leistung, auf die er noch zugreifen kann, zur Masse zu ziehen. Der Dritte ist insoweit zur Herausgabe verpflichtet. Allerdings kann der zur abermaligen Leistung aufgeforderte Drittschuldner die Arglisteinrede, welche sich aus § 242 BGB ergibt, geltend machen, wenn der Insolvenzverwalter auch die Leistung beim Schuldner einziehen könnte. Leistet der Dritte dennoch an den Schuldner, wird er von seiner Verbindlichkeit nur dann befreit, wenn entweder die Gegenleistung tatsächlich zur Masse geflossen ist, oder aber, wenn dies nicht der Fall sein sollte, wenn er zur Zeit der Leistung die Eröffnung des Insolvenzverfahrens noch nicht kannte.

Das Gesetz sieht diesbezüglich eine **unterschiedliche Beweislastregelung** vor:

- Hat der Drittschuldner vor der öffentlichen Bekanntmachung der Insolvenz geleistet, wird gemäß § 82 S. 2 InsO gesetzlich vermutet, dass ihm die Eröffnung des Insolvenzverfahrens noch nicht bekannt war. Er wird also durch die Leistung befreit, wenn ihm andererseits nicht bewiesen werden kann, dass er von der Insolvenzeröffnung Kenntnis hatte. Dies könnte z. B. der Fall gewesen sein, wenn ihm der Insolvenzeröffnungsbeschluss nach § 30 Abs. 2 InsO vorher zugestellt worden wäre.

- Erfolgt die Leistung nach der öffentlichen Bekanntmachung, so wird der Schuldner immer dann befreit, wenn er beweist, dass er bei der Leistung die Verfahrenseröffnung noch nicht gekannt hat.

4 Organe des Insolvenzverfahrens

4.1 Insolvenzverwalter

4.1.1 Rechtsstellung

Nach § 80 Abs. 1 InsO ergeht mit der Eröffnung des Insolvenzverfahrens die Verwaltungs- und Verfügungsbefugnis über das zur Insolvenzmasse gehörende Vermögen des Schuldners auf den Insolvenzverwalter über. Der Insolvenzverwalter ist dabei an vertragliche Vereinbarungen des Schuldners gebunden.

4.1.2 Bestellung

Das Insolvenzgericht bestellt nach § 27 Abs. 1 S. 1 InsO den Insolvenzverwalter zunächst vorläufig mit der Eröffnung des Insolvenzverfahrens. Zuständig ist hierfür der Richter (§ 18 Abs. 1 Nr. 1 RPflG).

Gemäß § 57 InsO erfolgt dann die endgültige Bestellung des Insolvenzverwalters nach der ersten Gläubigerversammlung. Gemäß § 56 InsO ist Maßstab für die **Auswahl des Insolvenzverwalters**, dass das Insolvenzgericht für den jeweiligen Einzelfall eine geeignete, insbesondere geschäftskundige und von den Gläubigern und dem Schuldner unabhängige Person zu bestellen hat. Eine Übertragung auf Sozietäten (z.B. Rechtsanwälte/Steuerberater/Wirtschaftsprüfer) ist nicht zulässig.

Ein **closed-shop-Modell**, das die Zahl möglicher Insolvenzverwalter begrenzt, ist mit der grundrechtlich gesicherten Berufsfreiheit nach Art. 12 Abs. 1 GG unvereinbar.[49] Jedoch ist die Ablehnung eines unerfahrenen Bewerbers in die beim Insolvenzgericht geführte Auswahlliste nicht zu beanstanden.[50]

Die Ernennung des Insolvenzverwalters ist unanfechtbar.[51] Ebenso wenig ist es möglich, die Ernennung eines Insolvenzverwalters mit einer einstweiligen Verfügung zu verhindern. Ein einklagbarer Anspruch des übergangenen Bewerbers besteht demnach nicht.[52] Diesem bleiben nur Amtshaftungsansprüche gemäß Art. 34 GG i.V.m. § 839 BGB.

Die Ernennung alleine führt noch nicht zum Beginn des Amtes des Insolvenzverwalters. Dieser muss vielmehr das **Amt übernehmen**, wobei dies ausdrücklich oder stillschwei-

---

[49] BVerfG ZIP 2006, S. 1355, 1359 f
[50] BVerfG NZI 2006, S. 636
[51] BVerfG ZIP 2006, S. 1355
[52] BVerfG ZIP 2006, S. 1101; OLG Hamm NZI 2005, S. 111, 112; OLG Koblenz NZI 2005, S. 453, 456

gend erfolgen kann. Auch ist die Aushändigung der Bestellungsurkunde gemäß § 56 Abs. 2 InsO kein Erfordernis für den Beginn des Amtes.

Das **Amt des Insolvenzverwalters endet** durch Aufhebung oder Einstellung des Insolvenzverfahrens oder selbstverständlich, wenn der Insolvenzverwalter stirbt oder geschäftsunfähig wird.

Abbildung 4.1   Beendigung des Amts des Insolvenzverwalters

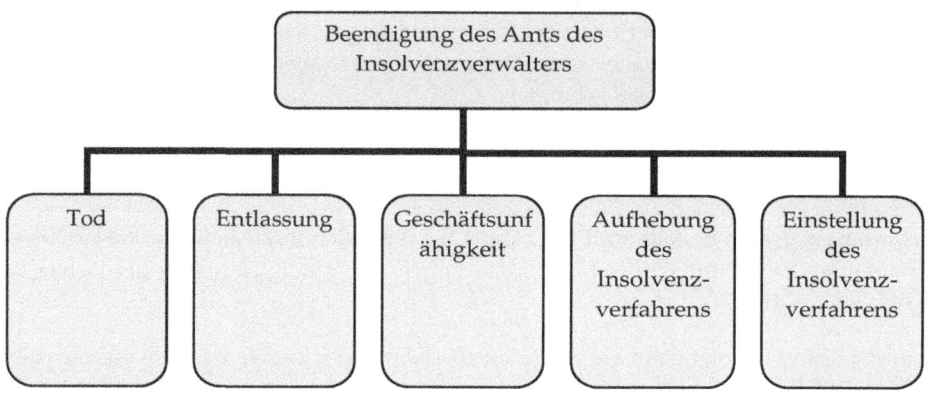

Gemäß § 59 Abs. 1 InsO ist die Entlassung des Insolvenzverwalters durch das Insolvenzgericht nur aus wichtigen Gründen möglich.[53]

Nach § 58 Abs. 1 S. 1 InsO steht der Insolvenzverwalter unter **Aufsicht des Insolvenzgerichtes**.

Der Insolvenzverwalter ist dann Partei kraft Amtes.[54]

Der Insolvenzverwalter erhält eine Vergütung, die sich nach dem Wert der Insolvenzmasse zur Zeit der Beendigung des Insolvenzverfahrens richtet, vgl. § 65 InsO, § 1 Abs. 1 S. 1 InsVV. Der Insolvenzverwalter hat außerdem Anspruch auf Ersatz angemessener Auslagen. Der **Regelsatz der Vergütung** des Insolvenzverwalters wird nach § 2 InsVV anhand folgender Staffel ermittelt:

- ▪ von den ersten 25.0000 € der Insolvenzmasse: 40 %

- ▪ von dem Mehrbetrag bis zu 50.000,00 €: 25 %

- ▪ von dem Mehrbetrag bis zu 250.000,00 €: 7 %

---

[53] OLG Karlsruhe WM 1988, S. 47
[54] BGHZ 35, S. 180 ff; BGHZ 51, S. 125, 128

- von dem Mehrbetrag bis zu 500.000,00 €: 3 %

- von dem Mehrbetrag bis zu 25.000.000,00 €: 2 %

- von dem Mehrbetrag bis zu 50.000.000,00 €: 1 %

- von dem darüber hinausgehenden Betrag: 0,5 %

Gemäß § 3 InsVV können je nach Schwierigkeitsgrad **Zu- und Abschläge** vorgenommen werden. Eine besondere Schwierigkeit ist z. B. dann anzunehmen, wenn der Insolvenzverwalter sehr viele Arbeitsverhältnisse abwickeln muss, einen Betrieb fortführt, oder eine Vielzahl von Gläubigern hat oder ein Planverfahren durchführen muss. Abschläge sind z. B. vorzunehmen, wenn das Insolvenzverfahren sehr kurz dauert, oder bei einer vorzeitigen Verfahrensbeendigung.

Nach § 4 InsVV gelten besondere Regeln im Bezug auf den Ersatz von Haftpflichtprämien. Gleiches gilt nach § 5 InsVV für den Einsatz besonderer Sachkunde, bzw. nach § 6 InsVV für die Erfüllung eines Insolvenzplanes.

Die Vergütung des Insolvenzverwalters wird vom Insolvenzgericht bewilligt; ab Erlass des Festsetzungsbeschlusses darf er die Vergütung der Masse entnehmen.[55] Die Rechtskraft des Beschlusses braucht nicht abgewartet zu werden.[56]

An einer durchschnittlichen Unternehmensinsolvenz verdient ein Insolvenzverwalter ca. 50.000 €. Die Kostenquote einer normalen Insolvenzverwalterkanzlei beträgt ca. 70%.

In einigen Fällen versuchen Insolvenzverwalter, durch mehr oder weniger legale Methoden, die Vergütung zu erhöhen. So werden zum Teil überhöhte Kostenvorschüsse in Rechnung gestellt, welche der Rechtspfleger bei Gericht bewilligen muss. Die Vorschüsse sind nicht öffentlich und werden auch nicht zurückgefordert. Einige Insolvenzverwalter sind auch an Steuerberatungs- und Wirtschaftsprüfungskanzleien beteiligt, welche mit der Durchführung von Beratungsaufgaben beauftragt werden. Genauso praxisrelevant ist die Beteiligung an Verwertungsunternehmen. Auch durch Verfahrensverschleppungen werden die Gebühren erhöht, da hierdurch durchschnittlich pro Verfahren 3.000 € Verwaltungspauschale pro Jahr anfällt.

4.1.3 Aufgaben eines Insolvenzverwalters

Die **wesentlichen Aufgaben** des Insolvenzverwalters sind:

- Verwaltung und Verwertung der Masse (§ 80 InsO)

- Führung der Insolvenzgründe und Prüfung der angemeldeten Forderungen (§§ 174 ff. InsO)

---

[55] BGHZ 116, S. 233, 242
[56] BGH NZI 2006, S. 94

■ Geltendmachung eines Gesamtschadens und der persönlichen Haftung eines Gesellschafters (§§ 92, 93 InsO)

Daneben gibt es noch eine Reihe **weiterer Pflichten**, welchen der Insolvenzverwalter
nachzukommen hat:

■ Aufstellung des Verzeichnisses der einzelnen Gegenstände der Insolvenzmasse (§ 151
InsO)

■ Aufstellung eines Gläubigerverzeichnisses (§ 152 InsO)

■ Aufstellung einer Vermögensübersicht (§ 153 Abs. 1 InsO)

■ Bericht über die wirtschaftliche Lage des Schuldners und deren Ursache (§ 156 InsO)

■ Gleichstellung von Aussonderungsrechten und Mitwirkung bei der Aussonderung

■ Verwertung der Insolvenzmasse (§ 159 InsO)

■ Verwertung von beweglichen Gegenständen, die der Schuldner in seinem Besitz hat
und bei denen ein Absonderungsrecht besteht (§ 166 Abs. 1 InsO)

■ Geltendmachung und ggf. gerichtliche Durchsetzung von Ansprüchen, die der
Schuldner hat

■ Aufnahme von Aktiv- und Passivprozessen (§ 240 ZPO)

■ Geltendmachung von Insolvenzrecht- und Anfechtungsansprüchen (§ 169 InsO)

■ Entscheidungen über Erfüllung von Rechtsgeschäften (§ 103 InsO)

■ Befriedigung der Massegläubiger (§ 54 InsO)

■ Anzeige der Masselosigkeit (§ 207 InsO) oder der Masseunzulänglichkeit (§ 208 Abs. 1
S. 1 InsO)

■ Anmeldung und Abführung von Lohn-, Umsatz- und Einkommenssteuer

■ Abschluss eines Sozialplanes (§ 112 BetrVG)

■ Ausarbeitung und Vorlage eines Insolvenzplanes (§ 218 Abs. 1 InsO)

■ Ausschüttung der Quote

Das Insolvenzgericht hat jederzeit einen Anspruch gegen den Insolvenzverwalter auf Erteilung einzelner **Auskünfte oder eines Berichtes über den Sachstand** und seine Geschäftsführung. Für den Fall, dass der Insolvenzverwalter seine Pflichten nicht erfüllt,
kann das Gericht nach vorheriger Androhung ein Zwangsgeld, welches 25.000 € nicht
übersteigen darf, gemäß § 58 Abs. 2 InsO verhängen. Gemäß § 59 InsO kann der Insolvenzverwalter in besonders gravierenden Fällen durch das Insolvenzgericht entlassen
werden.

Gemäß § 80 Abs. 1 InsO geht mit der Eröffnung des Insolvenzverfahrens die Verwaltungs-
und Verfügungsbefugnis über die der Masse zugehörigen Gegenstände auf den Insol-

venzverwalter über. Dieser hat allerdings keine unbeschränkte Verfügungsbefugnis. Seine Verfügungsbefugnis ist gemäß § 1 InsO durch den Zweck des Insolvenzverfahrens begrenzt.

Gemäß § 148 InsO hat der Insolvenzverwalter nach Eröffnung des Insolvenzverfahrens sofort das gesamte zur Insolvenzmasse gehörende Vermögen in Besitz zu nehmen und zu verwalten. Die **Pflicht zur Inbesitznahme** erstreckt sich dabei grundsätzlich nur auf körperliche Gegenstände, d. h. Sachen i.S.v. § 90 BGB, Geschäftsbücher, sowie auf verbriefte Rechte (Wertpapiere, Sparbücher usw.). Sonstige Forderungen und Rechte sind durch den zu erlassenden offenen Arrest hinreichend geschützt.

Stehen **Sachen im Gewahrsam des Schuldners**, hat der Insolvenzverwalter diese notfalls im Wege der Zwangsvollstreckung gemäß §§ 883, 885 ZPO herauszuverlangen. Die vollstreckbare Ausfertigung des Insolvenzeröffnungsbeschlusses stellt gemäß § 148 Abs. 2 InsO dabei einen Herausgabetitel dar. Diese Wirkung des Titels entfaltet dieser allerdings nicht gegenüber einem nicht zur Herausgabe bereiten Dritten. Weigert sich ein Dritter Sachen des Schuldners, die dem Insolvenzbeschlag unterliegen, herauszugeben, muss der Insolvenzverwalter dagegen dies im Wege einer Herausgabeklage verlangen.

Abbildung 4.2   Herausgabe von Gegenständen an den Insolvenzverwalter

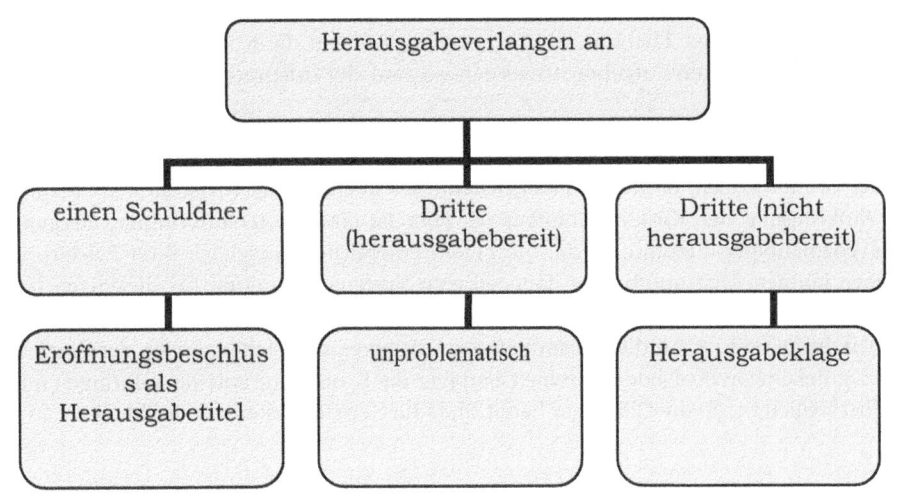

Der Insolvenzverwalter kann nach Anzeige der Masseunzulänglichkeit Prozesskostenhilfe nach den allgemeinen Vorschriften (§ 114 ZPO) in Anspruch nehmen.

§ 114 ZPO: Voraussetzungen

Eine Partei, die nach ihren persönlichen und wirtschaftlichen Verhältnissen die Kosten der Prozessführung nicht, nur zum Teil oder nur in Raten aufbringen kann, erhält auf

Antrag Prozesskostenhilfe, wenn die beabsichtigte Rechtsverfolgung oder Rechtsverteidigung hinreichende Aussicht auf Erfolg bietet und nicht mutwillig erscheint. Für die grenzüberschreitende Prozesskostenhilfe innerhalb der Europäischen Union gelten ergänzend die § 1076 bis 1078.

Liegt Masseunzulänglichkeit vor, ist grundsätzlich davon auszugehen, dass die Kosten der Prozessführung i.S.d. § 116 ZPO nicht von der Insolvenzmasse aufgebracht werden können.

§ 116 ZPO: Partei kraft Amtes; juristische Person; parteifähige Vereinigung

Prozesskostenhilfe erhalten auf Antrag

eine Partei kraft Amtes, wenn die Kosten aus der verwalteten Vermögensmasse nicht aufgebracht werden können und den am Gegenstand des Rechtsstreits wirtschaftlich Beteiligten nicht zuzumuten ist, die Kosten aufzubringen;

eine juristische Person oder parteifähige Vereinigung, die im Inland, in einem anderen Mitgliedstaat der Europäischen Union oder einem anderen Vertragsstaat des Abkommens über den Europäischen Wirtschaftsraum gegründet und dort ansässig ist, wenn die Kosten weder von ihr noch von den am Gegenstand des Rechtsstreits wirtschaftlich Beteiligten aufgebracht werden können und wenn die Unterlassung der Rechtsverfolgung oder Rechtsverteidigung allgemeinen Interessen zuwiderlaufen würde.

§ 114 Satz 1 letzter Halbsatz ist anzuwenden. Können die Kosten nur zum Teil oder nur in Teilbeträgen aufgebracht werden, so sind die entsprechenden Beträge zu zahlen.

Strittig ist hier jedoch, ob den am Gegenstand des Rechtsstreits wirtschaftlich Beteiligten die Aufbringung der Kosten zumutbar ist. Hier ist eine Kostenaufbringung derjenigen Insolvenzgläubiger zuzumuten, die mit einem erheblichen Ausgleich ihrer Forderungen rechnen können. Unzumutbar ist dagegen eine Kostenaufbringung für diejenigen Insolvenzgläubiger, die nur mit einer ganz geringen quotenmäßigen Befriedigung rechnen können. Insgesamt ist auf die Gesamtheit der Gläubiger abzustellen, denen der Prozesserfolg zugutekäme, wobei jeder einzelne Gläubiger die Kosten nur anteilig aufbringen müsste. Unerheblich ist, ob die Gläubiger bereit sind, die Gerichtskosten vorzuschließen.

4.1.4   Haftung des Insolvenzverwalters

Der Insolvenzverwalter haftet gemäß § 60 Abs. 1 S. 1 InsO, wenn er insolvenzspezifische Pflichten verletzt hat, also Pflichten, die ihm in seiner Eigenschaft als Verwalter nach den Vorschriften der InsO obliegen.

Verletzt er diese Pflichten schuldhaft, haftet er gemäß § 60 Abs. 1 S. 1 InsO allen Beteiligten auf Schadensersatz, wobei die Haftung auf einem gesetzlichen Schuldverhältnis beruht. Der Schadensersatzanspruch gegen den Insolvenzverwalter persönlich wegen **Verletzung**

insolvenzspezifischer Pflichten, ist gegenüber einem Schadensersatzanspruch gegen die Masse nicht subsidiär.

> **Beispiele:**
>
> Begründung nicht erfüllbarer Masseverbindlichkeiten[57]; Inanspruchnahme eines besonderen Vertrauens[58]; von der InsO abweichende Befriedigung von Gläubiger[59]; sachlich nicht gerechtfertigter Verzicht auf Ansprüche; von Auflagen der Gläubigerversammlung abweichende Betriebsfortführung[60]; verspätete Auskehrung des Erlöses aus der Verwertung einer sicherungshalber abgetretenen Forderung[61]

Gemäß § 60 Abs. 1 S. 2 InsO ist hierbei der **Verschuldensmaßstab** eines ordentlichen und gewissenhaften Insolvenzverwalters zugrunde zu legen. Das Verschulden eigener Angestellter wird nach § 278 BGB zugerechnet.[62]

Zur **Geltendmachung** des Quotenverringerungsschadens ist vor Abschluss des Insolvenzverfahrens nur ein Sonderverwalter oder ein neu bestellter Insolvenzverwalter befugt.

Der Insolvenzverwalter haftet nach § 61 S. 1 InsO gegenüber Massegläubigern. Der Insolvenzverwalter wird den Beweis nach § 61 S. 2 InsO nur erfüllen können, wenn er eine plausible Liquiditätsrechnung erstellt und diese bis zum Zeitpunkt der Begründung der Verbindlichkeit ständig überprüft und aktualisiert hat.

Ein Schaden, der Massegläubigern durch eine pflichtwidrige Masseverkürzung des Insolvenzverwalters vor Anzeige der Masseunzulänglichkeit entsteht, ist grundsätzlich **Individualschaden**, der während des Insolvenzverfahrens nur von den geschädigten Massegläubigern geltend gemacht werden kann.

Eine persönliche Haftung des Insolvenzverwalters gemäß § 60 InsO kommt bei der Verletzung allgemeiner Vertragspflichten in Zusammenhang mit dem Abschluss von Verträgen mit Neugläubigern nicht in Betracht.

Der Insolvenzverwalter hat auch keine insolvenzspezifische Pflicht zur Prüfung der Prozessaussichten im Kosteninteresse des Prozessgegners. Er haftet also dem Dritten nicht persönlich im Wege des Schadensersatzes, wenn er als Insolvenzverwalter einen Prozess gegen einen Dritten für die Insolvenzmasse führt und der Dritte dann die Prozesskosten

---

[57] BGHZ 159, S. 104
[58] BGHZ 159, S. 104
[59] BGHZ 159, S. 104
[60] AG Bonn DZWiR 2002, S. 82
[61] LG Stendal ZIP 2002, S. 765
[62] OLG Bremen JurBüro 2004, S. 338

nicht aus der Masse erhält, da die Pflicht zur Prüfung von Erfolgsaussichten lediglich den Gläubigern bzw. der Masse dient und nicht dem Prozessgegner.[63]

Gemäß § 62 S. 1 InsO richtet sich die **Verjährung** der Schadensersatzansprüche gegen den Insolvenzverwalter, nach den Regeln über die regelmäßige Verjährung nach dem BGB. Damit verjähren Schadensersatzansprüche gegen den Insolvenzverwalter spätestens in drei Jahren von der Aufhebung oder Rechtskraft der Einstellung des Insolvenzverfahrens an, vgl. § 62 S. 2 InsO.

Der Insolvenzverwalter unterliegt auch **öffentlich-rechtlicher Verantwortlichkeit**, d. h. er haftet insbesondere auch aus dem Steuerrecht (vgl. §§ 69, 34 AO), im Abfallrecht oder für Altlasten.

§ 69 AO: Haftung der Vertreter

Die in den §§ 34 und 35 bezeichneten Personen haften, soweit Ansprüche aus dem Steuerschuldverhältnis (§ 37) infolge vorsätzlicher oder grob fahrlässiger Verletzung der ihnen auferlegten Pflichten nicht oder nicht rechtzeitig festgesetzt oder erfüllt oder soweit infolgedessen Steuervergütungen oder Steuererstattungen ohne rechtlichen Grund gezahlt werden. Die Haftung umfasst auch die infolge der Pflichtverletzung zu zahlenden Säumniszuschläge.

§ 34 AO: Pflichten der gesetzlichen Vertreter und der Vermögensverwalter

(1) Die gesetzlichen Vertreter natürlicher und juristischer Personen und die Geschäftsführer von nicht rechtsfähigen Personenvereinigungen und Vermögensmassen haben deren steuerliche Pflichten zu erfüllen. Sie haben insbesondere dafür zu sorgen, dass die Steuern aus den Mitteln entrichtet werden, die sie verwalten.

(2) Soweit nicht rechtsfähige Personenvereinigungen ohne Geschäftsführer sind, haben die Mitglieder oder Gesellschafter die Pflichten im Sinne des Absatzes 1 zu erfüllen. Die Finanzbehörde kann sich an jedes Mitglied oder jeden Gesellschafter halten. Für nicht rechtsfähige Vermögensmassen gelten die Sätze 1 und 2 mit der Maßgabe, dass diejenigen, denen das Vermögen zusteht, die steuerlichen Pflichten zu erfüllen haben.

(3) Steht eine Vermögensverwaltung anderen Personen als den Eigentümern des Vermögens oder deren gesetzlichen Vertretern zu, so haben die Vermögensverwalter die in Absatz 1 bezeichneten Pflichten, soweit ihre Verwaltung reicht.

---

[63] BGH NJW 2005, S. 901, 902

Checkliste: Haftung des Insolvenzverwalters nach § 60 InsO

Anspruch aus § 60 InsO (Rechtsnatur der Haftung strittig; h.M.: deliktähnliche Haftung)

1. Pflichtverletzung: weiterer Beteiligtenbegriff (z. B. § 61 InsO)

2. Verschulden: § 276 Abs. 1 BGB (Einzelfallbetrachtung)

3. Umfang des Anspruches (§§ 249 ff. BGB)

4. Verjährung: 3 Jahre gemäß § 62 Abs. 1 InsO

5. Geltendmachung des Anspruchs: Gesamtschaden ➜ Sonderverwalter, § 92 S. 2 InsO

Nachdem der Beruf des Insolvenzverwalters mit nicht unerheblichen Haftungsrisiken verbunden ist, schließen diese **Haftpflichtversicherungen** mit erheblichen Summen ab. Die durchschnittliche Versicherungssumme von Insolvenzverwaltern beträgt 2,5 bis 50 Millionen €. Dabei handelt es sich um die Haftung für Fehler des Insolvenzverwalters. Daneben besteht das Risiko des Insolvenzverwalters für unzureichende bzw. nicht vorhandene betriebliche Versicherungen.

> **Beispiel:**
> Der Fuhrpark des Schuldners ist häufig nicht ausreichend haftpflichtversichert, was im Rahmen von § 39 VVG (vorzeitige Beendigung des Versicherungsvertrages) für den Insolvenzverwalter zu einem Haftungsrisiko führt.

4.2 Gläubiger

Die Insolvenzordnung unterscheidet verschiedene Gläubigergruppen, welche insbesondere durch eine unterschiedliche Rechtsstellung gekennzeichnet sind.

Abbildung 4.3   Gläubigergruppen

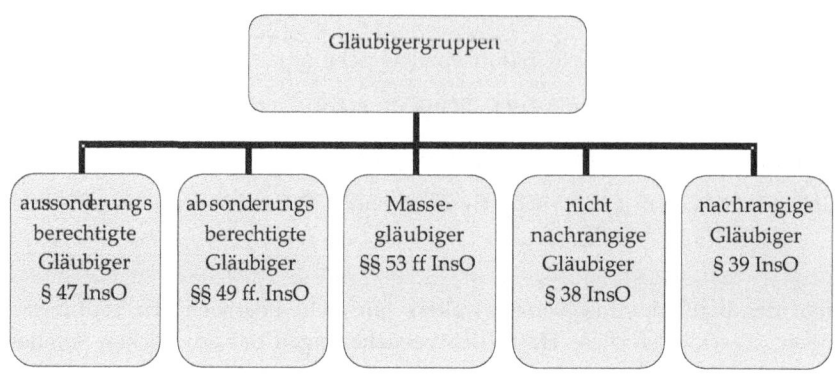

Dabei ist zu berücksichtigen, dass die **Einflussmöglichkeiten** der einfachen Insolvenzgläubiger auf das Verfahren **beschränkt** sind. So erhalten sie keine Information über die
Verfahrenseinleitung und haben auch keinen Einfluss auf die Auswahl des Sachverständigen, welcher das Massegutachten erstellt. Das Massegutachten wird nicht veröffentlicht, so
dass eine Möglichkeit der Überprüfung kaum gegeben ist. Hinzu kommt weiter, dass es
keine verbindlichen Regeln für die Buchführung des Verwalters gibt. Zudem erhalten
Gläubiger durch Verwalter kaum Auskünfte, wie das folgende unter Insolvenzverwaltern
übliche Schreiben zeigt:

Adresse Gläubiger

....., den ...

Insolvenzverfahren .....
Az.: .....

Ihr Zeichen: .....
Unser Zeichen .....

Ihre Anfrage zur Insolvenztabelle/Masseforderung

Sehr geehrte Damen und Herren,

wir teilen Ihnen mit:

■ Mit dem Abschluss des Insolvenzverfahrens ist voraussichtlich im ..... Quartal ..... zu
   rechnen.

■ Ein Abschluss des Insolvenzverfahrens ist derzeit nicht abzusehen.

■ Ich habe am ..... Masseunzulänglichkeit angezeigt. Damit wird aller Voraussicht nach keine Quote auf die Insolvenzgläubiger im Rang § 38 InsO entfallen.

■ Mit der Begleichung der Masseverbindlichkeiten ist bis ..... zu rechnen.

■ Mit der Begleichung der Masseverbindlichkeiten ist in absehbarer Zeit nicht zu rechnen. Die Verwertung der Aktiva gestaltet sich kompliziert und langwierig.

■ Mit einer Auszahlung der zum Insolvenzverfahren angemeldeten Forderungen ist frühestens zum ..... zu rechnen.

■ Mit einer Auszahlung der zum Insolvenzverfahren angemeldeten nachrangigen Forderungen ist nicht zu rechnen.

Im Übrigen verweise ich auf die Zwischenberichte an das Insolvenzgericht.

Mit freundlichen Grüßen

.....

(Insolvenzverwalter/in)

4.2.1 Absonderungsberechtigte Gläubiger

Absonderungsberechtigte Gläubiger sind solche Gläubiger, die aus dem Erlös der Verwertung eines Gegenstandes, der zur Insolvenzmasse gehört, vorrangig befriedigt werden müssen. Absonderungsrechte sind in §§ 49 ff. InsO aufgeführt. Es handelt sich hierbei insbesondere um Grundpfandrechte, Reallasten, Pfandrechte, Sicherungseigentum.

4.2.2 Aussonderungsberechtigte Gläubiger

Aussonderungsberechtigte Insolvenzgläubiger sind solche, die aufgrund eines **dinglichen oder persönlichen Rechtes** geltend machen können, dass ein Gegenstand nicht zur Insolvenzmasse gehört (§ 47 InsO). Die Aussonderungsberechtigung ergibt sich dabei nach den sonstigen Gesetzen, d. h. Gesetzen außerhalb der InsO.

> **Beispiele:**
Eigentum (§ 985 BGB), Eigentumsvorbehalt im Falle der Insolvenz des Vorbehaltskäufers, Nießbrauch, Erbbaurechte und Dienstbarkeiten, Wohnrecht (§ 1093 BGB).

4.2.3 Massegläubiger

Massegläubiger sind solche Insolvenzgläubiger, deren Ansprüche erst nach Verfahrenseröffnung entstehen, bzw. durch die Verfahrenseröffnung begründet werden. Aus der Insol-

venzmasse sind vorweg die Kosten des Verfahrens nach § 54 InsO und die sonstigen Masseverbindlichkeiten nach § 55 InsO zu befriedigen, vgl. § 53 InsO. Die Befriedigung der
Massegläubiger vollzieht sich unabhängig vom Rang des Insolvenzverfahrens.

4.2.4   Nicht nachrangige Gläubiger

Nicht nachrangige Insolvenzgläubiger sind solche, die zur Zeit der Eröffnung einen persönlichen Vermögensanspruch gegen den Schuldner haben (vgl. § 38 InsO). Die Forderungen der Insolvenzgläubiger werden quotenmäßig aus der Insolvenzmasse reguliert. Statis-
tisch erhalten sie zwischen 1 und 4 % von deren Forderung. Auch Ansprüche des Finanzamts bzw. der Sozialversicherungsträger fallen grundsätzlich hierunter.

4.2.5   Nachrangige Gläubiger

Nachrangige Insolvenzgläubiger kommen erst zum Zuge, wenn nach der Befriedigung
aller anderen Gläubiger noch ein restliches Vermögen vorhanden ist, vgl. § 39 InsO. Ein
bekannter Anwendungsfall sind Gläubiger aus Gesellschafterdarlehen.

In der Praxis haben sich spezielle Kanzleien durchgesetzt, welche ausschließlich Gläubiger
im Insolvenzverfahren vertreten (sog. **Boutiquen**). Hierzu ist eine branchenorientierte
Vorgehensweise unabdingbar, um Forderungen, soweit wie möglich, zu realisieren. Dies
geschieht insbesondere in Form von Durchsetzung von Eigentumsvorbehaltsrechten, der
Prüfung und Abwicklung von Gläubiger-Pool-Vereinbarungen sowie gegebenenfalls der
Realisierung persönliche Haftung von Geschäftsführern und Vorständen und sonstiger
Dritter.

4.3   Gläubigerversammlung

Die Gläubiger selbst haben nach der Insolvenzordnung einen erheblichen Einfluss auf das
Insolvenzverfahren. Es handelt sich um eine sog. **Gläubigerselbstverwaltung**. Die Gläubigerversammlung ist notwendiges Organ des Insolvenzverfahrens.

4.3.1   Einberufung

Die Gläubigerversammlung wird vom Insolvenzgericht, d. h. vom Rechtspfleger, einberufen und geleitet, §§ 74, 76 Abs. 1 InsO. Die Einberufung erfolgt entweder von Amts wegen
oder auf Antrag.

Abbildung 4.4 Einberufung der Gläubigerversammlung

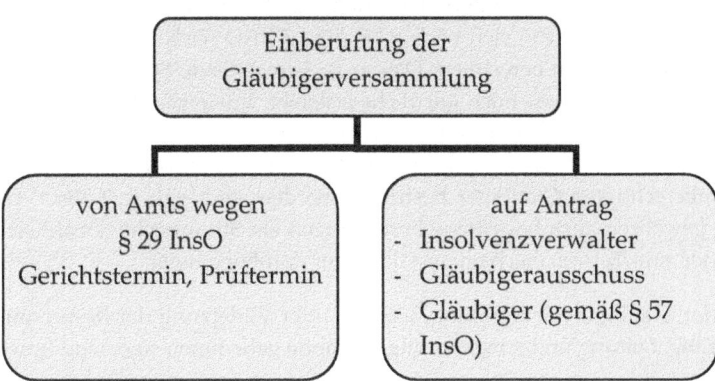

Das Insolvenzgericht kann einen Antrag auf Einberufung einer Gläubigerversammlung zurückweisen, wenn die Antragsberechtigung i.S.d. § 75 InsO nicht gegeben ist. Allein, dass es an einer Zweckmäßigkeit oder der Notwendigkeit fehlt, berechtigt das Insolvenzgericht dagegen nicht, die Einberufung der Gläubigerversammlung zu verweigern.

4.3.2 Befugnisse der Gläubigerversammlung

Die Gläubigerversammlung hat eine Vielzahl von Befugnissen:

■ Bestätigung des ernannten bzw. Wahl eines anderen Insolvenzverwalters, § 57 InsO

■ Entlassung des Insolvenzverwalters auf Antrag, § 59 InsO

■ Kontrolle des Insolvenzverwalters, §§ 66, 79 InsO

■ Bestellung/Abwahl eines Gläubigerausschusses und die Wahl und Entlassung seiner Mitglieder, §§ 68, 70 InsO

■ Beschlussfassung, ob Unternehmen des Schuldners stillgelegt oder vorläufig fortgeführt wird, § 157 InsO

■ Zustimmung zu besonders bedeutsamen Rechtsgeschäften, § 160 InsO

■ Beschlussfassung über die Schlussrechnung, § 197 InsO

■ Abstimmung vor Einstellung des Verfahrens mangels Masse, § 207 Abs. 2 InsO

■ Beauftragung des Treuhänders zur Überwachung der Obliegenheiten des Schuldners, § 292 Abs. 2 S. 1 InsO

■ Beauftragung des Treuhänders mit der Anfechtung im vereinfachtem Insolvenzverfahren, § 313 Abs. 2 S. 3 InsO

4.3.3   Abstimmung in der Gläubigerversammlung

Beschlüsse der Gläubigerversammlung bedürfen der **absoluten Mehrheit** der anwesenden und vertretenen Stimmen, die sich nach § 76 Abs. 2 InsO nach Forderungsbeträgen und nach Absonderungsrechten berechnen. Das so zu berechnende Stimmrecht der Gläubiger ist oft problematisch, weil oft noch gar nicht feststeht, inwieweit sie wirklich Ansprüche haben. Ein Stimmrecht gewähren jedenfalls diejenigen Insolvenzforderungen, die angemeldet wurden, nicht nur nachrangig sind und weder vom Insolvenzverwalter noch von einem stimmberechtigten Gläubiger bestritten worden sind, vgl. § 77 InsO. Gemäß § 77 Abs. 3 InsO gewähren auch bestrittene Forderungen ein Stimmrecht, sobald sich der Verwalter und der zum Termin erschienene Gläubiger darüber einigen.

Beschlüsse der Gläubigerversammlung, welche unter Verletzung der Bestimmungen über die Einberufung, Leitung und Abstimmung zustande gekommen sind, sind unwirksam.

Ein Gläubiger, der in einem **Interessenkonflikt** steht, hat kein Stimmrecht, analog §§ 34 BGB, 47 Abs. 4 GmbHG, 136 Abs. 1 AktG.

> **§ 34 BGB: Ausschluss vom Stimmrecht**
>
> Ein Mitglied ist nicht stimmberechtigt, wenn die Beschlussfassung die Vornahme eines Rechtsgeschäfts mit ihm oder die Einleitung oder Erledigung eines Rechtsstreits zwischen ihm und dem Verein betrifft.

> **§ 47 Abs. 4 GmbHG: Abstimmung**
>
> (4) Ein Gesellschafter, welcher durch die Beschlussfassung entlastet oder von einer Verbindlichkeit befreit werden soll, hat hierbei kein Stimmrecht und darf ein solches auch nicht für andere ausüben. Dasselbe gilt von einer Beschlussfassung, welche die Vornahme eines Rechtsgeschäfts oder die Einleitung oder Erledigung eines Rechtsstreites gegenüber einem Gesellschafter betrifft.

> **§ 136 Abs. 1 AktG: Ausschluss des Stimmrechts**
>
> (1) Niemand kann für sich oder für einen anderen das Stimmrecht ausüben, wenn darüber Beschluss gefasst wird, ob er zu entlasten oder von einer Verbindlichkeit zu befreien ist oder ob die Gesellschaft gegen ihn einen Anspruch geltend machen soll. Für Aktien, aus denen der Aktionär nach Satz 1 das Stimmrecht nicht ausüben kann, kann das Stimmrecht auch nicht durch einen anderen ausgeübt werden.

Widerspricht ein Beschluss der Gläubigerversammlung den **gemeinsamen Interessen** der Insolvenzgläubiger, so hat das Insolvenzgericht gemäß § 78 Abs. 1 InsO den Beschluss aufzuheben, wenn ein absonderungsberechtigter Gläubiger, ein nicht nachrangiger Insolvenzgläubiger, oder der Insolvenzverwalter dies in der Gläubigerversammlung beantragt.

4.4 Gläubigerausschuss

Der Gläubigerausschuss ist lediglich ein **fakultatives Organ** des Insolvenzverfahrens, welcher der Unterstützung und Überwachung des Insolvenzverwalters gemäß § 69 InsO dient. Ob ein Gläubigerausschuss eingesetzt wird, ist Sache der Gläubiger. Ein Gläubigerausschuss wird aber oft schon benötigt, bevor die erste Gläubigerversammlung stattfindet. Der Gläubigerausschuss wird in diesem Fall gemäß § 67 InsO durch das Insolvenzgericht eingesetzt.

Der Gläubigerausschuss hat vielfältige **Aufgaben**:

■ Antragsrecht auf Entlassung des Insolvenzverwalters, § 59 Abs. 1 S. 2 InsO

■ Antragsrecht auf Einberufung der Gläubigerversammlung, § 75 Abs. 1 Nr. 2 InsO

■ Stellungnahme zur Rechnungslegung des Insolvenzverwalters, § 66 Abs. 2 InsO

■ Stellungnahme zum Bericht des Insolvenzverwalters, § 156 Abs. 2 InsO

■ Zustimmung zur Stilllegung des schuldnerischen Unternehmens, § 158 Abs. 1 InsO

■ Zustimmung zu bedeutsamen Rechtshandlungen, §§ 160 Abs. 2, 276 InsO

■ Zustimmung zur Verteilung, § 187 Abs. 3 S. 2 InsO

■ Anhörung vor Einstellung des Insolvenzverfahrens, § 214 Abs. 2 S. 1 InsO

Der Beschluss des Gläubigerausschusses muss gemäß § 72 InsO durch die Mehrheit der Mitglieder, die am Gläubigerausschuss teilgenommen haben, und mit der Mehrheit der abgegebenen Stimmen gefasst werden (sog. **doppelte Mehrheit**). Es kommt also auch hier wiederum auf die Zahl der anwesenden Mitglieder und deren Stimmen an. Bei Stimmengleichheit ist ein Antrag abgelehnt. Bei einem 2-Personen-Ausschuss ist wegen des Mehrheitserfordernisses Einstimmigkeit erforderlich.

Nach § 71 InsO ist die **Haftung** der Mitglieder des Gläubigerausschusses bei schuldhafter Pflichtverletzung beschränkt; eine Verantwortlichkeit wird nicht allen Beteiligten gegenüber begründet, sondern nur gegenüber den absonderungsberechtigten Gläubigern und Insolvenzgläubigern.

Gemäß § 73 Abs. 1 InsO haben die Mitglieder des Gläubigerausschusses einen Anspruch auf **Vergütung** der Tätigkeit und die Erstattung angemessener Auslagen. Hierbei sind der Zeitaufwand und der Umfang der Tätigkeit zu berücksichtigen. Es gibt Rechtsanwaltskanzleien, die sich auf die Vertretung von Gläubigern in Gläubigerausschüssen spezialisiert haben. In der Praxis kommen die Gläubigerausschüsse nur bei sehr großen Insolvenzen vor.

4.5   Rechtsmittel im Insolvenzverfahren

Ist ein Verfahrensbeteiligter mit einer Entscheidung des Insolvenzgerichtes nicht einverstanden, stehen ihm nach dem Gesetz verschiedene Rechtschutzmöglichkeiten zu:

Eine sofortige Beschwerde ist gemäß § 6 Abs. 1 InsO nur zulässig, wenn sie ausdrücklich vorgesehen ist.

Gemäß § 6 Abs. 2 S. 2 RPflG bestehen sowohl für den Richter, als auch für den Rechtspfleger Abhilfemöglichkeiten. Ist die sofortige Beschwerde zulässig, erfolgt gemäß § 11 Abs. 3 RPflG die direkte Vorlage an das Landgericht.

§ 11 Abs. 3 RPflG: Rechtsbehelfe

(3) Gerichtliche Verfügungen, Beschlüsse oder Zeugnisse, die nach den Vorschriften der Grundbuchordnung, der Schiffsregisterordnung oder des Gesetzes über das Verfahren in Familiensachen und in den Angelegenheiten der freiwilligen Gerichtsbarkeit wirksam geworden sind und nicht mehr geändert werden können, sind mit der Erinnerung nicht anfechtbar. Die Erinnerung ist ferner in den Fällen der §§ 694, 700 der Zivilprozessordnung und gegen Entscheidungen über die Gewährung eines Stimmrechts (§§ 77, 237 und 238 der Insolvenzordnung) ausgeschlossen.

Ist keine sofortige Beschwerde vorgesehen, erfolgt eine Entscheidung des Richters, wobei die Vorlagepflicht wie die sofortige Beschwerde ausgestaltet ist, vgl. § 11 Abs. 2 RPflG.

§ 11 Abs. 2 RPflG: Rechtsbehelfe

(2) Ist gegen die Entscheidung nach den allgemeinen verfahrensrechtlichen Vorschriften ein Rechtsmittel nicht gegeben, so findet die Erinnerung statt, die in Verfahren nach dem Gesetz über das Verfahren in Familiensachen und in den Angelegenheiten der freiwilligen Gerichtsbarkeit innerhalb der für die Beschwerde, im Übrigen innerhalb der für die sofortige Beschwerde geltenden Frist einzulegen ist. Der Rechtspfleger kann der Erinnerung abhelfen. Erinnerungen, denen er nicht abhilft, legt er dem Richter zur Entscheidung vor. Auf die Erinnerung sind im Übrigen die Vorschriften über die Beschwerde sinngemäß anzuwenden.

Abbildung 4.5 Sofortige Beschwerde

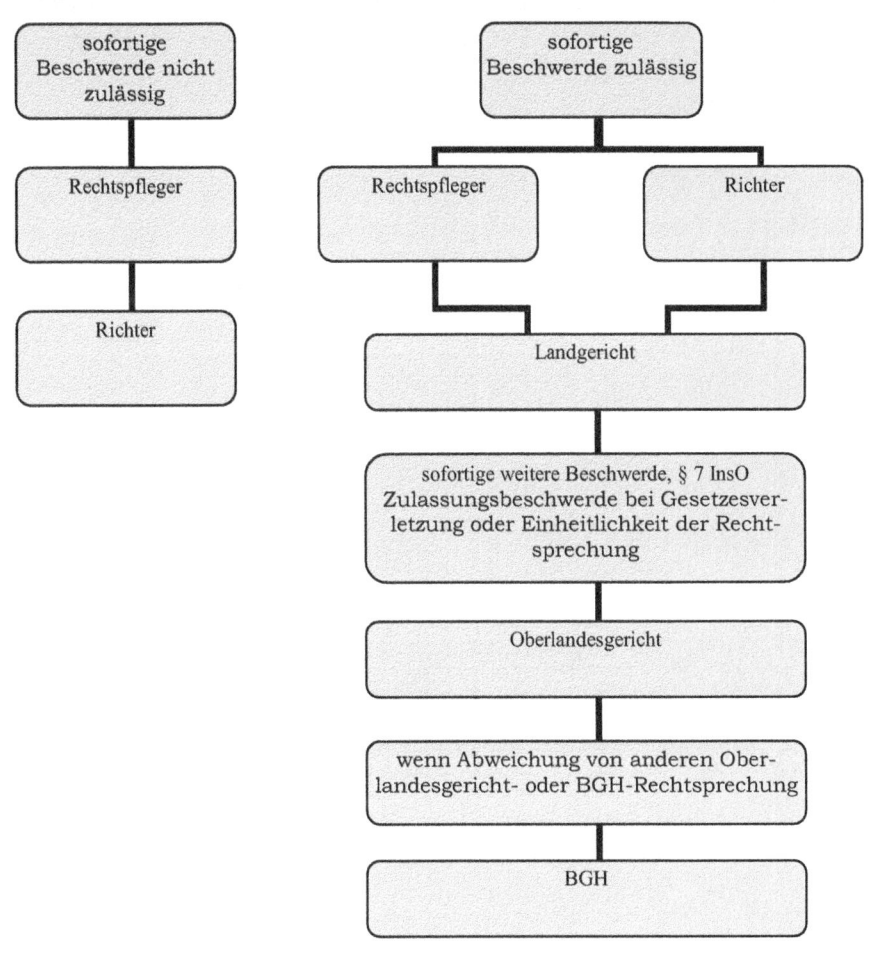

5   Materielles Insolvenzrecht

Ein wesentliches Tätigkeitsfeld eines Insolvenzverwalters stellt die Abwicklung noch nicht vollständig erfüllter Verträge dar. Das Gesetz eröffnet ihm hierfür verschiedene Möglichkeiten. Bei gegenseitigen Verträgen hat der Insolvenzverwalter ein Wahlrecht, ob er den Vertrag erfüllt oder nicht erfüllt. Bei allen anderen Geschäften sieht die gesetzliche Regelung ein Wahlrecht, ob das Rechtsverhältnis abgebrochen wird, teilweise Fortsetzung ohne Lösungsmöglichkeit und teilweise die Fortsetzung mit Lösungsmöglichkeit, vor.

Abbildung 5.1   Möglichkeiten der Abwicklung von Verträgen in der Insolvenz

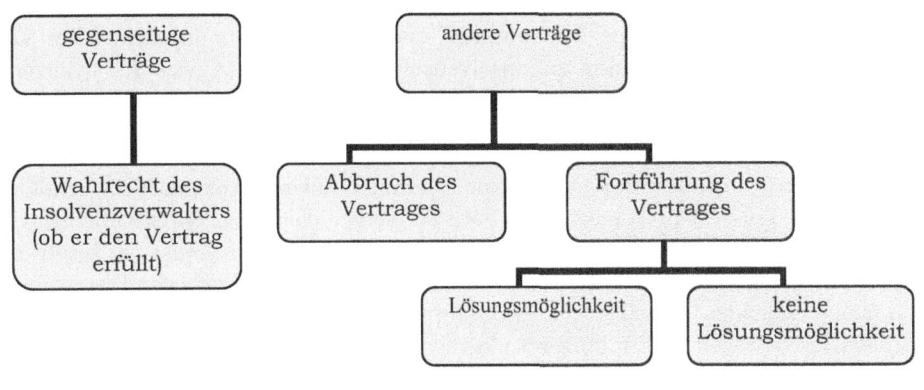

5.1   Abwicklung noch nicht vollständig erfüllter Verträge

5.1.1   Grundfall

Sind zum Zeitpunkt der Insolvenzeröffnung die vertraglichen Verpflichtungen aus gegenseitigen Verträgen von den Vertragsparteien noch nicht oder nicht vollständig erfüllt, so erfolgt die Abwicklung nach § 103 InsO. Hiernach kann der Insolvenzverwalter an Stelle des Schuldners den Vertrag erfüllen und von dem anderen Teil die Erfüllung verlangen.

§ 103 InsO gilt nur für **gegenseitige Verträge** i.S.v. §§ 320 ff. BGB, also solche Verträge, die auf Leistung und Gegenleistung gerichtet sind.

> **Beispiele:**

Bauvertrag[64], verzinsliches Darlehen[65], Energielieferungsvertrag[66], Versicherungsvertrag[67], Lizenzvertrag[68], Kaufvertrag, Werkvertrag[69]

Voraussetzung für die Abwicklung nach § 103 InsO ist ferner, dass die Verträge **nicht bereits von einer Seite erfüllt sein dürfen.**

> **Beispiel:**

Beim Kaufvertrag ist dies der Fall, solange der Käufer bei der Auflassung und Eintragung des Grundstücks noch nicht mitgewirkt hat.[70]

Ist ein Vertragsverhältnis bereits vom Vertragspartner des Schuldners vollständig erfüllt, so kann dieser seinen Anspruch auf die Gegenleistung nur regelmäßig als einfacher Insolvenzgläubiger (§ 38 InsO) zur Tabelle anmelden. Ist der Vertrag dagegen bereits einseitig vom Schuldner erfüllt worden, hat nunmehr der Vertragspartner ungeachtet der Vertragserfüllung die Gegenleistung zur Insolvenzmasse zu erbringen, was der Insolvenzverwalter ggf. mit einer Leistungsklage geltend machen kann.

Liegen die Voraussetzungen des § 103 InsO vor, kann der (endgültige[71]) Insolvenzverwalter wählen, ob er an Stelle des Schuldners den Vertrag erfüllen möchte, oder die Erfüllung vom anderen Teil verlangen möchte. Er hat sich hierbei allein vom wirtschaftlichen Gesichtspunkt leiten zu lassen. Den Grundsatz von Treu und Glauben muss der Insolvenzverwalter nicht beachten.[72] Er wird dabei den für die Masse vorteilhaftesten Weg wählen, d. h. bei vorteilhaften Verträgen die Erfüllung verlangen, wogegen er bei wirtschaftlich nachteiligen Verträgen die Erfüllung ablehnen wird.

Das Erfüllungsverlangen ist als Gestaltungserklärung bedingungsfeindlich und unwiderruflich. Wird es unter Vorbehalt oder veränderten Bedingungen abgegeben, ist es als Ablehnung zu sehen.[73]

Entscheidet sich der Insolvenzverwalter für die **Erfüllung**, wird der Anspruch des Vertragspartners auf die Gegenleistung zu einem **Masseschuldenanspruch** nach § 55 Abs. 1

---

[64] BGH ZIP 2002, S. 309
[65] BGH ZIP 2001, S. 31
[66] BGH ZIP 1981, S. 1117
[67] BGH NJW 1993, S. 1994
[68] BGH NZI 2006, S. 229, 230
[69] BGHZ 87, S. 274
[70] BGHZ 58, S. 249; OLG Dresden ZIP 1998, S. 1154
[71] BGH ZInsO 2007, S. 1275
[72] OLG Karlsruhe ZIP 1990, S. 1143, 1144
[73] BGH ZIP 1988, S. 322 ff

Nr. 2 InsO. Der Inhalt der Leistungspflicht bleibt unverändert, d.h. der vorleistungspflichtige Vertragspartner kann nicht unter Berufung auf § 321 BGB die Leistung verweigern.[74]

Lehnt der Insolvenzverwalter dagegen die Erfüllung ab, so kann der Vertragspartner bereits erbrachte Teilleistungen nicht zurück verlangen. Er kann hier nur eine auf Geld gerichtete **Schadensersatzforderung**, z. B. nach §§ 280, 281 BGB oder §§ 280, 283 BGB wegen Nichterfüllung im Rang einer **einfachen Insolvenzforderung** zur Tabelle geltend machen (vgl. § 103 Abs. 2 InsO).

Der Insolvenzverwalter kann bei Ablehnung der Erfüllung die Rückzahlung der vom Schuldner geleisteten Anzahlung verlangen.[75]

Fordert der andere Vertragspartner den Insolvenzverwalter zur Ausübung des Wahlrechts auf, so muss der Insolvenzverwalter unverzüglich erklären, ob er die Erfüllung verlangen möchte. Das Aufforderungsverlangen muss dem (endgültigen) Insolvenzverwalter zugehen; eine gegenüber dem vorläufigen Insolvenzverwalter getätigte Aufforderung ist unwirksam.[76] Unterlässt der Insolvenzverwalter die unverzügliche Erklärung, so kann er gemäß § 103 Abs. 2 S. 3 InsO nicht mehr auf die Erfüllung bestehen.

Die rechtlichen Wirkungen, die die Verfahrenseröffnung selbst sowie die Erfüllungsverweigerungsablehnung hervorrufen, sind umstritten. Der BGH hat sich entgegen seiner früheren Rechtsprechung dazu entschieden, dass weder die Verfahrenseröffnung noch die Erfüllungsablehnung zu einer Umgestaltung führen.[77] Die neu begründete Masseverbindlichkeit ist inhaltlich aber nicht rechtlich identisch.

§ 103 InsO ist eine zwingende Norm, wie § 119 InsO zeigt. Dies hat der BGH nochmals bestätigt, indem er Lösungsklauseln in Energielieferungsverträgen für den Fall der Insolvenz des Kunden für unwirksam erklärt hat.[78]

---

[74] OLG Düsseldorf MDR 1970, S. 1009
[75] BGH IX ZR 218/11 = DB 2013, S. 512 ff
[76] BGH NZI 2008, S. 36, 37
[77] BGH ZIP 2002, S. 1093 ff
[78] BGH IX ZR 169/11 = DB 2013, S. 13 ff

Abbildung 5.2   § 103 InsO Wahlrecht eines Insolvenzverwalters

§ 103 InsO: Wahlrecht des
Insolvenzverwalters
(Maßstab: wirtschaftliche Gesichtspunkte

Erfüllung durch den Insolvenzverwalter	keine Erfüllung durch den Insolvenzverwalter
Masseverbindlichkeit § 55 Abs. 1 Nr. 2 InsO	Schadensersatz §§ 280, 281 BGB als einfache Insolvenzforderung

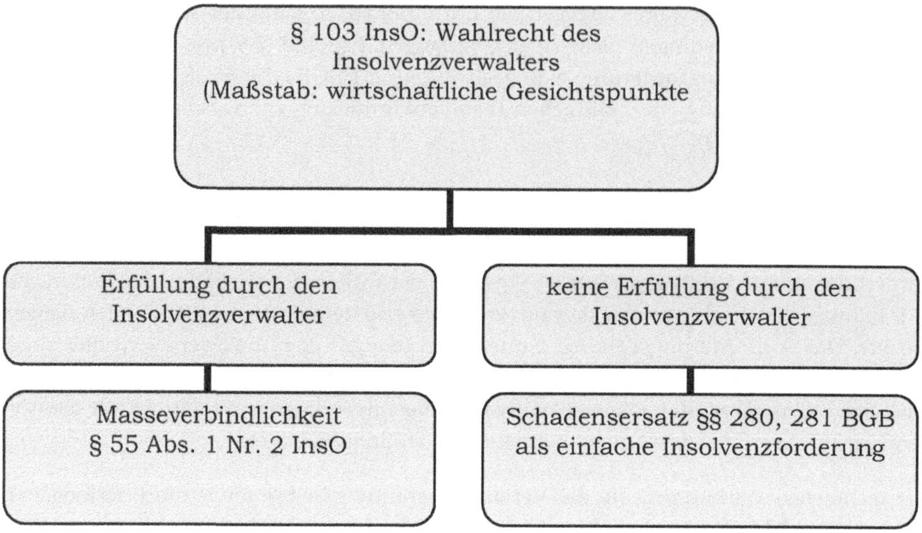

5.1.2   Sonderfall: Teilbare Leistung

§ 103 InsO wird im Fall von teilbaren Leistungen durch die Spezialvorschrift des § 105 InsO ergänzt.

Hiernach kann der Verwalter für die bei Verfahrenseröffnung noch ausstehenden Leistungsteile die Erfüllung begehren, so dass auch nur insoweit Masseverbindlichkeiten nach § 55 Abs. 1 Nr. 2 InsO, im Hinblick auf die Gegenforderung des Vertragspartners, begründet werden. Eine Leistung ist dann teilbar, wenn sich eine erbrachte Teilleistung feststellt oder berechnen lässt.[79]

> **Beispiele:**

Werkverträge (Bauverträge)[80], Kaufverträge über mehrere Sachen, Energielieferungsverträge, Miet-/Pachtverträge[81], Werklieferungsverträge[82] , Versicherungsverträge[83]

---

[79] BGH ZIP 2002, S. 1093, 1094; BGH ZIP 2001, S. 1380, 1382
[80] BGH ZIP 2002, S. 2379, 2380
[81] BGH ZIP 1994, S. 715, 717

Abbildung 5.3   Abwicklung von Verträgen mit teilbaren Leistungen

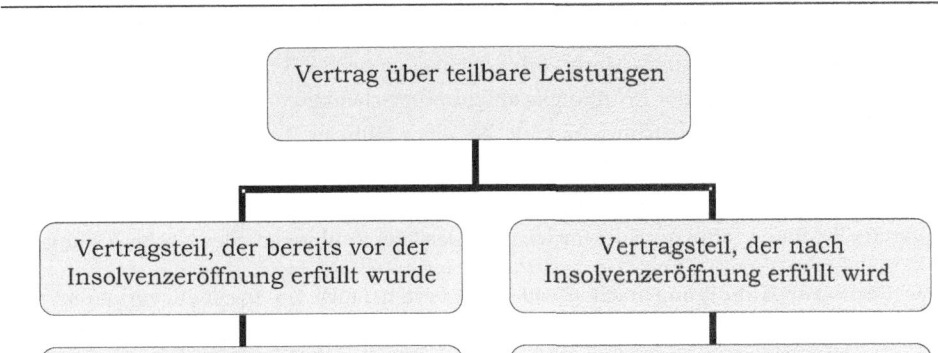

5.1.3   Besonderheiten des Werkvertrags

Hinsichtlich der Anwendung der §§ 103 und 105 InsO auf Werkverträge gemäß § 631 BGB ist zu unterscheiden:

Im Fall der **Insolvenz des Werkunternehmers** kommt grundsätzlich § 103 InsO zur Anwendung. Lehnt der Insolvenzverwalter die Erfüllung ab, richten sich die Folgen nach § 103 Abs. 2 S. 1 InsO.[84] Wenn er dagegen Erfüllung wählt, gilt für erbrachte Vorauszahlungen § 105 InsO, während die noch zu erbringende Teilleistung zu vergüten ist. Tritt hierbei ein Gewährleistungsfall auf, so ist zu berücksichtigen, dass das Verlangen von Nacherfüllung der Aufforderung an den Insolvenzverwalter zur Wahlrechtsausübung nach § 103 Abs. 2 S. 2 InsO gleichkommt. Bei Erfüllungswahl entsteht eine Masseverbindlichkeit nach § 55 Abs. 1 Nr. 2 InsO, bei Anlehnung der Erfüllung steht nur der anteilige Werklohn (§ 637, 638 BGB) zu, bei Rücktritt (§ 634 Nr. 3, 636 BGB) entfällt die Zahlungsverpflichtung.

Wird dagegen über das **Vermögen des Auftraggebers** das Insolvenzverfahren eröffnet, so kann der Insolvenzverwalter die Erfüllung ablehnen: In diesem Fall hat der Besteller die Verfügungsmacht über das unfertige Werk (ggfs. § 946 ff BGB). Für erbrachte Teilleistun-

[82] BGH NIZ 2001, S. 537, 538
[83] OLG Düsseldorf NZI 2006, S. 297, 298
[84] BGHZ 150, S. 353 = BGH NZI 2002, S. 375

gen kann er gemäß § 103 II S. 1 InsO Schadensersatz verlangen (Ausnahme: § 647 BGB). Kommt es dagegen zur Erfüllungswahl, muss der Werkunternehmer seine Leistung erbringen. Für Teilleistung vor Insolvenzeröffnung gilt § 105 S. 1 InsO; Teilleistungen nach Insolvenzeröffnung führen zu Masseverbindlichkeiten nach § 55 I Nr. 2 InsO. Bei der Gewährleistung ist im Fall der Erfüllungswahl zu unterscheiden, ob es sich um eine teilbare oder um eine unteilbare Leistung handelt. Bei einer teilbaren Leistung ist der für Beseitigung des Mangels anteilige Werklohn Masseverbindlichkeit, bei einer unteilbaren Leistung ist der gesamte Werklohn Masseverbindlichkeit nach § 55 I Nr. 2 InsO. Die Ablehnung der Erfüllung führt zur Rückforderung geleisteter Zahlungen oder Nacherfüllung.

Das **Recht zur Kündigung nach § 649 BGB** besteht auch im Insolvenzverfahren[85]; es kommt nur dann in Betracht, wenn der Insolvenzverwalter gemäß § 103 InsO Erfüllung gewählt hat (Kündigung durch Besteller).

5.2 Sonderregelungen

5.2.1 Fix- und Finanztermingeschäfte

Bei Fix- und Finanztermingeschäften kann gemäß § 104 InsO die Erfüllung gemäß § 103 InsO nicht verlangt werden. Das ursprüngliche Fix- und Finanztermingeschäft wird in ein sog. Differenzgeschäft gemäß § 104 Abs. 3 InsO umgewandelt, mit der Folge, dass nur noch die Zahlung des Preisunterschiedes verlangt werden kann.

5.2.2 Vormerkungsgesicherte Verträge

Insbesondere beim Abschluss von Grundstückskaufverträgen werden häufig Vormerkungen zur Absicherung ins Grundbuch eingetragen. Die Vormerkung soll den Käufer im Zeitraum zwischen der Leistung des Kaufpreises und dem endgültigen Eintrag in das Grundbuch vor anderweitigen Verfügungen des Verkäufers schützen.

5.2.2.1 Zivilrechtliche Grundlagen

Die Vormerkung hat gemäß §§ 883 ff. BGB folgende Voraussetzungen:

- Anspruch: Bewilligung der Vormerkung durch den Verkäufer

- Eintragung der Vormerkung ins Grundbuch

- Berechtigung des Verkäufers, eine Vormerkung zu bewilligen

---

[85] BGH WM 1963 S. 964, 965 (noch zur KO)

Die Vormerkung bewirkt dann gemäß § 883 Abs. 2 BGB zugunsten des Berechtigten eine relative Unwirksamkeit anderweitiger Verfügung des Verkäufers. Demnach muss der Verkäufer das Eigentum an dem Grundstück dem Vormerkungsberechtigten übertragen, auch wenn er zwischenzeitlich an Dritte verkauft.

5.2.2.2 Insolvenzrechtliche Besonderheiten

§ 106 Abs. 1 S. 1 InsO stellt hier eine Ausnahmevorschrift gegenüber § 103 InsO dar. Hiernach hat der Vormerkungsberechtigte einen Anspruch auf Erfüllung und dies gemäß § 106 Abs 1 S. 2 InsO auch dann, wenn der künftige Insolvenzschuldner ihm gegenüber weitere Verpflichtungen übernommen und diese noch nicht vollständig erfüllt hat. § 106 Abs. 1 S. 2 InsO ist jedoch nur auf den Anspruch des Käufers auf Auflassung des Grundstückes begrenzt.[86] Man spricht also davon, dass die Vormerkung insolvenzfest ist.

Auch ein künftiger Auflassungsanspruch wird durch eine vor Eröffnung des Insolvenzverfahrens eingetragene Vormerkung gesichert.[87]

5.2.3 Eigentumsvorbehalt

5.2.3.1 Zivilrechtliche Grundlagen

Gemäß § 449 BGB kann sich der Lieferant das Eigentum an der von ihm gelieferten beweglichen Sache bis zur vollständigen Bezahlung zur Sicherung seiner Forderung vorbehalten.

> **§ 449 BGB: Eigentumsvorbehalt**
>
> (1) Hat sich der Verkäufer einer beweglichen Sache das Eigentum bis zur Zahlung des Kaufpreises vorbehalten, so ist im Zweifel anzunehmen, dass das Eigentum unter der aufschiebenden Bedingung vollständiger Zahlung des Kaufpreises übertragen wird (Eigentumsvorbehalt).
>
> (2) Auf Grund des Eigentumsvorbehalts kann der Verkäufer die Sache nur herausverlangen, wenn er vom Vertrag zurückgetreten ist.
>
> (3) Die Vereinbarung eines Eigentumsvorbehalts ist nichtig, soweit der Eigentumsübergang davon abhängig gemacht wird, dass der Käufer Forderungen eines Dritten, insbesondere eines mit dem Verkäufer verbundenen Unternehmens, erfüllt.

Die Sicherung erfolgt dergestalt, dass die dingliche Einigung unter der aufschiebenden Bedingung der vollständigen Zahlung gemäß §§ 929 S. 1, 158 Abs. 1 BGB gestellt wird. Der Erwerber erhält die Sache. Er wird dadurch unmittelbarer Besitzer. Der Verkäufer bleibt aber Eigentümer der Sache und mittelbarer Besitzer. Erst mit vollständiger Zahlung des

---

[86] BGH NJW 2002, S. 2461, 2463 ff
[87] BGH NZI 2002, S. 30, 32

Kaufpreises durch den Erwerber erlangt dieser das Eigentum, ohne dass hierfür eine weitere Handlung oder weitere Erklärung erforderlich ist.

Ein Erwerber, der ggf. bereits den größten Teil der Ware bezahlt hat, die aber immer noch im Sicherungseigentum des Lieferanten steht, wird wie folgt geschützt:

- Eine **Verfügung**, die den Eigentumserwerb verhindert, ist **relativ unwirksam**. Dies bedeutet, dass ein Dritter, auf den der Lieferant das Eigentum dennoch übertragen möchte, zwar zunächst Eigentümer wird. Er verliert aber das Eigentum später, wenn der Erwerber durch seine vollständige Zahlung den Bedingungseintritt, d. h. den vollständigen Eigentumsübergang zu seinen Gunsten, herbeiführt.

- Darüber hinaus hat der Erwerber einen **Schadensersatzanspruch** gegen den Lieferanten, wenn die Sache entweder zerstört wird, oder sein Rechtserwerb auf andere Weise beeinträchtigt ist und der Lieferant dies verschuldet hat. Anspruchsgrundlage wäre hier § 823 Abs. 1 BGB „sonstiges Recht".[88]

Diese gesicherte Rechtsposition des Erwerbers wird **Anwartschaftsrecht** genannt.[89] Der Erwerber ist zwar noch nicht Eigentümer, steht jedoch unmittelbar davor, selbst Eigentümer zu werden. Das Anwartschaftsrecht stellt daher ein sog. wesensgleiches Minus zum Eigentum dar.[90] Es kann auch nach den Regeln der Übertragung des Eigentums (§§ 929 ff. BGB analog) an einen Dritten übertragen werden.[91]

5.2.3.2   Insolvenzrechtliche Besonderheiten

Hier ist zwischen der Insolvenz des Verkäufers und der Insolvenz des Käufers der Sache, die unter Eigentumsvorbehalt steht, zu unterscheiden.

Befindet sich der **Verkäufer in Insolvenz**, so ist das Anwartschaftsrecht gemäß § 107 Abs. 1 InsO insolvenzfest, was bedeutet, dass das Anwartschaftsrecht – ähnlich wie das Eigentum – in der Insolvenz bestehen bleibt und im Falle des Bedingungseintrittes, d. h. bei Kaufpreiszahlung, zu einem Aussonderungsrecht gemäß § 47 InsO führt.[92] Eine abweichende Vereinbarung im Kaufvertrag wäre gemäß § 119 InsO unwirksam.

Bezahlt der Erwerber den Kaufpreis nicht, kann der Lieferant gemäß § 323 BGB nach erfolgter Nachfristsetzung vom Vertrag zurücktreten und die Sache dann gemäß § 985 BGB heraus verlangen.

Befindet sich dagegen der **Käufer in Insolvenz**, kann der Insolvenzverwalter gemäß § 103 Abs. 1 InsO den Vertrag erfüllen. Dies wird er insbesondere dann tun, wenn nur noch

---

[88] BGHZ 50, S. 20
[89] BGHZ 75, S. 221
[90] BGH NJW 1984, S. 1184 („Vorstufe zum Eigentum")
[91] BGHZ 20, S. 88
[92] BGH NJW 2008, S. 1803

geringe Raten ausstehen. Hier kann er dann gemäß § 985 BGB den Gegenstand zur Masse ziehen. Erfüllt der Insolvenzverwalter den Vertrag dagegen nicht, hat der Lieferant gemäß §§ 280, 283 BGB einen Anspruch auf Schadensersatz wegen Nichterfüllung. Diesen Schadensersatzanspruch kann er dann als einfache Insolvenzforderung gemäß § 38 InsO zur Tabelle anmelden.

Abbildung 5.4   Auswirkungen der Insolvenz auf Eigentumsvorbehalt

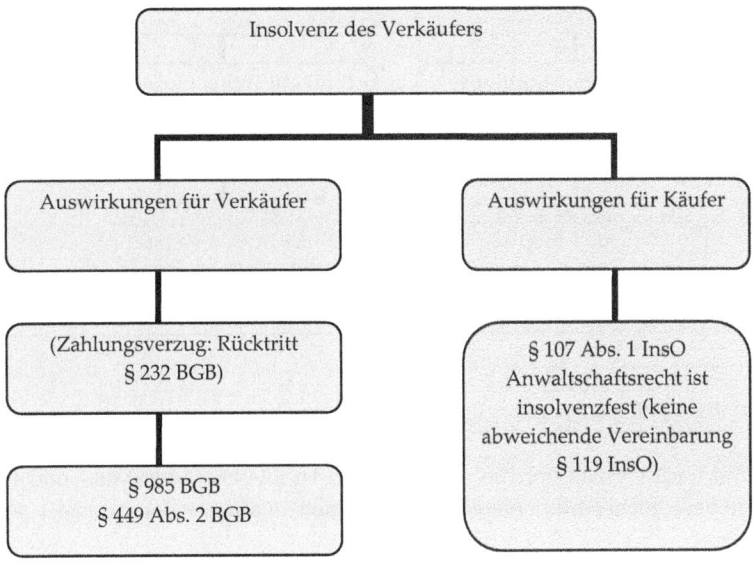

Abbildung 5.5   Insolvenz des Käufers

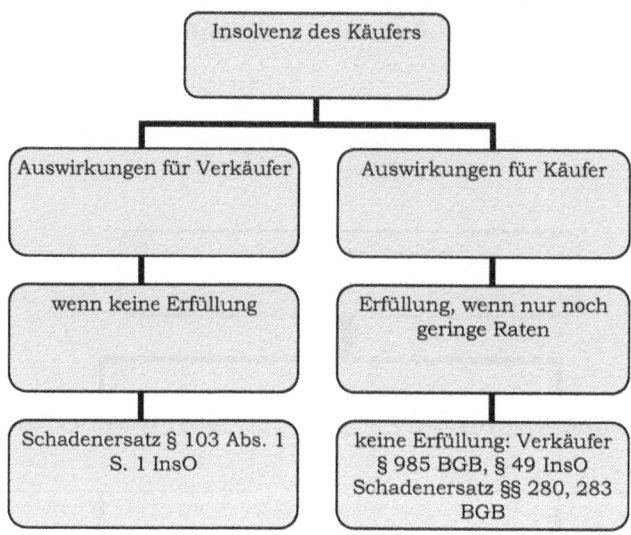

5.2.3.3   Miet- und Pachtverhältnisse

Bei Miet- und Pachtverhältnissen in der Insolvenz ist zwischen den Miet- und Pachtverhältnissen an beweglichen und unbeweglichen Sachen zu differenzieren.

■ Miet- und Pachtverhältnisse über **bewegliche Sachen**

Gemäß § 108 Abs. 1 S. 1 InsO findet die Grundnorm des § 103 InsO bei Miet- und Pachtverhältnissen über bewegliche Sachen Anwendung.

Damit der Insolvenzverwalter das ihm zustehende Wahlrecht auch tatsächlich ausüben kann, ist dem Vermieter ab Antrag auf Eröffnung des Insolvenzverfahrens des Mieters gemäß § 112 InsO eine Kündigung verboten. Eine abweichende Vereinbarung wäre wieder gemäß § 119 InsO unwirksam.

■ Miet- und Pachtverhältnisse über **unbewegliche Sache und Räumen**

Gemäß § 108 Abs. 1 InsO gehen bestehende Miet- und Pachtverhältnisse über unbewegliche Sachen oder Räume mit Wirkung für die Masse vor. Der Insolvenzverwalter hat hier kein Wahlrecht nach § 103 InsO.

Das Mietverhältnis wird zu den vereinbarten Bedingungen fortgesetzt. Die Ansprüche aus der Zeit vor Eröffnung des Insolvenzverfahrens sind Insolvenzforderungen gemäß § 108 Abs. 3 InsO. Ansprüche für die Zeit nach Insolvenzverfahrenseröffnung sind Masseverbindlichkeiten nach § 55 Abs. 1 Nr. 2, 2. Alt. InsO.

Danach ist bei der **Insolvenz des Mieters** wie folgt zu differenzieren:

■ War dem Schuldner die unbewegliche Sache oder der Raum bereits vor Insolvenzeröffnung überlassen, so hat der Insolvenzverwalter gemäß § 109 Abs. 1 InsO ein Sonderkündigungsrecht. Der Vermieter hat dagegen den Fortbestand des Miet- und Pachtverhältnisses hinzunehmen, da das Kündigungsrecht nach § 112 InsO eingeschränkt ist.

■ Für den Fall, dass der Insolvenzverwalter kündigt, kann der Vermieter Rückgabe nach §§ 985, 546 Abs. 1 BGB verlangen. Ihm steht ein Aussonderungsrecht nach § 47 InsO zu.

■ War dagegen dem Schuldner die unbewegliche Sache oder der Raum bei Insolvenzeröffnung noch nicht überlassen, besteht nach § 109 Ab. 1 InsO ein beiderseitiges Rücktrittsrecht. Tritt hier der Insolvenzverwalter zurück, so kann der andere Teil wegen der vorzeitigen Beendigung des Vertragsverhältnisses gemäß § 109 Abs. 2 S. 2 InsO als Insolvenzgläubiger Schadensersatz verlangen. Tritt dagegen der Vermieter zurück, kann der Insolvenzverwalter zu Gunsten der Insolvenzmasse keine Ansprüche erheben.

Abbildung 5.6   Insolvenz des Mieters

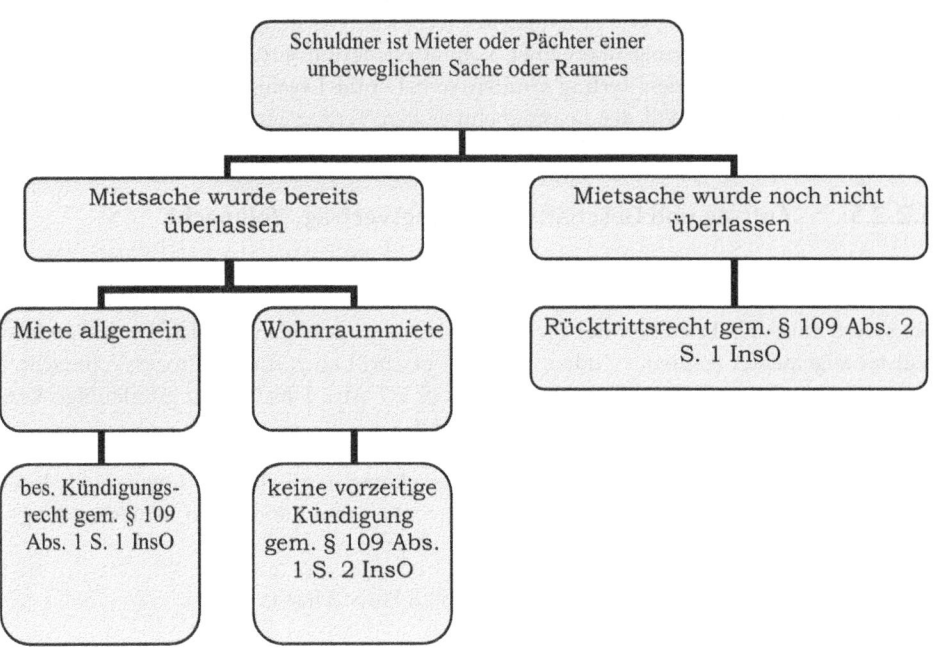

Bei einer **Insolvenz des Vermieters** zieht der Insolvenzverwalter den Mietzins zugunsten der Masse ein. Bei etwaigen Vorausverfügungen ist § 110 InsO zu beachten. Für die allgemeinen Kündigungsrechte sind die vertraglichen Vereinbarungen bzw. die allgemeinen Vorschriften des BGB maßgebend. Wird die unbewegliche Sache oder der Raum veräußert, gilt § 111 InsO.

5.2.3.4   Leasingverträge

Bei Leasingverträgen ist wiederum zwischen Insolvenz des Leasingnehmers und der des Leasinggebers zu unterscheiden.

Geht der **Leasingnehmer in Insolvenz**, so hat der Insolvenzverwalter das Wahlrecht nach § 103 InsO. Besteht der Insolvenzverwalter auf Erfüllung des Vertrages, so ist die Leasingforderung eine Masseforderung gemäß § 55 Abs. 1 Nr. 2 InsO. Auch hier ist das Kündigungsrecht des Leasinggebers in § 112 InsO eingeschränkt. Lehnt der Insolvenzverwalter dagegen die Erfüllung des Leasingvertrages ab, so steht dem Leasinggeber ein Schadensersatzanspruch zu. Zudem kann er die Aussonderung des Leasinggegenstandes verlangen. Auch hier sind vertragliche Abweichungen gemäß § 119 InsO unwirksam.

Geht der **Leasinggeber in Insolvenz**, ist nochmals zu unterscheiden, ob das Leasinggut, wie oft in der Praxis üblich, an eine Bank sicherungsübereignet ist. Ist dies gegeben, so ist der Vertrag gemäß § 108 Abs. 1 S. 2 InsO insolvenzfest. Wurde die Leasingsache dagegen nicht an eine Bank sicherungsübereignet, kommt wiederum § 103 InsO zur Anwendung. Will der Leasingnehmer den Vertrag erfüllen, so hat er die Leasingraten an den Insolvenzverwalter zu bezahlen. Will der Leasingnehmer den Vertrag nicht erfüllen, so kann der Insolvenzverwalter die Herausgabe des Leasinggegenstandes verlangen.

5.2.3.5   Auftrag und Geschäftsbesorgungsvertrag, Vollmacht

Bei **Vollmachten** gilt in der Insolvenz § 117 InsO, allerdings nicht bei Rechtsscheinvollmachten. Sie gilt auch für Prokura (§ 48 HGB) und Handlungsvollmacht (§ 52 HGB). Insbesondere muss das Erlöschen der Prokura nicht vom Insolvenzverwalter beim Handelsregister angemeldet werden.[93] Zudem gilt die Vorschrift auch für die Prozessvollmacht.[94] Demnach erlischt die Vollmacht kraft Gesetzes (§ 117 Abs. 1 InsO). Der gutgläubige Vertreter wird jedoch über § 117 Abs. 3 InsO geschützt.

Bei **Geschäftsbesorgungsverträgen** und Aufträgen kommen §§ 115 Abs. 1 bzw. 116 S. InsO zur Anwendung. Hierunter fallen auch Rechtsanwalts- und die meisten Steuerberatungsverträge.

Bei **Überweisungsaufträgen im Bankverkehr** gilt § 116 S. 3 InsO.

---

[93] LG Leipzig ZIP 2007, S. 1381; LG Halle NZI 2004, S. 631
[94] BGH ZIP 1998, S. 1113 f; BAG NZG 2009, S. 1197, 1198

Bei **Kontokorrentverträgen** (§ 355 Abs. 1 HGB) finden die §§ 115 Abs. 1 bzw. 116 S. 1 InsO Anwendung.

5.2.3.6 Versicherungsverträge

Bei Versicherungsverträgen ist die Sonderregel des § 16 Abs. 1 VVG anzuwenden.

§ 16 Abs. 1 VVG: Insolvenz des Versicherers

(1) Wird über das Vermögen des Versicherers das Insolvenzverfahren eröffnet, endet das Versicherungsverhältnis mit Ablauf eines Monats seit der Eröffnung; bis zu diesem Zeitpunkt bleibt es der Insolvenzmasse gegenüber wirksam.

6 Arbeitsrecht und Insolvenz

6.1 Grundsätzliches

6.1.1 Vergütung

Die Eröffnung des Insolvenzverfahrens hat **keinen Einfluss** auf den Bestand des Arbeitsverhältnisses.[95] Vielmehr tritt der Insolvenzverwalter gemäß § 80 I InsO in die Rechtsstellung des Arbeitgebers ein.

Wenn der Insolvenzverwalter die Arbeitsleistung des Arbeitnehmers in Anspruch nimmt, besteht hinsichtlich der Lohnansprüche eine Masseverbindlichkeit gemäß § 55 II InsO. Stellt er dagegen den Arbeitnehmer frei, so kommt es zum Annahmeverzug gemäß § 615 S. 1 BGB.[96]

> **§ 615 BGB: Vergütung bei Annahmeverzug und Betriebsrisiko**
>
> Kommt der Dienstberechtigte mit der Annahme der Dienste in Verzug, so kann der Verpflichtete infolge des Verzugs nicht geleisteter Dienste die vereinbarte Vergütung verlangen, ohne zur Nachleistung verpflichtet zu sein. Er muss sich jedoch den Wert desjenigen anrechnen lassen, was er infolge des Unterbleibens der Dienstleistung erspart oder durch anderweitige Verwendung seiner Dienste erwirbt oder erwerben böswillig unterlässt.

Häufig sind im Zusammenhang mit Insolvenzverfahren Lohnansprüche offen. Diese können nicht pauschal betrachtet werden, sondern es müssen die Zeiträume berücksichtigt werden, aus welchem die Lohnansprüche resultieren.

---

[95] BAG NZA 2004, S. 43
[96] LAG Köln NZA-RR 2002, S. 181

Zeitraum 1: Lohnansprüche, aus der Zeit vor den letzten drei Monaten vor Insolvenzeröffnung	Einfache Insolvenzforderung (§ 38 InsO)
Zeitraum 2: Lohnansprüche in den letzten drei Monaten vor Insolvenzeröffnung	Insolvenzgeld gegen die Bundesagentur für Arbeit (§ 165 ff SGB III)
Zeitraum 3: Lohnansprüche nach Insolvenzeröffnung	Masseverbindlichkeiten gemäß § 55 Abs. 2 Nr. 2 (sofern das Arbeitsverhältnis der Insolvenzeröffnung bestand) oder § 55 Abs. 1 Nr. 1 (Arbeitsverhältnis wurde nach Eröffnung des Insolvenzverfahrens be- gründet)

Betrachtet man vorstehende Übersicht, so kommt man zum Ergebnis, dass für Arbeitnehmer Lohnansprüche aus dem Zeitraum 1 am problematischsten sind. Dies führt dazu, dass der Arbeitnehmer faktisch gezwungen ist, gegenüber dem Arbeitgeber im Fall der Nichtzahlung des Lohns zeitnah den Insolvenzantrag zu stellen.

Der Anspruch auf **Insolvenzgeld** ist in §§ 165 ff SGB III geregelt. Er gilt für Ansprüche auf Arbeitsentgelt für die letzten drei Monate vor Insolvenzeröffnung oder an dem gleichgestellten Ereignis (Abweisung mangels Masse oder vollständige Betriebseinstellung und offensichtlicher Masselosigkeit). Der Antrag kann bis zu zwei Monate nach dem Insolvenzereignis gestellt werden.

In der Praxis haben Arbeitnehmer häufig einige Monate vor der Insolvenz keinen Lohn mehr erhalten. Dies führt zu dem Problem, dass die Arbeitnehmer die weitere Arbeitsleistung von der umgehenden Zahlung des noch ausstehenden Lohnes abhängig machen. Nachdem die entsprechenden Beträge häufig dem Insolvenzverwalter nicht zur Verfügung stehen, besteht die Möglichkeit, dass die Arbeitnehmer das **Insolvenzgeld** von einer Bank, unter Vermittlung des Insolvenzverwalters, **vorfinanziert** erhalten. In diesem Fall ist der Anspruch vom Insolvenzgericht an die Bank gemäß nachfolgendem Muster abzutreten.

Zwischen der

.....-Bank, ... vertreten durch den Vorstand

                                   im Folgenden .....-Bank genannt

                  und

Herrn/Frau .....

wohnhaft .....

                        im Folgenden **Arbeitnehmer** genannt

wird heute folgende

VEREINBARUNG

zur Vorfinanzierung des Insolvenzgelds geschlossen:

1. Der Arbeitnehmer ist Beschäftigter bei ...... Über das Vermögen des Arbeitgebers wurde Antrag auf Eröffnung des Insolvenzverfahrens gestellt. Es wird nun eine sog. Insolvenzgeldvorfinanzierung vorgenommen, um die wirtschaftlichen und sozialen Härten für die Arbeitnehmer zu vermeiden.

2. Der Arbeitnehmer hat gegen die Schuldnerin einen (Netto-) Lohn-/Gehaltsanspruch für den Monat/Zeitraum ..... in Höhe von ..... €.

3. Der Arbeitnehmer verkauft seinen Lohn-/Gehaltsanspruch gegen die vorbezeichnete Firma ..... in Höhe des in Ziffer 2 enthaltenen Betrags hiermit an die .....-Bank. Als Kaufpreis wird der in Ziffer 2 dieser Vereinbarung ausgewiesene Nettolohnanspruch vereinbart. Der Arbeitnehmer versichert, dass
a) das unter Ziffer 2 genannte Arbeitsentgelt weder verpfändet und gepfändet noch anderweitig abgetreten worden ist,
b) er/sie für den bevorschussten Zeitraum keine Arbeitslosenunterstützung oder Sozialhilfemittel erhalten oder beantragt hat und einen derartigen Antrag auch nicht stellen wird,
c) er/sie noch keinen Antrag auf Gewährung von Insolvenzgeld und auch keinen Antrag auf Vorschuss auf das zu erwartende Insolvenzgeld gestellt hat.

4. Der Arbeitnehmer tritt zur Erfüllung von Ziffer 3 dieser Vereinbarung seinen Lohn-/Gehaltsanspruch gegen die vorbezeichnete Firma ..... in Höhe des in Ziffer 2 enthaltenen Betrages an die .....-Bank ab. Die .....-Bank nimmt die Abtretung hiermit an. Der Arbeitnehmer verpflichtet sich, fristgemäß einen Antrag auf Gewährung von Insolvenzgeld zu stellen.

5. Der Arbeitnehmer bevollmächtigt Herrn Rechtsanwalt ...... bzw. ..... in seinem Namen ein entsprechendes Insolvenzgeldvorfinanzierungskonto bei der .....-Bank zu eröffnen.

....., den ...., den .....

....

(Arbeitnehmer)   (.....-Bank)

BESTÄTIGUNG

Der Geschäftsführer/Inhaber der Schuldnerin bestätigt, dass sich der vorstehend ausge-wiesene Nettolohnanspruch in dieser Höhe aus der Lohnbuchhaltung ergibt und stimmt dem Verkauf zu.

....., den .....

....
(Geschäftsführer)

QUITTUNG

Ich bestätige hiermit, heute einen Scheck über einen Betrag von ..... € von der .....-Bank erhalten zu haben.
....., den .....

....
(Arbeitnehmer)

Ansprüche auf Sonderzahlungen (Gratifikationen wie z.B. Weihnachtsgelt), sofern sie Entgelt für geleistete Arbeit sind, sind je nachdem Zeitpunkt der Entstehung Insolvenzfor-derung oder Masseverbindlichkeit (§ 55 Abs. 1 Nr. 2 InsO).[97] Gleiches gilt für Schadenser-satzansprüche gegen den Arbeitgeber, weil dieser der Verpflichtung zum Abschluss einer Zielvereinbarung nicht nachgekommen ist (z.B. Incentive-Bonus).

6.1.2   Urlaubsansprüche

Ein weiteres Problemfeld sind offene Urlaubsansprüche des Arbeitnehmers. Kann der Arbeitnehmer seinen Urlaub aufgrund Beendigung des Arbeitsverhältnisses nicht mehr nehmen, so besteht ein **Urlaubsabgeltungsanspruch** in Geld (§ 7 Abs. 4 BUrlG).

Im Fall der Insolvenz ist zu differenzieren:

- wenn das Arbeitsverhältnis vor Eröffnung des Insolvenzverfahrens beendet wurde, so stellen die Urlaubsabgeltungsansprüche eine einfache Insolvenzforderung gemäß § 38 InsO dar;

- endet dagegen das Arbeitsverhältnis nach Eröffnung des Insolvenzverfahrens, so sind Urlaubsabgeltungsansprüche als sonstige Masseverbindlichkeiten gemäß § 55 Abs. 1 Nr. 2 InsO anzusehen.[98]

---

[97] BAG 10 AZR 793/11 = DB 2013, S. 702
[98] BAG NZA 2005, S. 1124

6.2   Beendigung des Arbeitsverhältnisses

Das Arbeitsverhältnis eines Arbeitnehmers kann in der Insolvenz gemäß § 113 InsO vom Insolvenzverwalter und vom anderen Teil ohne Rücksicht auf eine vereinbarte Vertragsdauer oder einen vereinbarten Ausschluss des Rechts zur ordentlichen Kündigung gekündigt werden. Die Kündigungsfrist beträgt drei Monate zum Monatsende, wenn nicht eine kürzere Frist maßgeblich ist.[99]

Kündigt der Verwalter, so kann der andere Teil wegen der vorzeitigen Beendigung des Dienstverhältnisses als Insolvenzgläubiger nach § 38 InsO Schadensersatz verlangen.

Zu beachten ist jedoch, dass § 113 InsO keinen besonderen Kündigungsgrund darstellt, sondern **lediglich eine Verkürzung der Kündigungsfrist** erreichen will.

Im Übrigen gilt diese Vorschrift auch für Änderungskündigungen (§ 2 KSchG).[100]

Bedeutsam ist in diesem Zusammenhang die sog. **Nachkündigung**.[101] Hat der Arbeitgeber bereits das Arbeitsverhältnis von Mitarbeitern gekündigt und wird anschließend das Insolvenzverfahren eröffnet, so kann man über § 113 InsO gegebenenfalls zu einer kürzeren Kündigungsfrist kommen. Der Insolvenzverwalter wird daher häufig das Arbeitsverhältnis nochmals kündigen, um die Masse durch die kürzere Kündigungsfrist zu schonen.

> **Beispiel:**
> Die Kündigungsfrist des Arbeitgebers gegenüber einem Mitarbeiter, der bereits 20 Jahre im Betrieb beschäftigt ist, beträgt gemäß § 622 Abs. 2 S. 1 Nr. 7 BGB 7 Monate zum Monatsende. Im Fall der Insolvenz kann durch eine Nachkündigung die Kündigungsfrist auf drei Monate verkürzt werden.

Ungeachtet dessen bedarf es für die Kündigung eines Kündigungsgrundes, wenn das **KSchG anwendbar** ist.[102] Hierfür müssen folgende Voraussetzungen gegeben sein:

■ Das Arbeitsverhältnis des Arbeitnehmers besteht länger als sechs Monate im selben Betrieb oder Unternehmen (§ 1 Abs. 1 KSchG).

■ Der Arbeitgeber beschäftigt in dem Betrieb in der Regel mehr als 10 Arbeitnehmer (Auszubildende ausgenommen), § 23 Abs.1 S. 3 KSchG.

■ Es darf sich um keine Kündigungen im Rahmen eines Arbeitskampfs handeln, § 25 KSchG.

---

[99] BAG NJW 2001, S. 317 ff
[100] BAG 2 AZR 134/04 = BB 2005, S. 1685 ff
[101] BAG ZIP 2003, S. 1670
[102] BAG ZIP 1983, S. 205

Im Rahmen des KSchG kann sich der Arbeitgeber bzw. der Insolvenzverwalter gemäß § 1 Abs. 2 S. 1 KSchG auf personenbedingte, verhaltensbedingte oder betriebsbedingte Gründe berufen. In der Insolvenz hat die betriebsbedingte Kündigung eine besondere Rolle. Die **betriebsbedingte Kündigung** ist wie folgt zu prüfen:

- Durch äußere oder innerbetriebliche Umstände veranlasste freie Unternehmerentscheidung führt zum Wegfall der Beschäftigungsmöglichkeit[103] (die Unternehmerentscheidung darf nicht offenbar unsachlich, unvernünftig oder willkürlich sein).

- Die Kündigung muss verhältnismäßig sein[104], insbesondere darf kein anderer freier Arbeitsplatz im Unternehmen, der geeignet und zumutbar ist, bestehen (im Übrigen ist die Änderungskündigung vorrangig).[105]

- Des Weiteren muss der Arbeitgeber eine ordnungsgemäße Sozialauswahl vornehmen. Einzubeziehen sind alle vergleichbaren Arbeitsplätze innerhalb des Betriebs, nicht jedoch innerhalb des Unternehmens. Bei der Auswahl der Arbeitnehmer hat der Arbeitgeber die Betriebszugehörigkeit und das Alter, wie Unterhaltsverpflichtungen und die Schwerbehinderung des Mitarbeiters zu berücksichtigen. Im Regelfall geschieht dies durch Punktelisten, so dass man die sozial stärksten Arbeitnehmer herausfiltern kann. Diese werden dann gekündigt.

Neben dem allgemeinen Kündigungsschutz ist auch der **Sonderkündigungsschutz** zu beachten. Die wichtigsten Vorschriften zum Sonderkündigungsschutz betreffen Betriebsräte (§ 15 KSchG, § 103 BetrVG), Schwerbehinderte (§ 85 SGB IX) oder Schwangere (§ 9 MuSchG).

Für die Frage der Wirksamkeit der Kündigung kommt es auf den Zeitpunkt des Zugangs der Kündigung an.[106] Häufig tritt jedoch die Situation auf, dass der Insolvenzverwalter mit Erwerbern verhandelt, welche dann nach Zugang der Kündigung die Firma übernehmen. In diesem Fall stellt sich die Frage, ob die Kündigung dadurch unwirksam wird. Das Bundesarbeitsgericht hat hierzu entschieden, dass die Kündigung nicht unwirksam wird, sondern der Mitarbeiter einen **Wiedereinstellungsanspruch**, welcher sich auf § 242 BGB stützen lässt, hat.[107]

> **Beispiel:**

  Einem Mitarbeiter wird sozial gerechtfertigt (betriebsbedingt) mit einer Kündigungsfrist von fünf Monaten zum Monatsende gekündigt. Während der Kündigungsfrist stellt sich heraus, dass ein Investor den Betrieb übernehmen und fortführen will. In diesem Fall hat der Mitarbeiter einen Wiedereinstellungsanspruch gemäß § 242 BGB.

---

[103] BAG AP KSchG 1969 § 1 Betriebsbedingte Kündigung Nr. 138
[104] BAG AP KSchG 1969 § 2 Nr. 79
[105] BAG AP KSchG 1969 § 2 Nr. 8
[106] BAG AP KSchG 1969 § 1 Soziale Auswahl Nr. 64; BAG AP KSchG 1969 § 1 Soziale Auswahl Nr. 74
[107] BAG NZA 1997, S. 757; BAG NZA 2000, S. 1097

Daneben ist zu berücksichtigen, dass der Verwalter die Möglichkeit der **Änderungskündigung** hat. Eine solche kommt insbesondere dann in Betracht, wenn er den Geschäftsbetrieb fortführen will, was aber eine Umorganisation der Aufgabenverteilung erfordert. Der Mitarbeiter hat die Möglichkeit, die Wirksamkeit der Änderungskündigung vor dem Arbeitsgericht überprüfen zu lassen, (§ 2 KSchG).

Bei **Massenentlassungen** muss der Insolvenzverwalter § 17 KSchG berücksichtigen. Diese Vorschrift sieht gegenüber der Agentur für Arbeit eine Anzeigepflicht vor, wenn der Arbeitgeber

- in Betrieben mit in der Regel mehr als 20 und weniger als 60 Arbeitnehmern mehr als fünf Arbeitnehmer;

- in Betrieben mit in der Regel mindestens 60 und weniger als 500 Arbeitnehmern 10 Prozent der im Betrieb regelmäßig beschäftigten Arbeitnehmer oder aber mehr als 25 Arbeitnehmer;

- in Betrieben mit in der Regel mindestens 500 Arbeitnehmern mindestens 30 Arbeitnehmer,

innerhalb von 30 Kalendertagen entlässt. Aufgrund der neueren Rechtsprechung des Europäischen Gerichtshofs (Junk-Urteil) ist als Entlassung im Sinne dieser Vorschrift die Kündigungserklärung des Arbeitgebers zu verstehen.[108]

Die Anzeige an die Agentur für Arbeit erfolgt auf den behördlich vorgeschriebenen Vordrucken. Gemäß § 17 Abs. 3 KSchG hat der Betriebsrat hierzu eine Stellungnahme abzugeben, welche der Anzeige gegenüber der Agentur für Arbeit beizufügen ist.

Wenn die erforderliche Anzeige nicht, nicht fristgerecht oder nicht ordnungsgemäß erstattet wurde, so sind alle anzeigepflichtigen Entlassungen unwirksam. Die Unwirksamkeit der Entlassung wirkt jedoch relativ, der Arbeitnehmer ist nicht verpflichtet sie geltend zu machen. Beruft er sich auf die Unwirksamkeit, ist die Kündigung von Anfang an unwirksam, nimmt er sie hin, bleibt sie wirksam.

Eine ordnungsgemäße Anzeige bewirkt dagegen eine Entlassungssperre von regelmäßig einem Monat (§ 18 KSchG). Ausgesprochene Entlassungen werden vor Ablauf dieser Frist nach Eingang der Anzeige bei der Agentur, bearbeitet und nur mit Zustimmung der Landesagentur für Arbeit wirksam. Die Zustimmung kann rückwirkend bis zum Tag der Antragstellung erteilt werden.

---

[108] EuGH C 188/03 = NZA 2005, S. 213 ff

6.3   Betriebsänderungen und deren Folgen

Im Zusammenhang mit Betriebsänderungen bestehen ebenfalls Besonderheiten in der Insolvenz. Der Begriff der Betriebsänderung ist in § 111 BetrVG umschrieben.

> **§ 111 BetrVG: Betriebsänderungen**
>
> In Unternehmen mit in der Regel mehr als 20 wahlberechtigten Arbeitnehmern hat der Unternehmer den Betriebsrat über geplante Betriebsänderungen, die wesentliche Nachteile für die Belegschaft oder erhebliche Teile der Belegschaft zur Folge haben können, rechtzeitig und umfassend zu unterrichten und die geplanten Betriebsänderungen mit dem Betriebsrat zu beraten. Der Betriebsrat kann in Unternehmen mit mehr als 300 Arbeitnehmern zu seiner Unterstützung einen Berater hinzuziehen; § 80 Abs. 4 gilt entsprechend; im Übrigen bleibt § 80 Abs. 3 unberührt. Als Betriebsänderung im Sinne des Satzes 1 gelten
>
> 1. Einschränkungen und Stilllegung des ganzen Betriebs oder von wesentlichen Betriebsteilen,
>
> 2. Verlegung des ganzen Betriebs oder von wesentlichen Betriebsteilen
>
> 3. Zusammenschluss mit anderen Betrieben oder die Spaltung von Betrieben
>
> 4. grundlegende Änderungen der Betriebsorganisation, Testbetriebs zwecks oder der Betriebsanlagen
>
> 5. Einführung grundlegend neuer Arbeitsmethoden und Fertigungsverfahren

Im Falle der Betriebsänderung kann der Betriebsrat einen **Interessensausgleich** versuchen. In diesem wird geregelt, ob, auf welche Weise und in welchem Umfang die Betriebsänderung durchgeführt wird.[109] Er ist keine Rechtsnorm, sondern eine kollektive Vereinbarung besonderer Art.[110] Nachdem der Betriebsrat in die unternehmerische Freiheit nicht eingreifen kann, ist der Interessenausgleich nicht erzwingbar.

Wird er dennoch in der Insolvenz erreicht, so ist die Sonderregelung des § 125 InsO zu beachten. Diese kommt neben §§ 111 ff BetrVG zur Anwendung.[111] Diese Vorschrift führt dazu, dass der Kündigungsschutz für Arbeitnehmer eingeschränkt wird, denn über den bloßen Anwendungsbereich von § 1 KSchG hinaus stellt er zwei Vermutungen auf:

■ Es wird **vermutet**, dass die Kündigung der Arbeitsverhältnisse der bezeichneten Arbeitnehmer durch **dringende betriebliche Erfordernisse**, die einer Weiterbeschäftigung in diesem Betrieb oder einer Weiterbeschäftigung zu geänderten Arbeitsbedingungen entgegenstehen, bedingt ist, und

---

[109] BAG AP § 113 BetrVG Nr. 13; BAG AP § 112 BetrVG Nr. 41, 59
[110] BAG § 113 BetrVG Nr. 27
[111] BAG AP § 112 BetrVG Nr. 162

■ **die Sozialauswahl** der Arbeitnehmer (Dauer der Betriebszugehörigkeit, das Lebensalter und die Unterhaltspflichten) kann nur auf **grobe Fehlerhaftigkeit** nachgeprüft werden; sie ist nicht als grob fehlerhaft anzusehen, wenn eine ausgewogene Personalstruktur erhalten oder geschaffen wird. Sie ist grob fehlerhaft, wenn ein ins Auge springeder Fehler vorliegt und der Interessenausgleich jede Ausgewogenheit vermissen lässt.[112]

Nachdem der Betriebsrat einen Interessensausgleich nicht erzwingen kann, hat er jedoch die Möglichkeit im Fall des Scheiterns über einen **Sozialplan** zu verhandeln. Der Sozialplan gemäß § 112 BetrVG ist erzwingbar, er hat die Wirkung einer Betriebsvereinbarung.[113] Zweck des Sozialplans ist, eine Einigung zwischen Arbeitgeber und Betriebsrat über den Ausgleich oder die Milderung der wirtschaftlichen Nachteile, die den Arbeitnehmern infolge einer Betriebsänderung entstehen, zu erreichen. Er ist anders als der Insolvenzplan für das Insolvenzverfahren nicht als Sanierungsinstrument zu betrachten.

Abbildung 6.1   Mitbestimmung in wirtschaftlichen Angelegenheiten

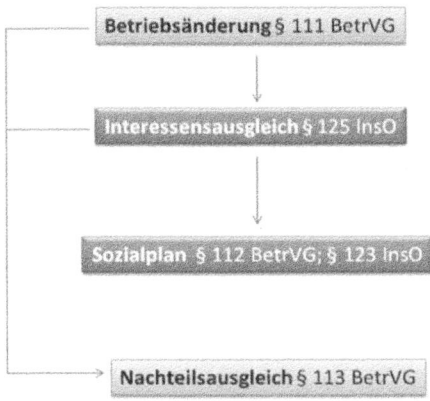

Jedoch ist zu berücksichtigen, dass der Sozialplan im Zusammenhang mit einer Insolvenz aus Gründen des Gläubigerschutzes Einschränkungen unterliegt. Gemäß § 123 InsO haben Sozialpläne in der Insolvenz eine absolute Grenze und eine relative Grenze zu beachten:

Werden die in Abbildung 6.2 genannten Grenzen überschritten, ist der Sozialplan insgesamt unwirksam.

---

[112] BAG DB 2006, S. 844; BAG ZIP 2000, S. 676, 677
[113] BAG AP § 112 BetrVG Nr. 75, 112, 126, 155

Abbildung 6.2   Grenzen des Sozialplanvolumens

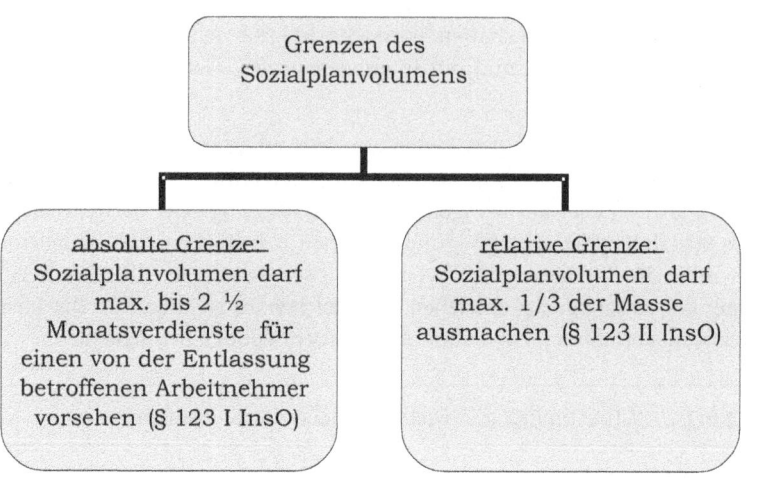

Bei den Ansprüchen aus einem Verwaltersozialplan handelt es sich um sonstige Masseverbindlichkeiten i.S.v. § 55 Abs. 1 InsO.[114]

Wenn dagegen ein Sozialplan bereits **bei Insolvenzeröffnung bestand**, so ist zu unterscheiden:

Sozialplan wurde in den letzten drei Monaten vor Insolvenzeröffnung abgeschlossen	Widerrufsmöglichkeit des Insolvenzverwalters (§ 124 Abs. 1 InsO)
Sozialplan wurde früher abgeschlossen	Keine Kündigungsmöglichkeit des Insolvenzverwalters

Leistungen, die ein Arbeitnehmer vor Eröffnung des Insolvenzverfahrens auf seine Forderung aus einem widerrufenen Sozialplan erhalten hat, können nicht wegen des Widerrufs zurückgefordert werden (§ 124 Abs. 3 S. 1 InsO). Wurden dagegen Leistungen nicht gewährt, sind sie einfache Insolvenzforderungen nach § 38 InsO.[115]

---

[114] LAG Hamm 2 Sa 429/07
[115] BAG AP § 38 InsO Nr. 1

7   Gerichtsverfahren und Insolvenz

7.1   Grundsätzliches

In der Praxis kommt es sehr häufig vor, dass gegen den Schuldner bereits zum Zeitpunkt der Eröffnung des Insolvenzverfahrens Gerichtsverfahren laufen.

Mit Eröffnung des Insolvenzverfahrens verliert der Schuldner gemäß § 80 InsO seine Prozessführungsbefugnis, so dass er seinen Prozess nicht mehr selbst weiterführen kann. Zuständig ist nunmehr der Insolvenzverwalter.

Darüber hinaus ist gemäß § 240 ZPO der Prozess unterbrochen.

§ 240 ZPO: Unterbrechung durch Insolvenzverfahren

Im Falle der Eröffnung des Insolvenzverfahrens über das Vermögen einer Partei, wird das Verfahren, wenn es die Insolvenzmasse betrifft, unterbrochen, bis es nach den für das Insolvenzverfahren geltenden Vorschriften aufgenommen oder das Insolvenzverfahren beendet wird. Entsprechendes gilt, wenn die Verwaltungs- und Verfügungsbefugnis über das Vermögen des Schuldners auf einen vorläufigen Insolvenzverwalter übergeht.

Ausnahmen vom Grundsatz der Unterbrechung des Prozesses bestehen nur in sog. selbstständigen Beweisverfahren[116], sowie bei nicht vermögensrechtlichen Streitigkeiten oder bei Streitigkeiten über insolvenzfreies Vermögen. Führt das Gericht trotz der Unterbrechung den Prozess fort und fällt ein Urteil, so kann dieses im Rechtsmittelverfahren aufgehoben werden.

Nach § 240 ZPO ist der Prozess nur zu unterbrechen, wenn der Schuldner Partei ist und das Verfahren die Insolvenzmasse betrifft.

Die Unterbrechung gemäß § 240 ZPO betrifft **sämtliche Gerichtszweige**, d. h. Zivilgerichtsprozesse, Arbeitsgerichtsprozesse, Sozialgerichtsprozesse, Verwaltungsgerichtsverfahren und finanzgerichtliche Verfahren.[117]

Soll der Prozess fortgeführt, d. h. wieder aufgenommen werden, ist zwischen einem sog. Aktivprozess und einem sog. Passivprozess zu unterscheiden.

---

[116] BGH ZIP 1988, S. 446
[117] BGH FamRZ 08, S. 1749

7.1.1   Aktivprozesse

Ein **Aktivprozess** liegt vor, wenn der Prozess aus der Perspektive des Klägers geführt wird, also von ihm eine Forderung geltend gemacht wird. Bei Aktivprozessen gehört gemäß § 85 InsO der Vermögensgegenstand oder die Forderung beim Obsiegen zur Masse. Eine nur wirtschaftliche Beziehung zur Masse reicht nicht.[118] Hier spricht man auch von Teilungsmassestreitigkeiten.

Bei Aktivprozessen kann der Insolvenzverwalter gemäß § 240 ZPO den Rechtsstreit wieder aufnehmen. Die Form der Aufnahme richtet sich nach § 250 ZPO.[119] Bei wirtschaftlich bedeutsamen oder riskanten Prozessen, d. h. insbesondere bei Prozessen mit hohen Streitwerten, ist gemäß § 160 Abs. 2 Nr. 3 InsO die **Zustimmung der Gläubigerversammlung** erforderlich. Lehnt der Insolvenzverwalter die Aufnahme des Aktivprozesses ab, so gilt dies als Freigabe der Masse gemäß §§ 85 Abs. 1 S. 2 InsO.

Abbildung 7.1   Aktivprozesse

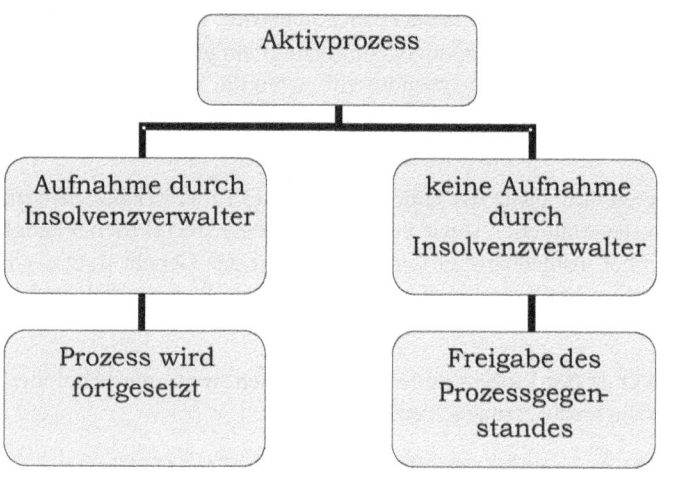

7.1.2   Passivprozesse

Passivprozesse sind Prozesse, die gegen einen Schuldner erhoben werden, d. h. gegen den Schuldner wird eine bestimmte Forderung geltend gemacht.

---

[118] BGH MDR 2004, S. 1251

[119] Die Einhaltung der Form ist Wirksamkeitsvoraussetzung; BGH NJW-RR 2000, S. 1156

> **Beispiele:**

Aussonderungsprozesse, Absonderungsprozesse

Passivprozesse können sowohl vom Insolvenzverwalter, oder auch vom Gegner gemäß § 86 Abs. 1 InsO wieder aufgenommen werden, wenn es um eine Aussonderung des Gegenstandes, die abgesonderte Befriedigung oder einen Masseschuldanspruch geht. Erkennt hier der Insolvenzverwalter den Anspruch sofort an, sind die Prozesskosten Insolvenzforderungen gemäß § 86 Abs. 2 InsO.

In allen anderen Fällen, d. h. wenn es nicht um die Aussonderung eines Gegenstandes, die abgesonderte Befriedigung oder einen Masseschuldanspruch geht, können die Rechtsstreitigkeiten nur nach §§ 87, 179 ff. InsO aufgenommen werden. Die Gläubiger müssen ihre Forderung zur Insolvenztabelle anmelden. Bestreitet der Insolvenzverwalter die Forderung, können die Gläubiger den Rechtstreit unmittelbar danach nunmehr gegen den Insolvenzverwalter aufnehmen. Hier müsste der Klageantrag dergestalt gemäß § 179 Abs. 1 InsO umgestellt werden, dass jetzt die Feststellung zur Insolvenztabelle verlangt wird.

Abbildung 7.2   Passivprozesse

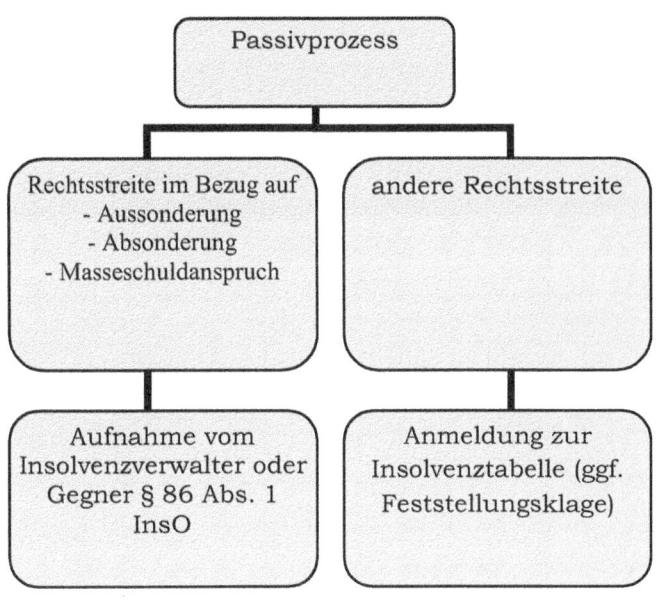

8 Zwangsvollstreckung und Insolvenz

Während der Insolvenz findet grundsätzlich keine Zwangsvollstreckung statt, da die Insolvenz der gleichmäßigen gemeinschaftlichen Befriedigung der Insolvenzgläubiger gemäß § 1 S. 1 InsO dienen soll.

8.1 Allgemeines Vollstreckungsverbot

§ 89 Abs. 1 InsO bestimmt daher ein allgemeines Vollstreckungsverbot, welches auch bereits begonnene Zwangsvollstreckungen miterfasst. Für die Anwendung des Vollstreckungsverbots kommt es auf die Kenntnis des Gläubigers nicht an. Das Vollstreckungsverbot erfasst die **Insolvenzmasse** und das **sonstige freie Vermögen des Schuldners** (§ 36 Abs. 3 InsO).

Das Vollstreckungsverbot betrifft alle Insolvenzgläubiger, nicht jedoch titulierte dingliche Ansprüche, absonderungsberechtigte Gläubiger und Massegläubiger.

8.2 Vollstreckungsverbot bei Masseverbindlichkeiten

Gemäß § 90 InsO unterliegen bereits titulierte Masseverbindlichkeiten, die nicht durch eine Rechtshandlung des Insolvenzverwalters begründet worden sind, einem **sechsmonatigen Vollstreckungsverbot** ab Eröffnung des Insolvenzverfahrens.

§ 90 InsO soll nach der Absicht des Gesetzgebers den Insolvenzverwalter in der Anfangsphase des eröffneten Verfahrens davor schützen, dass die Masse auseinandergerissen wird und damit Sanierungsbemühungen des Insolvenzverwalters erschwert oder sogar unmöglich gemacht werden.

Ist die sechsmonatige Sperrfrist des § 90 Abs. 1 InsO abgelaufen, können die davon betroffenen Massegläubiger wieder uneingeschränkt vollstrecken, sofern nicht weitere Vollstreckungsvorschriften eingreifen.

Nach § 90 Abs. 2 InsO werden bestimmte Masseverbindlichkeiten vom Vollstreckungsverbot ausgenommen:

- ■ Verbindlichkeiten aus einem gegenseitigen Vertrag, dessen Erfüllung der Verwalter gewählt hat (Nr. 1)

- ■ Verbindlichkeiten aus einem Dauerschuldverhältnis für die Zeit nach dem ersten Termin, zu dem der Verwalter kündigen konnte (Nr. 2)

■ Verbindlichkeiten aus einem Dauerschuldverhältnis, soweit der Verwalter für die Insolvenzmasse die Gegenleistung in Anspruch nimmt (Nr. 3).

Die Rechtswirkungen des Vollstreckungsverbotes nach § 90 Abs. 1 InsO entsprechen den-
jenigen des § 89 InsO.

Daneben sieht die Insolvenzordnung noch weitere Vollstreckungsverbote vor, die für die
Praxis von großer Relevanz sind:

■ Vollstreckungsverbot bei Sozialplanansprüchen (§ 123 Abs. 3 S. 2 InsO)

■ Vollstreckungsverbot bei eingetretener Masseunzulänglichkeit (§ 210 InsO)

■ Vollstreckungsverbot während der Wohlverhaltensperiode (§ 294 Abs. 1 InsO)

8.3   Rückschlagsperre

Gemäß § 88 InsO vereitelt eine einmonatige Rückschlagsperre kurz vor dem Insolvenzeröffnungsantrag geschehene Zugriffe und sorgt für eine Gleichstellung.

Auch die in der Zwangsvollstreckung erlangte Sicherung, das Pfändungspfandrecht nach
§ 804 Abs. 1 ZPO verliert ohne weiteres seine Kraft.

§ 804 Abs. 1 ZPO: Pfändungspfandrecht

(1) Durch die Pfändung erwirbt der Gläubiger ein Pfandrecht an dem gepfändeten Ge-
genstande…

Die Sicherheit ist **gegenüber jedermann wirkungslos**. Allerdings muss die mit der Beschlagnahme eingetretene Vollstreckung erst gelöst werden.

Im Rahmen des § 88 InsO kommt es auf das Wissen des Gläubigers um die Krise nicht an.
Die Fristberechnung für die einmonatige Rückschlagsperre ergibt sich aus § 139 InsO.

Im vereinfachten Insolvenzverfahren ist die Sperrfrist sogar gemäß § 312 Abs. 1 S. 3 InsO
auf das dreifache verlängert. Dies bedeutet z. B. für einen Darlehensgeber eine Risikoerhö-
hung und verteuert damit in der Praxis den Kredit des Verbrauchers. Hintergrund für die
Verlängerung der Sperrfrist ist es den vorgerichtlichen Bemühungen für eine Schuldenbe-
reinigung einen ausreichenden Entfaltungszeitraum zu verschaffen.

9 Aussonderung, Absonderung, Aufrechnung

9.1 Aussonderung

9.1.1 Grundsätzliches

Mit der Aussonderung des § 47 InsO werden Gegenstände, die rechtlich nicht zur Insolvenzmasse gehören, einem Aussonderungsanspruch unterworfen.

Dritte, die ihre **materiell-rechtliche Berechtigung** an einem Gegenstand geltend machen, können grundsätzlich zur Aussonderung berechtigt sein. Bei nach § 36 InsO unpfändbaren Gegenständen kann jedoch auch der Schuldner selbst ein Aussonderungsrecht geltend machen.

Das Aussonderungsrecht entspricht rechtlich der sog. Drittwiderspruchsklage des § 771 ZPO in der Einzelzwangsvollstreckung.

> **§ 771 ZPO: Drittwiderspruchsklage**
>
> (1) Behauptet ein Dritter, dass ihm an dem Gegenstand der Zwangsvollstreckung ein die Veräußerung hinderndes Recht zustehe, so ist der Widerspruch gegen die Zwangsvollstreckung im Wege der Klage bei dem Gericht geltend zu machen, in dessen Bezirk die Zwangsvollstreckung erfolgt.
>
> (2) Wird die Klage gegen den Gläubiger und den Schuldner gerichtet, so sind diese als Streitgenossen anzusehen.
>
> (3) Auf die Einstellung der Zwangsvollstreckung und die Aufhebung der bereits getroffenen Vollstreckungsmaßregeln sind die Vorschriften der §§ 769, 770 entsprechend anzuwenden. Die Aufhebung einer Vollstreckungsmaßregel ist auch ohne Sicherheitsleistung zulässig.

Der Aussonderungsberechtigte ist gemäß § 47 InsO kein Insolvenzgläubiger i.S.d. §§ 38, 39 InsO.

Abbildung 9.1   Aussonderung

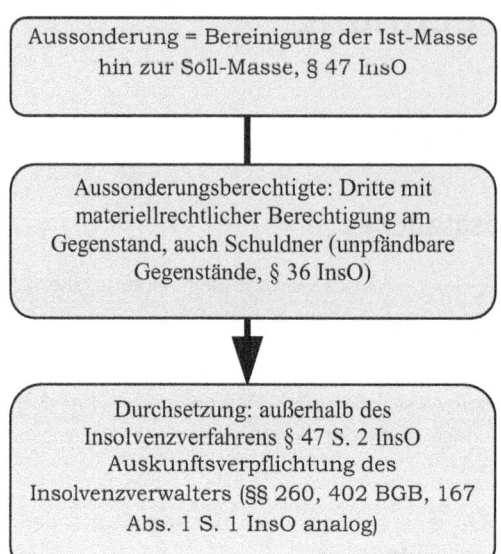

9.1.2   Einzelne Aussonderungsrechte

Als dingliche Aussonderungsrechte kommen in Betracht:

- Eigentum an Sachen (Allein- oder Miteigentum)[120]
- Einfacher Eigentumsvorbehalt, § 107 InsO[121]
- Sicherungseigentum in der Insolvenz des Sicherungsnehmers
- Nießbrauch[122]
- beschränkt persönliche Dienstbarkeiten (§§ 1090 ff BGB)
- Urheber-, Persönlichkeits- und gewerbliche Schutzrechte (z. B. Patente, Gebrauchs- und Geschmacksmuster)

---

[120] OLG Köln ZIP 1984, S. 855
[121] Bundestags-Drucksache 1/92, S. 125
[122] RGZ 98, S. 145

Zu den persönlichen Aussonderungsrechten zählen:

- der schuldrechtliche Herausgabeanspruch, z. B. des Vermieters gemäß § 546 Abs. 1 BGB, des Verpächters, des Verleihers gemäß § 604 BGB

§ 546 Abs. 1 BGB: Rückgabepflicht des Mieters

(1) Der Mieter ist verpflichtet, die Mietsache nach Beendigung des Mietverhältnisses zurückzugeben.

§ 604 BGB: Rückgabepflicht

(1) Der Entleiher ist verpflichtet, die geliehene Sache nach dem Ablauf der für die Leihe bestimmten Zeit zurückzugeben.

(2) Ist eine Zeit nicht bestimmt, so ist die Sache zurückzugeben, nachdem der Entleiher den sich aus dem Zweck der Leihe ergebenden Gebrauch gemacht hat. Der Verleiher kann die Sache schon vorher zurückfordern, wenn so viel Zeit verstrichen ist, dass der Entleiher den Gebrauch hätte machen können.

(3) Ist die Dauer der Leihe weder bestimmt noch aus dem Zweck zu entnehmen, so kann der Verleiher die Sache jederzeit zurückfordern.

(4) Überlässt der Entleiher den Gebrauch der Sache einem Dritten, so kann der Verleiher sie nach der Beendigung der Leihe auch von dem Dritten zurückfordern.

(5) Die Verjährung des Anspruchs auf Rückgabe der Sache beginnt mit der Beendigung der Leihe.

- der anfechtungsberechtigte Rückgewähranspruch des Anfechtungsgläubigers gemäß § 11 AnfG, § 143 InsO

§ 11 AnfG: Rechtsfolgen

(1) Was durch die anfechtbare Rechtshandlung aus dem Vermögen des Schuldners veräußert, weggegeben oder aufgegeben ist, muss dem Gläubiger zur Verfügung gestellt werden, soweit es zu dessen Befriedigung erforderlich ist. Die Vorschriften über die Rechtsfolgen einer ungerechtfertigten Bereicherung, bei der dem Empfänger der Mangel des rechtlichen Grundes bekannt ist, gelten entsprechend.

(2) Der Empfänger einer unentgeltlichen Leistung hat diese nur zur Verfügung zu stellen, soweit er durch sie bereichert ist. Dies gilt nicht, sobald er weiß oder den Umständen nach wissen muss, dass die unentgeltliche Leistung die Gläubiger benachteiligt.

(3) Im Fall der Anfechtung nach § 6a hat der Gesellschafter, der die Sicherheit bestellt hatte oder als Bürge haftete, die Zwangsvollstreckung in sein Vermögen bis zur Höhe des Betrags zu dulden, mit dem er als Bürge haftete oder der dem Wert der von ihm bestellten Sicherheit im Zeitpunkt der Rückgewähr des Darlehens oder der Leistung auf die gleichgestellte Forderung entspricht. Der Gesellschafter wird von der Ver-

pflichtung frei, wenn er die Gegenstände, die dem Gläubiger als Sicherheit gedient hatten, dem Gläubiger zur Verfügung stellt.

■ Unterlassungsansprüche, soweit ihnen ein absolutes Recht zugrunde liegt (§§ 12, 907, 1004 BGB)

Auch berechtigt der Besitz als dingliches Recht zur Aussonderung. Hier ist der Aussonderungsanspruch auf die Wiedereinräumung des Besitzes gemäß § 861 BGB, auf die Beseitigung der Besitzstörung nach § 862 BGB bzw. auf die Herausgabe des aussonderungsbehafteten Gegenstandes gegen den früheren Besitzer nach § 1007 BGB gerichtet.

9.1.3   Durchsetzung des Aussonderungsrechtes

Gemäß § 47 S. 2 InsO erfolgt die Geltendmachung des Aussonderungsrechtes **außerhalb des Insolvenzverfahrens**. Dabei kann das Aussonderungsrecht gerichtlich oder außergerichtlich geltend gemacht werden. Eine außergerichtliche Geltendmachung erfolgt häufig mit einem Schreiben an den Insolvenzverwalter entsprechend dem folgenden Muster:

Insolvenzverfahren über das Vermögen des Schuldners .....

Amtsgericht .....

Geschäfts-Nr.: .....
hier: Aussonderungsanspruch des Gläubigers .....

Sehr geehrte Damen und Herren,

in dem im Betreff genannten Insolvenzverfahren zeige ich zunächst die Vertretung des oben genannten Gläubigers an. Das Vorliegen einer entsprechenden Vollmacht wird anwaltlich versichert. Dieser Gläubiger hat am ..... an den Schuldner ..... unter Eigentumsvorbehalt geliefert. Die Rechnung und den Lieferschein füge ich in der Anlage zu Ihrer Kenntnis in Kopie bei. Bisher ist der Kaufpreis noch nicht vollständig gezahlt worden.

Ich fordere Sie daher auf, den oben bezeichneten Gegenstand herauszugeben.

Mit freundlichen Grüßen

.....

(Rechtsanwalt)

Anlagen wie im Text erwähnt

Gerichtlich erfolgt die Geltendmachung mit einer Klage des Aussonderungsberechtigten oder im Wege einer Einrede gegenüber einer Klage des Insolvenzverwalters.

Abbildung 9.2   Geltendmachung des Aussonderungsrechtes

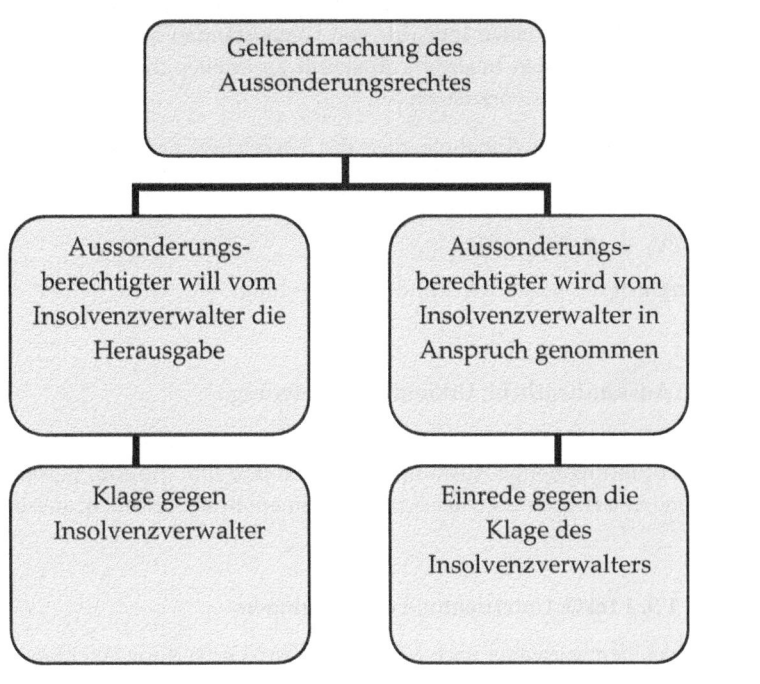

Der Aussonderungsberechtigte hat gegenüber dem Insolvenzverwalter ein **Auskunfts-recht** bzgl. seines Aussonderungsrechtes, wenn die folgenden Voraussetzungen vorliegen:[123]

■ der Aussonderungsberechtigte entschuldbar über das Bestehen und den Umfang des Aussonderungsrechtes im Ungewissen ist,

■ die Auskunft notwendig ist, um das Aussonderungsrecht geltend zu machen und

■ der Insolvenzverwalter die Auskunft schwer erteilen kann.

Diese Auskunftsverpflichtung bzgl. des Aussonderungsrechtes ergibt sich nicht aus der Insolvenzordnung, sondern ist Nebenpflicht aus einer vom Schuldner eingegangenen Hauptverpflichtung. Anspruchsgrundlage für die Auskunftspflicht ist, je nach dem Gegenstand, über den die Auskunft begehrt wird, entweder § 260 BGB, § 402 BGB, § 167 Abs. 1 S. 1 InsO analog oder § 242 BGB.[124]

---

[123] BGHZ 70, S. 86, 91

[124] BGH NJW 2000, S. 3779

§ 260 BGB: Pflichten bei Herausgabe oder Auskunft über Inbegriff von Gegenständen

(1) Wer verpflichtet ist, einen Inbegriff von Gegenständen herauszugeben oder über den Bestand eines solchen Inbegriffs Auskunft zu erteilen, hat dem Berechtigten ein Verzeichnis des Bestands vorzulegen.

(2) Besteht Grund zu der Annahme, dass das Verzeichnis nicht mit der erforderlichen Sorgfalt aufgestellt worden ist, so hat der Verpflichtete auf Verlangen zu Protokoll an Eides statt zu versichern, dass er nach bestem Wissen den Bestand so vollständig angegeben habe, als er dazu imstande sei.

(3) Die Vorschrift des § 259 Abs. 3 findet Anwendung.

§ 402 BGB: Auskunftspflicht; Urkundenauslieferung

Der bisherige Gläubiger ist verpflichtet, dem neuen Gläubiger die zur Geltendmachung der Forderung nötige Auskunft zu erteilen und ihm die zum Beweis der Forderung dienenden Urkunden, soweit sie sich in seinem Besitz befinden, auszuliefern.

§ 167 Abs. 1 S. 1 InsO: Unterrichtung des Gläubigers

(1) Ist der Insolvenzverwalter nach § 166 Abs. 1 zur Verwertung einer beweglichen Sache berechtigt, so hat er dem absonderungsberechtigten Gläubiger auf dessen Verlangen Auskunft über den Zustand der Sache zu erteilen.

§ 242 BGB: Leistung nach Treu und Glauben

Der Schuldner ist verpflichtet, die Leistung so zu bewirken, wie Treu und Glauben mit Rücksicht auf die Verkehrssitte es erfordern.

Wird der Insolvenzverwalter außergerichtlich zur Aussonderung in Anspruch genommen und verweigert er die Aussonderung, muss der Aussonderungsberechtigte den Klageweg beschreiten. Er hat kein Recht zur Selbsthilfe.[125] Er kann hierbei zur Sicherung seines Aussonderungsanspruchs auch eine einstweilige Verfügung nach § 935 ZPO beantragen, mit der dem Insolvenzverwalter versagt wird, über den Aussonderungsgegenstand zu verfügen.

---

[125] OLG Köln ZIP 1987, S. 653, 654; LAG Hamm ZIP 1986, S. 1266

§ 935 ZPO: Einstweilige Verfügung bezüglich Streitgegenstand

Einstweilige Verfügungen in Bezug auf den Streitgegenstand sind zulässig, wenn zu besorgen ist, dass durch eine Veränderung des bestehenden Zustandes die Verwirklichung des Rechts einer Partei vereitelt oder wesentlich erschwert werden könnte.

Das zuständige Gericht richtet sich nach §§ 12 ff. ZPO, wobei hier nach § 19a ZPO bei massebezogenen Passivprozessen der Sitz des Insolvenzgerichtes, wofür § 3 InsO gilt, maßgeblich ist.

§ 19a ZPO: Allgemeiner Gerichtsstand des Insolvenzverwalters

Der allgemeine Gerichtsstand eines Insolvenzverwalters für Klagen, die sich auf die Insolvenzmasse beziehen, wird durch den Sitz des Insolvenzgerichts bestimmt.

§ 19a ZPO ist allerdings kein ausschließlicher Gerichtstand.[126] § 19a ZPO konkurriert mit besonderen Gerichtsständen und vereinbarten Gerichtsständen, so dass der Kläger, der den Aussonderungsanspruch geltend macht, gemäß § 35 ZPO zwischen diesen verschiedenen, möglichen Gerichtsständen wählen kann.[127]

§ 35 ZPO: Wahl unter mehreren Gerichtsständen

Unter mehreren zuständigen Gerichten hat der Kläger die Wahl.

Die Kosten der Auskunftserteilung, Prüfung und Bereitstellung fallen der Insolvenzmasse zur Last.[128]

9.1.4 Ersatzaussonderung

Die Vermögenshaftung des Schuldners ist gemäß § 35 InsO auf dessen Vermögen beschränkt. Deshalb soll der zur Aussonderung berechtigte Gegenstand nicht der Insolvenzmasse, sondern dem aussonderungsberechtigten Gläubiger zu Gute kommen.

Nach § 48 S. 1 InsO soll, für den Fall, dass für einen Gegenstand die Aussonderung hätte verlangt werden können, dieser Gegenstand aber vor Eröffnung des Insolvenzverfahrens vom Schuldner oder nach der Eröffnung des Insolvenzverfahrens vom Insolvenzverwalter unberechtigt veräußert wurde, der Aussonderungsberechtigte die Abtretung des Rechts verlangen können, soweit dieses noch aussteht. Er kann gemäß § 48 S. 2 InsO die Gegenleistung aus der Insolvenzmasse verlangen, soweit sie in der Insolvenzmasse unterscheidbar vorhanden ist.

Die Ersatzaussonderung hat damit die in Abbildung 9.3 dargestellten Voraussetzungen.

---

126 BGHZ 88, S. 331, 334
127 BayObLG ZIP 2003, S. 541 ff
128 BGHZ 104, S. 304, 208; BGHZ 127, S. 156, 166; OLG Köln ZIP 1987, S. 653, 654

Abbildung 9.3   Unberechtigte Veräußerung: Ersatzaussonderung § 49 InsO

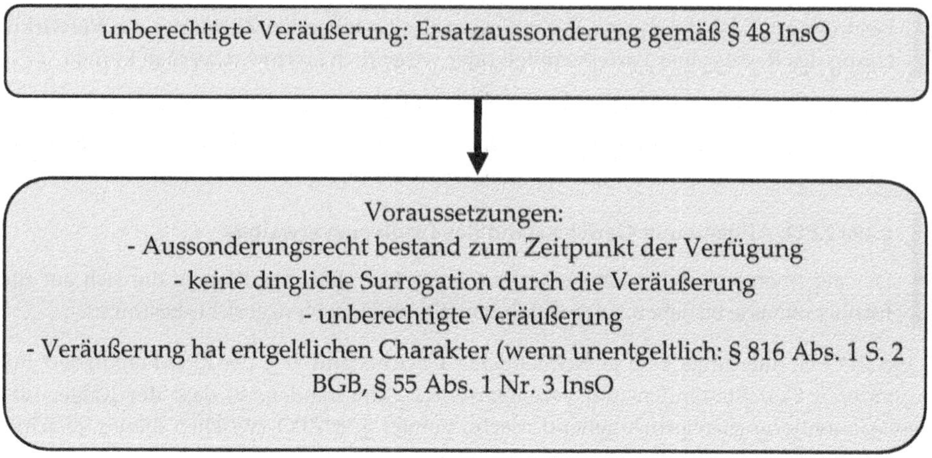

unberechtigte Veräußerung: Ersatzaussonderung gemäß § 48 InsO

Voraussetzungen:
- Aussonderungsrecht bestand zum Zeitpunkt der Verfügung
- keine dingliche Surrogation durch die Veräußerung
- unberechtigte Veräußerung
- Veräußerung hat entgeltlichen Charakter (wenn unentgeltlich: § 816 Abs. 1 S. 2 BGB, § 55 Abs. 1 Nr. 3 InsO

Hier darf insbesondere **keine dingliche Surrogation** eingetreten sein, es darf also an die Stelle des aussonderungsbefangenen Gegenstandes kein anderer Gegenstand automatisch getreten sein. Eine dingliche Surrogation findet insbesondere in den Fällen der §§ 1048 Abs. 1 S. 2, 1247, 1287, 1170, 1646, 2019, 2047, 2112 BGB statt.

Eine **Veräußerung** des befangenen Gegenstandes ist weit zu verstehen. Hierunter fallen alle dinglichen Rechtsänderungen, mit denen der Schuldner bzw. der Insolvenzverwalter den Vermögenswert des aussonderungsbefangenen Gegenstandes realisiert, wobei es sich um eine rechtsgeschäftliche Verfügung nicht unbedingt handeln muss. Zudem muss die **Veräußerung unberechtigt** sein. Zudem setzt die Vorschrift die Entgeltlichkeit der Veräußerung voraus.

Die Rechtsfolge des § 48 S. 1 InsO besteht darin, dass der infolge der Verfügung erhaltene Anspruch an den Gläubiger abgetreten werden muss. Ein Abtretungsverbot steht der Abtretung entgegen.[129]

---

[129] BGHZ 56, S. 228, 233

9.2 Absonderung

9.2.1 Grundsätzliches

Mit der Aussonderung wird die Herausgabe eines massefremden Gegenstandes begehrt. Bei der Absonderung wird lediglich eine vorzugsweise Befriedigung aus dem Wert eines zur Insolvenzmasse gehörenden Gegenstandes bis zur Höhe der gesicherten Forderung geltend gemacht. Damit kann der Absonderungsgläubiger nur verlangen, dass der Verwertungserlös aus dem zur Absonderung berechtigten Gegenstand vorrangig zur Tilgung seiner gesicherten Forderung verwendet wird. Dies allerdings nur bis zur Höhe der gesicherten Forderung.

Abbildung 9.4   Voraussetzungen der Absonderung

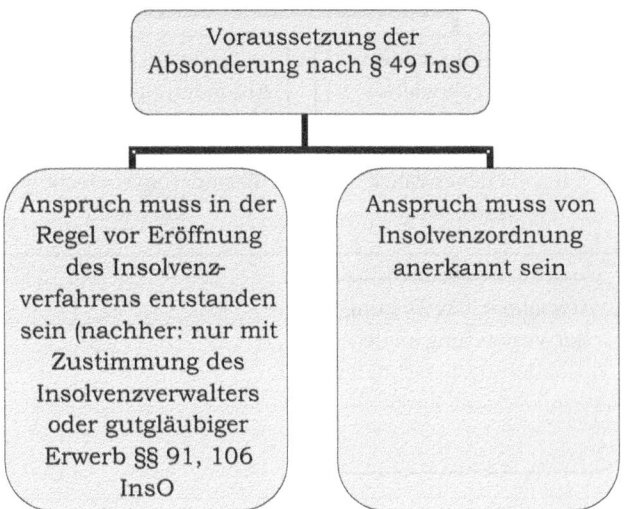

Der zur Absonderung berechtigende Anspruch muss üblicherweise vor Eröffnung des Insolvenzverfahrens entstanden sein. Zudem muss er von der Insolvenzordnung anerkannt sein.

9.2.2 Ausübung des Absonderungsrechtes

Das Absonderungsrecht ist unabhängig vom Insolvenzverfahren geltend zu machen, es wird also in der gleichen Weise ausgeübt, wie dies vor der Eröffnung des Insolvenzverfahrens auszuüben gewesen wäre. Gemäß § 28 Abs. 2 InsO sind Absonderungsrechte dem Insolvenzverwalter mitzuteilen.

Der Insolvenzverwalter hat gemäß § 166 Abs. 1 InsO das Recht, eine bewegliche Sache, an der ein Absonderungsrecht besteht, freihändig zu verwerten, wenn er diese Sache in seinem Besitz hat. Hat der Absonderungsberechtigte die Sache in seinem Besitz oder überlässt der Insolvenzverwalter dem Absonderungsberechtigten den Gegenstand gemäß § 170 Abs. 2 InsO zur Verwertung, besteht für den Absonderungsberechtigten eine eigene Verwertungsmöglichkeit.

Unter einer beweglichen Sache sind alle Sachen zu verstehen, die keine Grundstücke sind, auch nicht per Gesetz Grundstücken gleichgestellt sind.

Abbildung 9.5   Verwertung bei Absonderungsrecht

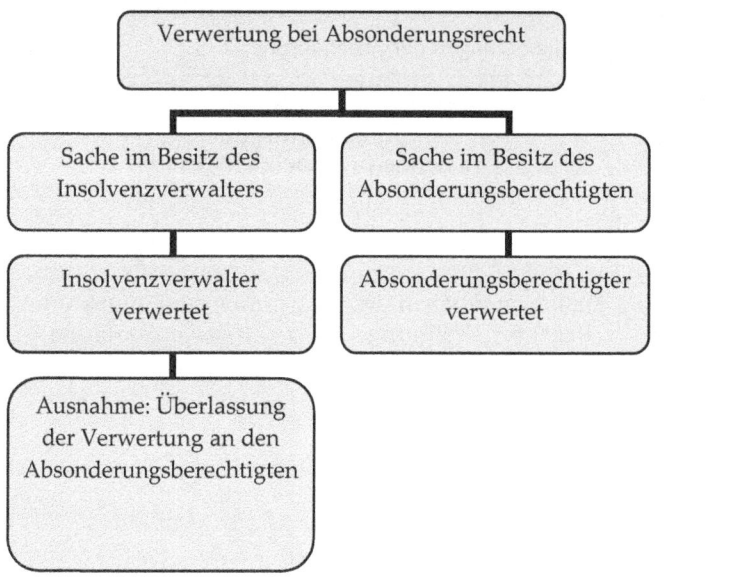

Liegt eine Sicherungsübereignung, ein verlängerter oder erweiterter Eigentumsvorbehalt, oder ein gesetzliches Pfandrecht vor, kann der Insolvenzverwalter die Sache verwerten.

Darüber hinaus kann der Insolvenzverwalter nach § 166 Abs. 2 InsO eine Forderung, die der Schuldner zur Sicherung eines Anspruchs abgetreten hat, einziehen oder in anderer Weise verwerten.

Dem Absonderungsberechtigten steht allerdings nicht der komplette Erlös aus der Verwertung zu. Der Insolvenzverwalter ist berechtigt, nach der Verwertung zunächst die Kosten der Feststellung und der Verwertung abzuziehen. Aus dem restlichen Betrag hat er sodann gemäß § 170 Abs. 1 InsO den absonderungsberechtigten Gläubiger zu befriedigen, allerdings nur bis zur Höhe der Forderung.

Unter die **Kosten der Feststellung** fallen die Kosten der tatsächlichen Feststellung der Rechte, die gemäß § 171 Abs. 1 InsO mit pauschal 4 % des Verwertungserlöses anzusetzen sind. Die **Kosten der Verwertung** sind gemäß § 171 Abs. 2 InsO mit pauschal 5 % des Verwertungserlöses anzusetzen. Gemäß § 171 Abs. 2 S. 2 InsO sind allerdings die tatsächlichen entstandenen Kosten anzusetzen, wenn diese höher oder niedriger sind.

Abbildung 9.6   Grundstruktur der Absonderung

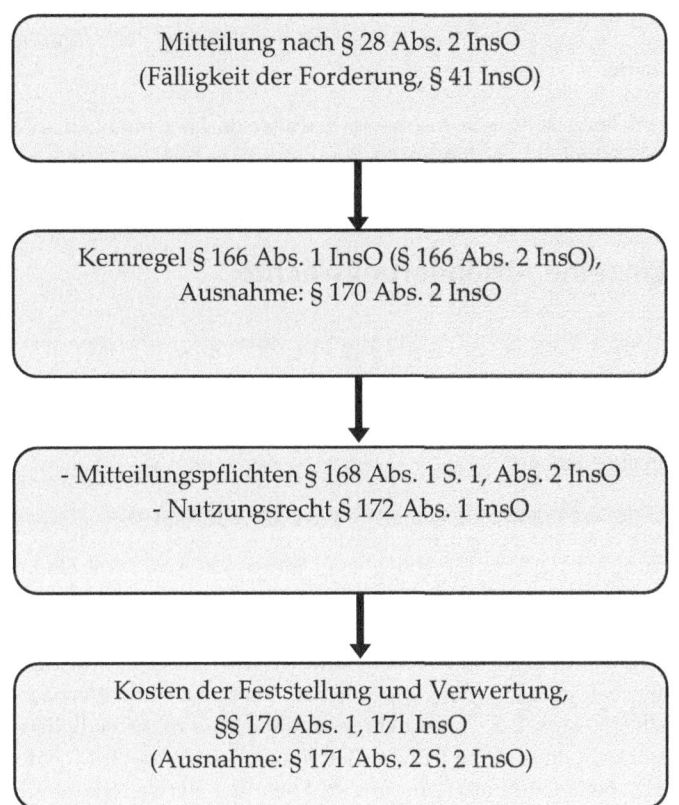

Überlässt der Insolvenzverwalter dem Gläubiger einen Gegenstand, zu dessen Verwertung er nach § 166 InsO berechtigt ist, so hat der Gläubiger aus dem Verwertungserlös einen Betrag in Höhe der Kosten der Feststellung, inklusive Umsatzsteuer, gemäß § 170 Abs. 2 InsO, vorrangig an die Masse abzuführen.

Das Verwertungsrecht des Insolvenzverwalters wird nach § 166 InsO durch seine **Benachrichtigungspflicht** begleitet. Der Insolvenzverwalter hat z. B. bei beweglichen Gegenständen dem Absonderungsberechtigten zunächst auf Anforderung hin gemäß § 167 Abs. 1 S. 1 InsO Auskunft über den Zustand der Sache zu erteilen. Gemäß § 168 Abs. 1 S. 1 InsO hat der Insolvenzverwalter, bevor er einen Gegenstand, zu dessen Verwertung er nach § 166 InsO berechtigt ist, an einen Dritten veräußert, dem Absonderungsberechtigten mitzuteilen, auf welche Weise die Veräußerung erfolgen soll, wobei gleichzeitig dem Gläubiger gemäß § 168 Abs. 1 S. 2 InsO Gelegenheit zu geben ist, binnen einer Woche auf eine andere, für den Gläubiger günstigere Möglichkeit der Verwertung des Gegenstandes hinzuweisen. Nach einem solchen Hinweis ist allerdings der Insolvenzverwalter nicht verpflichtet, die anderweitige Verwertung vorzunehmen. Gemäß § 168 Abs. 2 InsO hat der Insolvenzverwalter jedoch für den Fall, dass die vom Gläubiger aufgezeigte Verwertungsmöglichkeit günstiger ist, diesen so zu stellen, wie er bei der Wahrung der aufgezeigten Möglichkeit gestanden hätte.

Nach § 169 Abs. 1 InsO steht dem Insolvenzverwalter darüber hinaus das **Nutzungsrecht an beweglichen Sachen** zu, zu deren Verwertung er berechtigt ist, sofern er den dadurch entstehenden Wertverlust durch laufende Zahlungen an den Gläubiger ausgleicht.

9.2.3   Einzelne Absonderungsrechte

9.2.3.1   Abgesonderte Befriedigung aus beweglichen Gegenständen und Rechten

An **beweglichem Vermögen** können Absonderungsberechtigte nach § 50 Abs. 1 InsO folgende Pfandrechte haben:

- rechtsgeschäftliche Pfandrechte gemäß §§ 1204, 1273, 1279 BGB[130]

- durch Pfändung erlangte Pfandrechte gemäß §§ 804, 930 Abs. 1 S. 2 ZPO, § 459 StPO

- gesetzliche Pfandrechte gemäß §§ 233, 562, 583, 647, 704 BGB, §§ 397, 410, 421 HGB

Gemäß § 50 Abs. 2 S. 2 InsO wird, wenn ein landwirtschaftliches Grundstück betroffen ist, die Absonderungsbefugnis aus dem gesetzlichen Vermieter- und Verpächterpfandrecht dergestalt gemäß § 50 Abs. 2 S. 1 InsO eingeschränkt, dass dieses lediglich für die Miet- bzw. Pachtzinsrückstände für eine frühere Zeit als die letzten zwölf Monate vor der Verfahrenseröffnung sowie eine Entschädigung in Folge der Verwalterkündigung nicht geltend gemacht werden kann.

In § 51 InsO werden den Pfandgläubigern weitere Gläubiger gleichgestellt. Es handelt sich hierbei um Gläubiger, die über ein **pfandrechtähnliches Sicherungsrecht** verfügen. Es handelt sich hierbei um

---

[130] BGHZ 86, S. 340 ff

■ Sicherungsübereignung[131] und Sicherungsabtretung[132], sowie die Verlängerung und Erweiterung des Eigentumsvorbehaltes (§ 51 Nr. 1 InsO)

■ Zurückbehaltungsrecht wegen nützlicher Verwendungen auf bewegliche Sachen gemäß §§ 102, 292 Abs. 2, 304, 347, 450, 500, 538 Abs. 2, 547, 592, 601 Abs. 2, 607, 675, 682, 692, 372, 494 ff., 1049, 1216, 2022, 263 Abs. 2, 1000 Abs. 1 BGB (§ 51 Nr. 2 InsO)

■ handelsrechtliches Zurückbehaltungsrecht (§ 51 Nr. 3 InsO)[133]

■ Sicherheit der Zölle und Steuern (§ 51 Nr. 4 InsO)

Häufiger Gegenstand von Hochschulprüfungen im Zusammenhang mit Insolvenzrecht ist die Sicherungsübereignung, so dass hierauf näher eingegangen werden soll. Hierbei ist zwischen der zivilrechtlichen Seite und den insolvenzrechtlichen Folgen zu unterscheiden:

Rein zivilrechtlich betrachtet handelt es sich bei der **Sicherungsübereignung** um eine normale Übereignung nach §§ 929 S. 1, 930 BGB. Diese hat die in Abbildung 9.7 dargestellten Voraussetzungen.

---

[131] BGH WM 1959, S. 52, 53

[132] BGH NZI 2002, S. 599

[133] Das einfache Zurückbehaltungsrecht nach § 273 BGB gewährt in der Insolvenz kein Vorzugsrecht, BGH NJW 1995, S. 1184

Abbildung 9.7   Zivilrechtliche Voraussetzungen der Sicherungsübereignung

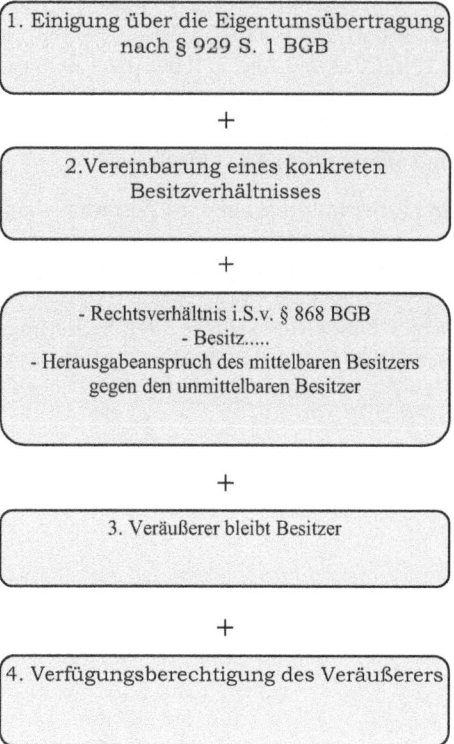

Der Sicherungsübereignung muss dabei eine zu sichernde Forderung zugrunde liegen.

> **Beispiel:**

Ein Fabrikant hat bei einer Bank ein Darlehen über 100.000,00 € erhalten. Zur Absicherung des Darlehens übereignet er seinen betrieblich genutzten Lkw. In diesem Fall ist das Darlehen das zugrunde liegende Rechtsgeschäft und die Übereignung ist vom Darlehen grundsätzlich unabhängig. Dies ergibt sich aus dem Abstraktionsprinzip, wonach die Verpflichtung und die Verfügung grundsätzlich als unabhängig zu betrachten sind. Nachdem jedoch beide Parteien sich einig sind, dass die Sicherungsübereignung oder das zugrunde liegende Darlehen nicht erfolgen soll, ist eine Sicherungsabrede vereinbart, welche beide Rechtsgeschäfte miteinander verknüpft.[134]

---

[134] BGH NJW-RR 1991, S. 305

Abbildung 9.8   Die drei Rechtsgeschäfte der Sicherungsübereignung

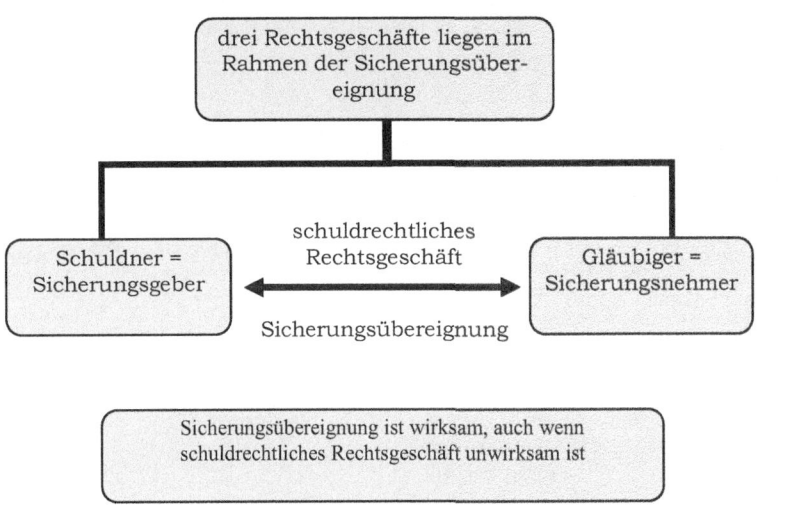

Von den zivilrechtlichen Fragen sind die insolvenzrechtlichen Folgen der Sicherungsübereignung zu unterscheiden. Bei den insolvenzrechtlichen Folgen ist zu unterscheiden, ob
der Sicherungsgeber oder der Sicherungsnehmer in die Insolvenz geht.

Fällt der **Sicherungsgeber in Insolvenz**, so hat der Sicherungsnehmer gemäß § 51 Abs. 1
Nr. 1 InsO ein Absonderungsrecht.[135] Ist der Insolvenzverwalter in Besitz des Sicherungs-
gutes, so muss er dieses gemäß §§ 173, 166 Abs. 1 InsO dem Sicherungsnehmer zur Verwertung herausgeben.

Liegt dagegen eine **Insolvenz des Sicherungsnehmers** vor, so ist nochmals zu unterscheiden:

■ Zahlt nunmehr der Sicherungsnehmer, vertreten durch den Insolvenzverwalter, die
gesicherte Forderung zurück, so hat dieser gemäß § 47 InsO ein Aussonderungsrecht
im Bezug auf die übereignete Sache.

■ Ist die gesicherte Forderung noch nicht befriedigt und ist noch keine Verwertungsreife
eingetreten, so steht dem Sicherungsgeber zwar ein Aussonderungsrecht zu, der Insolvenzverwalter ist aber nach Maßgabe der Sicherungsabrede zinsberechtigt bzw. der
Besitz- und Sicherungsgeber erhaltungsverpflichtet. Auch darf der Sicherungsgeber
ohne Zustimmung des Insolvenzverwalters nicht vorzeitig erfüllen. Tritt dagegen
nunmehr die Verwertungsreife ein, darf der Insolvenzverwalter wie der Sicherungsnehmer verwerten, allerdings muss er den Übererlös an den Sicherungsgeber abführen.

---

[135] BGH NJW 2008, S. 3142

Abbildung 9.9　　Insolvenz und Sicherungsübereignung

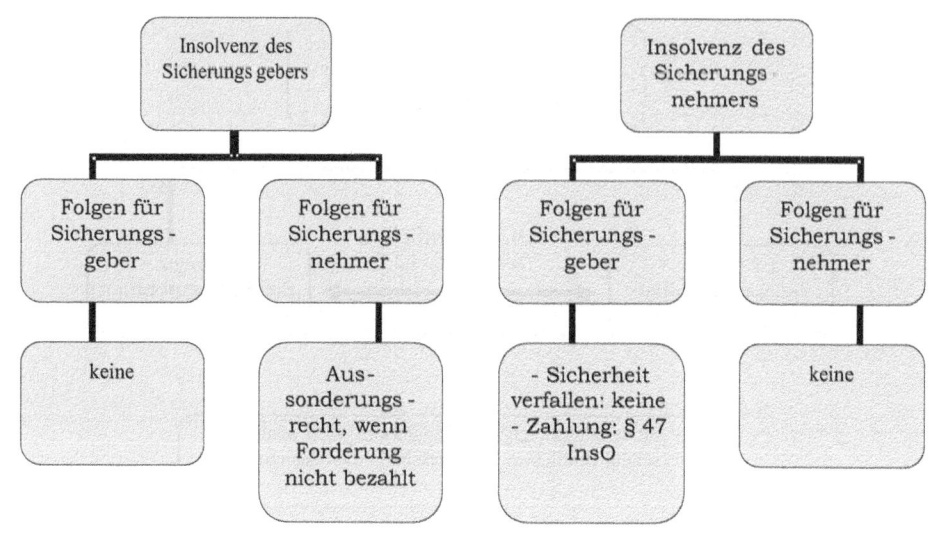

9.2.3.2　　Abgesonderte Befriedigung aus unbeweglichen Gegenständen

Nach § 49 InsO können Gläubiger, denen ein Recht auf Befriedigung aus Gegenständen zusteht, die der Zwangsvollstreckung in das unbewegliche Vermögen unterliegen (unbewegliche Gegenstände), nach Maßgabe des Gesetzes über die Zwangsvollstreckung und Zwangsverwaltung (ZVG) ein Recht auf abgesonderte Befriedigung geltend machen. **Unbewegliche Gegenstände** sind dabei alle der Immobiliarzwangsvollstreckung unterliegenden Gegenstände, wie z. B. Grundstücke, grundstückgleiche Rechte, Schiffe, Schiffsbauwerke, sowie diejenigen unbeweglichen Sachen und Forderungen, die nach §§ 1120, 1192, 1200 BGB zum Haftungsverband eines Grundpfandrechtes gehören.

Im Hinblick auf die Rückschlagsperre des § 88 InsO muss die Beschlagnahme bereits vor Beginn der Monatsfrist zur Verfahrenseröffnung nach § 21 Abs. 2 Nr. 3, 1. Alt. InsO erfolgt sein.

Der Insolvenzverwalter kann, wenn ein absonderungsberechtigter Gläubiger die Zwangsversteigerung der Immobiliarsicherheit betreibt, per einstweiliger Verfügung die einstweilige Einstellung des Zwangsversteigerungsverfahrens unter den Voraussetzungen des § 30d ZVG erreichen.

§ 30d ZVG:

(1) Ist über das Vermögen des Schuldners ein Insolvenzverfahren eröffnet, so ist auf Antrag des Insolvenzverwalters die Zwangsversteigerung einstweilen einzustellen, wenn

1. im Insolvenzverfahren der Berichtstermin nach § 29 Abs. 1 Nr. 1 der Insolvenzordnung noch bevorsteht,

2. das Grundstück nach dem Ergebnis des Berichtstermins nach § 29 Abs. 1 Nr. 1 der Insolvenzordnung im Insolvenzverfahren für eine Fortführung des Unternehmens oder für die Vorbereitung der Veräußerung eines Betriebs oder einer anderen Gesamtheit von Gegenständen benötigt wird,

3. durch die Versteigerung die Durchführung eines vorgelegten Insolvenzplans gefährdet würde oder

4. in sonstiger Weise durch die Versteigerung die angemessene Verwertung der Insolvenzmasse wesentlich erschwert würde.

Der Antrag ist abzulehnen, wenn die einstweilige Einstellung dem Gläubiger unter Berücksichtigung seiner wirtschaftlichen Verhältnisse nicht zuzumuten ist.

(2) Hat der Schuldner einen Insolvenzplan vorgelegt und ist dieser nicht nach § 231 der Insolvenzordnung zurückgewiesen worden, so ist die Zwangsversteigerung auf Antrag des Schuldners unter den Voraussetzungen des Absatzes 1 Satz 1 Nr. 3, Satz 2 einstweilen einzustellen.

(3) § 30b Abs. 2 bis 4 gilt entsprechend mit der Maßgabe, dass an die Stelle des Schuldners der Insolvenzverwalter tritt, wenn dieser den Antrag gestellt hat, und dass die Zwangsversteigerung eingestellt wird, wenn die Voraussetzungen für die Einstellung glaubhaft gemacht sind.

(4) Ist vor der Eröffnung des Insolvenzverfahrens ein vorläufiger Verwalter bestellt, so ist auf dessen Antrag die Zwangsversteigerung einstweilen einzustellen, wenn glaubhaft gemacht wird, dass die einstweilige Einstellung zur Verhütung nachteiliger Veränderungen in der Vermögenslage des Schuldners erforderlich ist.

9.2.4   Ersatzaussonderung

Wurde ein Absonderungsrecht unberechtigt vereitelt, so besteht nach § 48 InsO analog ein Ersatzabsonderungsrecht. Voraussetzung dafür ist, dass der erhaltene Gegenstand noch **unterscheidbar in der Insolvenzmasse** vorhanden ist.[136] Ansonsten bleiben nur Bereicherungs- und Ersatzansprüche gegen die Masse, wobei auch hier u.U. eine persönliche Haftung des Insolvenzverwalters nach § 60 InsO in Frage kommt.

---

[136] BGH NJW-RR 1999, S. 271 f (zur früheren Rechtslage)

Abbildung 9.10 Ersatzaussonderung

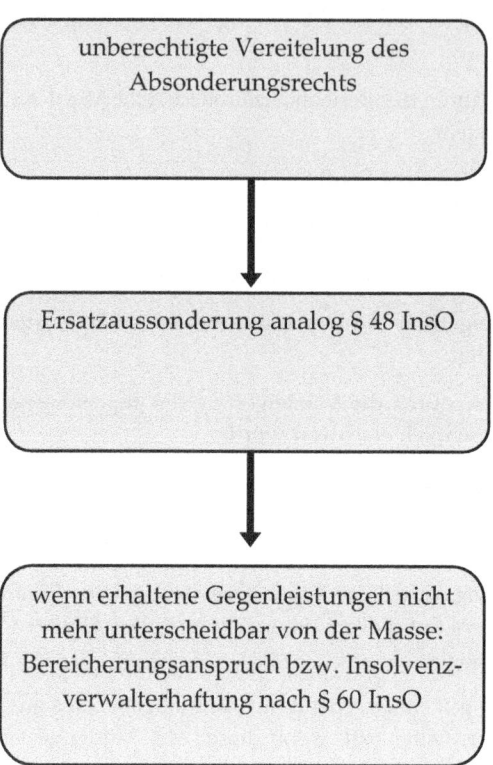

9.3 Aufrechnung

9.3.1 Grundsätzliches

Im Rahmen eines Insolvenzverfahrens kommt der Aufrechnung eine besondere Bedeutung zu. Die InsO sieht hier Besonderheiten vor, da die Aufrechnung durch einzelne Gläubiger die Gleichbehandlung aller Gläubiger in Frage stellt.

Der Gläubiger kann sich nach § 94 InsO unabhängig vom Insolvenzverfahren durch Aufrechnung gegenüber einer gegen ihn gerichteten Forderung befriedigen. Er muss dann nicht seine volle Leistung an die Insolvenzmasse erbringen und braucht sich bzgl. seiner Forderung nicht mit einer Insolvenzquote zu begnügen. Aufgrund dieser Sonderstellung des aufrechnungsberechtigten Gläubigers, ist sein Vertrauen in eine einmal erworbene Befriedigungsmöglichkeit auch schutzwürdig. Die §§ 94 ff InsO. betreffen ausschließlich die **Aufrechnung des Insolvenzgläubigeres.** Diese gelten neben den allgemeinen Vorschriften der §§ 387 ff. BGB

Die **Aufrechnung des Insolvenzverwalters** richtet sich ausschließlich nach den allgemeinen Vorschriften der §§ 387 ff. BGB.

Die Aufrechnung nach §§ 387 ff. BGB hat folgende (allgemeine) Voraussetzungen:

- Gegenüberstehen gleichartiger Forderung (z. B. Geldforderungen)

- Fälligkeit der Forderung des Gläubigers

- Forderung des Schuldners wenigstens erfüllbar

- Kein zivilrechtliches Aufrechnungsverbot (§§ 393, 394 BGB, § 19 Abs. 2 S. 2 GmbHG)

Abbildung 9.11   Aufrechnung

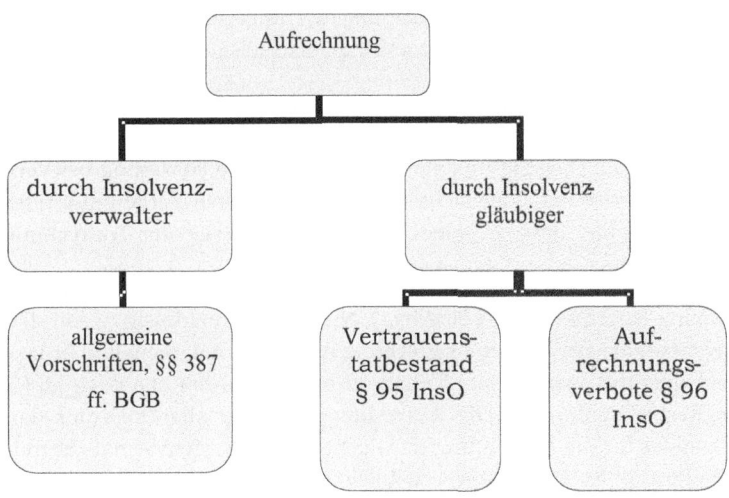

9.3.2   Sonderregelungen des Insolvenzrechts

Gemäß § 95 Abs. 1 S. 1 InsO kann, wenn die aufzurechnenden Forderungen oder eine der aufzurechnenden Forderungen, wenn sie im Zeitpunkt der Verfahrenseröffnung zwar schon begründet, aber noch nicht fällig, oder nicht gleichartig sind, die Aufrechnung erst erfolgen, wenn das Aufrechnungshindernis behoben ist. Die §§ 41, 45 InsO sind nicht anwendbar.

Gemäß § 95 Abs. 1 S. 3 InsO bleibt die Aufrechnung der Gläubiger jedoch dann ausgeschlossen, wenn die Forderung später fällig oder später unbedingt wurde, als die zur Insolvenzmasse gehörende Hauptforderung.

9.3.3   Aufrechnungsverbote in der Insolvenzordnung

Nach § 96 InsO ist das Aufrechnungsrecht des Gläubigers dergestalt eingeschränkt, dass, abweichend von § 387 BGB, die Gegenseitigkeit schon im Zeitpunkt der Eröffnung des Insolvenzverfahrens bestanden haben muss.

Eine Aufrechnung ist gemäß **§ 96 Abs. 1 Nr. 1 InsO** unzulässig, wenn der Gläubiger nach Eröffnung des Insolvenzverfahrens etwas zur Masse schuldig geworden ist und die Hauptforderung des Schuldners erst nach Verfahrenseröffnung entstanden ist.

Eine Aufrechnung ist dagegen nach § 96 Abs. 1 Nr. 1 nicht unzulässig, wenn der Insolvenzverwalter nach § 103 InsO die Erfüllung eines Kaufvertrages abgelehnt hat und der Schuldner bereits Teilzahlungen vor der Insolvenzeröffnung erbracht hatte. Hier kann der Gläubiger mit seinem Anspruch auf Schadensersatz wegen Nichterfüllung gemäß § 103 Abs. 1 InsO gegen den Anspruch auf Rückzahlung der Teilleistung aufrechnen, da der Rückzahlungsanspruch bereits vor Insolvenzeröffnung aufschiebend bedingt entstanden war.

Nach **§ 96 Abs. 1 Nr. 2 InsO** ist eine Aufrechnung unzulässig, wenn der Insolvenzgläubiger seine Forderung erst nach Eröffnung des Insolvenzverfahrens von einem anderen Gläubiger erworben hat. Dies gilt unabhängig davon, ob die Forderung bei Verfahrenseröffnung bereits bestanden hat, oder nicht, da der Gläubiger bei Verfahrenseröffnung nicht darauf vertrauen konnte, dass er seine Forderung im Wege der Aufrechnung werde durchsetzen können.

Eine Aufrechnung ist ferner nach **§ 96 Abs. 1 Nr. 3 InsO** unzulässig, wenn die Aufrechnungslage zwar bereits vor Verfahrenseröffnung bestanden hat, damals aber in anfechtbarer Weise herbeigeführt worden ist.[137] Hiervon erfasst werden alle nach §§ 129 ff. InsO anfechtbaren Rechtshandlungen. Die Aufrechnung ist hier allerdings nur dann ausgeschlossen, wenn der für die Anfechtung der Rechtshandlung jeweils maßgebende Anfechtungstatbestand erfüllt ist. Dabei ist unerheblich, wann die Aufrechnung erklärt wurde.[138] Eine zusätzliche Anfechtungsklage durch den Insolvenzverwalter ist nicht erforderlich.[139]

Gemäß **§ 96 Abs. 1 Nr. 4 InsO** ist die Aufrechnung unzulässig, wenn ein Gläubiger, dessen Forderung aus dem freien Vermögen des Schuldners zu erfüllen ist, etwas zur Insolvenz-

---

[137] BGH WM 2000, S. 262 ff
[138] BGH ZIP 2003, S. 2380 ff
[139] BGH NZI 2005, S. 164, 165

masse schuldet. Dies resultiert aus der Trennung von Insolvenzmasse und freiem Vermögen des Schuldners. Da der Schuldner einerseits die Masse nicht verpflichten kann, andererseits ein Neuerwerb in die Masse gemäß § 35 InsO fällt, kann der mit dem Schuldner kontrahierende Gläubiger in solchen Fällen lediglich auf das insolvenzfreie Vermögen des Schuldners zurückgreifen. Dieses ist aber regelmäßig nicht pfändbar.

10   Insolvenzanfechtung

10.1   Grundsätzliches

Die Insolvenzanfechtung dient der gleichmäßigen Gläubigerbefriedigung. Sie bezweckt die Rückgängigmachung von unlauteren Vermögensverschiebungen aus dem Zeitraum vor der Insolvenz, so dass für Gläubiger Vermögensnachteile vermieden werden können. Die Insolvenzanfechtung ist in den §§ 129 ff InsO geregelt. Voraussetzung für die Insolvenzanfechtung ist zunächst, dass das Insolvenzverfahren eröffnet worden ist.

Die Insolvenzanfechtung (unabhängig vom einzelnen Anfechtungsgrund) ist nach folgendem **Schema** zu prüfen:

a)   Anfechtbare Rechtshandlung

b)   Gläubigerbenachteiligung

c)   Ursächlichkeit der Rechtshandlung für die Gläubigerbenachteiligung

d)   Anfechtungsgrund

e)   Rechtsfolgen der Anfechtung

10.2   Anfechtbare Rechtshandlungen

Gemäß § 129 Abs. 1 InsO kann eine Rechtshandlung angefochten werden, die vor Eröffnung des Insolvenzverfahrens vorgenommen wurde. Dem sind gemäß § 129 Abs. 2 InsO Unterlassungen einer Handlung gleichgestellt, wenn ein Verhalten mit rechtlicher Relevanz angefochten wird.

Darunter sind alle **willensgetragene Betätigungen** zu verstehen, die Rechtswirkungen auslösen können, ohne dass sich der Wille auf den Eintritt der Rechtswirkung richten muss.[140]

> **Beispiel:**
> Auch das Brauen von Bier fällt darunter, da es die Sachhaftung des Bieres für die Biersteuer gemäß § 76 AO zum Entstehen bringt.[141]

---

[140] BGH IX ZR 473/00 = ZInsO 2004, S. 499 ff
[141] BGH NZI 2010, S. 17 = ZInsO 2009, S. 1585 ff

Damit unterfallen der Insolvenzanfechtung insbesondere die in Abbildung 10.1 aufgeführten Rechtshandlungen. Anfechtbar sind demnach auch rechtsgeschäftsähnliche Handlungen und Realakte, etwa die Einbringung der im Eigentum des Mieters stehenden Sachen in die von ihm gemieteten Räume.

Abbildung 10.1   Anfechtbare Rechtshandlungen

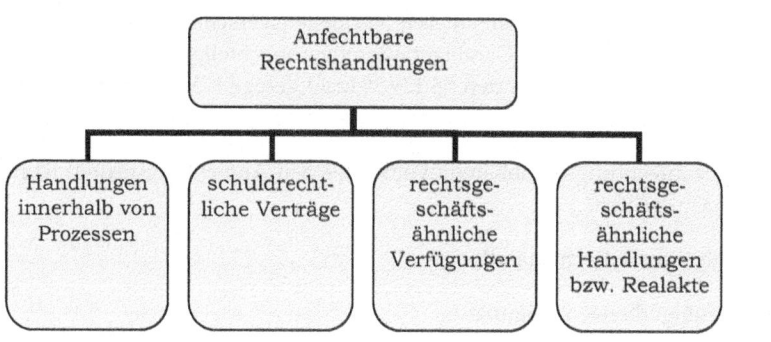

Bei mehraktigen Rechtshandlungen kommt es auf den letzten Akt an; wenn durch diesen die Insolvenzmasse endgültig geschmälert wurde, kann angefochten werden.[142]

> **Beispiele:**
>
> Vorausabtreten künftiger Forderungen[143], Pfändungen und Verpfändungen (Vollendung durch Zustellung von Pfändungsbeschluss § 829 Abs. 3 ZPO bzw. durch Anzeige an Drittschuldner § 1280 BGB)[144] und Lastschriftverfahren (mit Genehmigung der Buchungsbelastung durch Schuldner)[145]

Das Anfechtungsrecht ist sehr weit ausgestaltet, so dass auch selbst **Handlungen des vorläufigen Insolvenzverwalters** darunter fallen können, da diese Handlungen auch dem Schuldner zuzurechnen sind. Dies gilt auch, wenn der vorläufige Insolvenzverwalter und der endgültige identisch sind.[146] Nur in Ausnahmefällen wird das Anfechtungsrecht wegen Treuwidrigkeit verneint.[147] Zudem fallen Handlungen durch Einschaltung Dritter, wie z.B. eines beauftragten Rechtsanwalts als Treuhänder, darunter.[148]

---

[142] BGH IX ZR 53/00 = ZInsO 2001, S. 508

[143] BGH IX ZR 72/94 = ZIP 1995, S. 630; BGHZ 170, S. 196 ff

[144] OLG Schleswig-Holstein 1 U 141/07; BGH IX ZR 106/08 = DB 2010, S. 51 ff

[145] BGH IX ZR 22/03; BGHZ 161, S. 49 ff

[146] BGH ZIP 1992, S. 1005, 1007

[147] BGH IX 161/11 = DB 2013, S. 571 ff

[148] BGH IX ZR 166 /08 = DB 2011, S. 1575

Selbst wenn ein **vollstreckbarer Schuldtitel** oder Zwangsvollstreckungsmaßnahmen vorliegen, wird die Anfechtung gemäß § 143 InsO nicht verhindert.

Aus § 140 InsO ergibt sich, dass eine Rechtshandlung als in dem Zeitpunkt vorgenommen gilt, in dem ihre rechtlichen Wirkungen eintreten.

> **Beispiel:**
> Ist also für das Wirksamwerden einer Grundstücksübereignung die Eintragung im Grundbuch erforderlich, so gilt das Rechtsgeschäft gemäß § 140 Abs. 2 InsO erst dann als vorgenommen, sobald die übrigen Voraussetzungen für das Wirksamwerden erfüllt sind, die Willenserklärung des Schuldners für ihn also bindend geworden ist.

Gemäß § 140 Abs. 3 InsO bleibt lediglich bei bedingten oder befristeten Rechtshandlungen der Eintritt der Bedingungen oder der Frist außer Betracht.

Auch Unterlassen kann gemäß § 129 Abs. 2 InsO eine anfechtbare Rechtshandlung darstellen, sofern dieses auf einer Willensbetätigung erfolgt und demnach „bewusst und gewollt" erfolgt.[149]

> **Beispiel:**
> Der Schuldner sieht bewusst davon ab, den Girovertrag zu kündigen, um seiner Bank die Möglichkeit zu geben, an dem noch aufzubauenden Guthaben ein Pfandrecht zu erwerben.[150]

Nach § 147 InsO können ausnahmsweise auch **Rechtshandlungen nach der Verfahrenseröffnung** noch der Insolvenzanfechtung unterliegen.

10.3 Gläubigerbenachteiligung

Eine Insolvenzanfechtung setzt des Weiteren eine Gläubigerbenachteiligung voraus. Diese liegt dann vor, wenn, egal auf welche Weise, das Schuldnervermögen verkürzt wird.[151] Hier kommt es weniger auf eine juristische, als auf eine **wirtschaftliche Betrachtungsweise** an.[152] Erforderlich ist alleine die Schädigung der Masse. Ausnahmsweise kann auch schon die Erschwerung des Gläubigerzugriffs ausreichend sein.[153]

---

[149] BGH IX ZR 190/02; BGHZ 165, S. 343 ff
[150] BGH IX ZR 285/95 = ZIP 1996, S. 2080 ff
[151] BGH IX ZR 169/02 = NJW 2003, S. 3347
[152] BGH IX ZR 257/92; BGHZ 124, S. 76 = ZIP 1994, S. 40
[153] BGH VIII ZR 230/79; BGHZ 78, S. 318, 328

Zudem finden hypothetische Kausalverläufe, die zu einer Benachteiligung geführt hätten, keinerlei Beachtung.[154] Es kommt ausschließlich auf den tatsächlichen, konkreten Geschehensablauf an.

> **Beispiele:**

> Eine Gläubigerbenachteiligung ist gegeben, wenn dem Schuldner in der Krise ein Darlehen mit der Zweckbindung gewährt wurde, die darlehensweise überlassenen Mittel zur Erfüllung der Forderung des späteren Anfechtungsgegners zu verwenden.[155] Eine wertausschöpfende Belastung eines Grundstücks reicht aus, wenn die Höhe der durch das Grundpfandrecht gesicherten Forderung den Verkehrswert des Grundstücks übersteigt.[156]

Auch führt der Verlust des Verwertungsrechts des Insolvenzverwalters und der Anspruch der Insolvenzmasse auf Kostenbeiträge gemäß §§ 170 ff. InsO zu einer Gläubigerbenachteiligung, wenn der spätere Insolvenzschuldner Gegenstände, die er einem anderen Gläubiger zur Sicherheit übereignet hat, mit dem Einverständnis der Insolvenzgläubiger verkauft, die hiermit gegen die Kaufpreisforderung der Insolvenzmasse aufrechnen können.

Ob eine Benachteiligung vorliegt, muss vom Standpunkt der Gesamtsalden der Insolvenzgläubiger betrachtet werden, die Benachteiligung einzelner Gläubiger genügt dagegen nicht.[157]

Maßgebender Zeitpunkt für die Frage der Gläubigerbenachteiligung ist der Schluss der letzten mündlichen Verhandlung in der Tatsacheninstanz, nicht etwa der Zeitpunkt der angefochtenen Verfügung. Die Beweislast für die Gläubigerbenachteiligung liegt beim Insolvenzverwalter.[158] Ist allerdings das Insolvenzverfahren wegen Zahlungsunfähigkeit eröffnet worden, spricht der Beweis des ersten Anscheins dafür, dass die Insolvenzmasse nicht zur Befriedung der Gläubiger ausreicht.[159]

Die Gläubigerbenachteiligung entfällt nicht wegen Eintritts der Masseunzulänglichkeit.[160] Nach Eintritt der Masseunzulänglichkeit bleibt die Insolvenzanfechtung uneingeschränkt zulässig.

---

[154] BGHZ 104, S. 355 ff
[155] BGH IX ZR 195/00 = ZInsO 2001, S. 661
[156] BGH IX ZR 49/83 = ZIP 1984, S. 753 ff
[157] BGH ZIP 1981, S. 1229 ff
[158] BGH NJW 1992, S. 624, 626
[159] BGH ZIP 1993, S. 271 ff
[160] BGH IX ZR 36/99 = ZInsO 2001, S. 904; BGH IX ZR 213/06 = ZInsO 2008, S. 374

10.4 Ursächlichkeit der Rechtshandlungen für die Gläubigerbenachteiligung

Die Rechtshandlung muss für die Gläubigerbenachteiligung kausal (ursächlich) gewesen sein, wobei grundsätzlich eine **mittelbare Gläubigerbenachteiligung** ausreichend ist. Es reicht also, dass die Gläubigerbenachteiligung erst dadurch herbeigeführt worden ist, dass zu der eigentlichen Rechtshandlung noch ein Umstand hinzugetreten ist, der diese im weiteren Geschehensverlauf zu einer benachteiligenden Rechtshandlung gemacht hat. Es ist daher unbeachtlich, ob

- ein Anfechtungsgegner, wenn dieser eine Sicherheit bestellt erhielt, stattdessen in das Vermögen des Schuldners hätte vollstrecken können;

- der Anfechtungsgegner statt der Abtretung einer Forderung zur Tilgung einer Forderung durch den Schuldner sich stattdessen doch durch Aufrechnung gegenüber dieser Forderung des Schuldners hätte befriedigen können;

- der eingetretene Rechtserfolg ohne Zwischenschaltung des Schuldners erreicht hätte werden können.

Gemäß §§ 133 Abs. 1, 133 Abs. 2 InsO ist **ausnahmsweise** eine unmittelbare Gläubigerbenachteiligung erforderlich, wobei der Eintritt der **unmittelbaren Gläubigerbenachteiligung** ausschließlich mit Bezug auf das Wertverhältnis zwischen den konkret ausgetauschten Leistungen zu beurteilen ist. Dabei sind lediglich solche Folgen zu berücksichtigen, die an die anzufechtende Rechtshandlung selbst knüpfen.

10.5 Anfechtungsgrund

Die Insolvenzanfechtung setzt Anfechtungsgründe voraus, welche abschließend im Gesetz aufgeführt sind.

Sämtliche Anfechtungsgründe stehen grundsätzlich nebeneinander, wobei jedoch § 133 InsO einen Auffangtatbestand darstellt, der hinter den Anfechtungsgründen der §§ 130, 131 InsO zurücktritt.

Abbildung 10.2   Anfechtungsgründe im Insolvenzverfahren

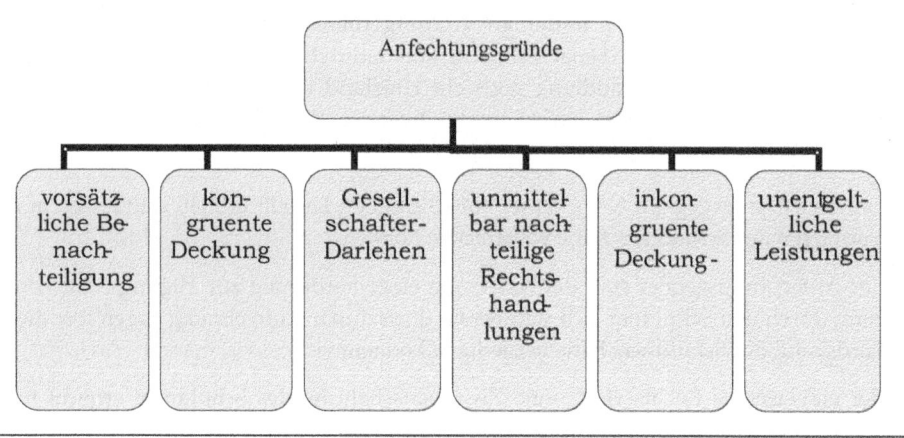

10.5.1   Kongruente Deckung

Die Insolvenzanfechtung wegen kongruenter Deckung des § 130 InsO beginnt bereits **drei Monate vor Eröffnung des Insolvenzverfahrens**. Zweck der Vorschrift ist es, das Prioritätsprinzip durchzusetzen, d.h. die vorrangige Verwertung des Schuldnervermögens durch das Insolvenzverfahren.[161]

Hierfür ist erforderlich, dass ein Insolvenzgläubiger eine Sicherheit oder Befriedigung erhalten hat, die er aufgrund seiner Anspruchsposition vom Schuldner in der gewährten Form und zum erfolgten Zeitpunkt nicht verlangen konnte. Das Gesetz verwendet in diesem Zusammenhang den Begriff des „**Ermöglichens**", worunter alle Rechtshandlungen zu verstehen sind, die dem Gläubiger keine Deckung gewähren, ihn aber in die Lage versetzen, sich eine Deckung zu verschaffen.

> **Beispiele:**
> Anerkenntnis im Prozess[162], Schuldanerkenntnisse, Schuldversprechen, Nichteinlegen von Rechtsbehelfen

---

[161] BGH IX ZR 211/02 = BGHZ 162, S. 143 ff
[162] Bundestags-Drucksache 12/2443, S. 157

Die Sicherung oder Befriedigung muss in den letzten drei Monaten vor der Insolvenzeröffnung oder danach vorgenommen worden sein. Der Schuldner muss damals bereits **zahlungsunfähig** gewesen sein. Hierbei kann auf die Vermutung des § 17 Abs. 2 S. 2 InsO zurückgegriffen werden.[163]

Kongruent ist eine Sicherung oder Befriedigung, auf die der Gläubiger in der geschehenen Art und Weise einen hinreichend bestimmten Anspruch hatte. Abweichungen, die nach der Verkehrsanschauung unwesentlich sind, stellen die Kongruenz nicht in Frage.

> **Beispiele:**
>
> Zahlung per Wechsel oder Scheck, auch wenn ursprünglich eine andere Zahlung vereinbart war[164]; Zahlung unternehmensbezogener Verbindlichkeiten per Banküberweisung[165]

Die Anfechtung nach § 130 InsO setzt im Gegensatz zu der nach § 133 Abs. 1 InsO keine Rechtshandlung des Schuldners voraus. Anfechtungsgegner kann nur ein Insolvenzgläubiger sein.

> **Beispiel:**
>
> Ein Inhaber eines Absonderungsrechts ist gemäß § 52 InsO wegen der gesamten persönlichen Forderung und nicht nur wegen des Ausfalls ein Insolvenzgläubiger.[166]

Subjektiv ist erforderlich, dass der **Gläubiger** die Zahlungsunfähigkeit des Schuldners bzw. den Insolvenzeröffnungsantrag **kannte**, wobei hier im Falle des Vorliegens mehrerer Insolvenzanträge nicht erforderlich ist, dass der Anfechtungsgegner gerade Kenntnis von dem Antrag hatte, der dann später tatsächlich zur Insolvenzeröffnung geführt hat. Es ist ausreichend, wenn Kenntnis von irgendeinem zulässigen und begründeten Insolvenzantrag bestand.

Bei Gebietskörperschaften (Gemeinden, Landkreise, Bundesländer) findet die Zurechnung des Wissens des Personals analog § 166 Abs. 1 BGB statt.[167]

Nach § 130 Abs. 2 InsO ist ebenfalls ausreichend, wenn der Anfechtungsgegner Kenntnis von Umständen hatte, die zwingend auf die Zahlungsunfähigkeit oder den Insolvenzeröffnungsantrag schließen ließen. Hierbei ist auf einen redlich und vernünftig Denkenden abzustellen, der bei Vorliegen der ihm bekannten Tatsachen sich der Einsicht nicht verschließen konnte, dass der Schuldner entweder zahlungsunfähig war, oder ein Insol-

---

[163] BGH IX ZR 48/01; BGHZ 149, S. 178, 184
[164] BGH IX ZR 67/02 = BGHZ 166, S. 125 22
[165] BGH IX ZR 1/12 = DB 2013, S. 228 ff
[166] BGH IX ZR 184/04 = ZInsO 2006, S. 544 ff
[167] BGH IX ZR 62/09 = DB 2010, S. 1121; BGH IX ZR 155/08 = DB 2011, S. 1745

venzeröffnungsantrag gestellt ist. So reichen z.B. entsprechende Presseberichte aus.[168] Ob der Anfechtungsgegner hierbei selbst aus diesen Tatsachen zwingend diesen Schluss gezogen hat, ist unerheblich.[169] Eine Erkundigungspflicht wird immer dann bejaht, wenn Tatsachen den Verdacht der Zahlungsunfähigkeit begründen (z.B. Finanzamt).[170]

Nach den allgemeinen Beweislastregeln **trägt der Insolvenzverwalter die Beweislast** für die Anfechtungsvoraussetzungen. Allerdings stellt die Rechtsprechung hieran keine hohen Anforderungen.[171] Das Aufstellen einer Liquiditätsbilanz ist nicht erforderlich; es reicht, wenn anderweitig festgestellt werden kann, dass der Schuldner einen wesentlichen Teil seiner Verbindlichkeiten nicht mehr bezahlen konnte.[172]

§ 130 Abs. 3 InsO sieht lediglich eine Ausnahme vor, bei nahestehenden Personen (§ 138 InsO), bei denen gesetzlich vermutet wird, dass sie die Zahlungsunfähigkeit oder den Insolvenzeröffnungsantrag kannten, wobei die Vermutung widerlegbar ist.[173]

Die Rechtsprechung hat entschieden, dass sich die Anfechtungsgründe §§ 130, 131 InsO und § 133 InsO gegenseitig ausschließen.[174]

Die Anfechtung ist ausgeschlossen, wenn ein sog. **Bargeschäft i.S.v. § 142 InsO** vorliegt. Der Grund dieser Privilegierung besteht darin, dass sonst Schuldner praktisch vom Rechtsverkehr ausgeschlossen wären. Tatbestandsvoraussetzung ist jedoch das Kriterium der „Unmittelbarkeit", d.h. Leistung und Gegenleistung müssen in einem engen zeitlichen Zusammenhang stehen. Bei Kaufverträgen bzw. Beratungsverträgen (Steuerberater, Rechtsanwalt[175]) wird hier ein Zeitraum von 30 Tagen angenommen.[176] Jegliche Kreditierung durch verzögerte Geschäftsabwicklung schließt die Annahme von § 142 InsO aus.

> **Beispiel:**

Stundung einer Forderung[177], Vorleistungen des Schuldners

Die Voraussetzungen eines Bargeschäfts hat der Anfechtungsgegner zu beweisen.[178]

---

[168] BGH ZIP 2001, S. 1641

[169] BGH ZInsO 2003, S. 180, 181

[170] BGH ZIP 2001, S. 2097

[171] BGH IX ZR 210/04 = ZInsO 2007, S. 1046 f

[172] BGH IX ZR IX ZR 228/03 = ZInsO 206, S. 1210

[173] Bundestags-Drucksache 12/2443, S. 158

[174] BGH IX ZR 204/98 = BGHZ 142, S. 284 ff

[175] BGH IX ZR 24/04 = ZInsO 2005, S. 648 ff

[176] BGH IX ZR 231/04 = ZInsO 2007, S. 816 ff; BGH IX ZR 185/05 = BGHZ 167, S. 190 ff

[177] BGH IX ZR 377/99 = ZIP 2003, S. 488, 493; BGH IX ZR 124/07

[178] BGH IX ZR 185/04 = ZInsO 2006, S. 544 ff

10.5.2   Inkongruente Deckung

Gemäß § 131 InsO ist eine Rechtshandlung anfechtbar, die einem Insolvenzgläubiger eine
Sicherung oder Befriedigung gewährt oder ermöglicht hat, die er nicht oder nicht in der
Art oder nicht zu der Zeit zu beanspruchen hatte. Dies sind Fälle der sog. inkongruenten
Deckung.

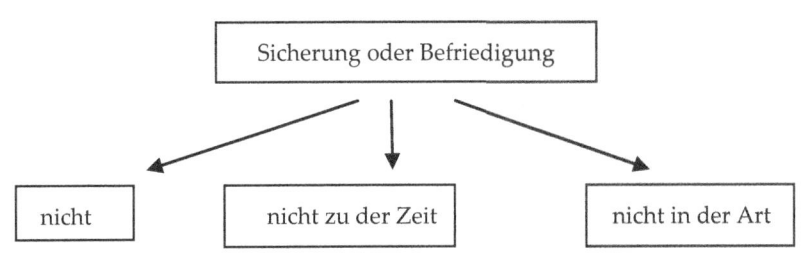

> **Beispiele:**
> Schulden aus Spiel-, Wetten-, oder Differenzgeschäften; Druckzahlungen zur Abwen-
> dung eines Insolvenzantrags[179]; Zahlungen per Überweisungen, die mehr als 5 Bankar-
> beitstage vor Fälligkeit der Forderung beim Gläubiger eingehen[180]; Zahlung von Arbeit-
> nehmeranteilen zur Sozialversicherung durch den Arbeitgeber[181]; Stellung einer ande-
> ren Sicherheit als vertraglich geschuldet[182]; Zahlungen über Mittelspersonen[183]; Herstel-
> lung einer Aufrechnungslage[184]

Hierunter fällt nicht eine Befriedigung, wenn sie von der nach dem Inhalt des Schuldverhältnisses geschuldeten Befriedigung abweicht, wobei auch Forderungen, die unter Berücksichtigung der Verkehrssitte oder Handelsbräuche **als verkehrsüblich anzusehen**
sind, außer Betracht bleiben.

---

[179] BGH NZI 2004, S. 201, 202; eine die Inkongruenz begründende Drohung mit einem Insolvenzantrag
kann auch dann vorliegen, wenn die Drohung „zwischen den Zeilen" steht, BGH IX ZR 216/12 = DB
2013, S. 1046 ff
[180] BGH NZI 2005, S. 671
[181] BGH IX ZR 118/10 = DB 2011, S. 1107
[182] BGH IX ZR 330/05 = ZInsO 2007, S. 772 ff
[183] BGH IX ZR 182/01 = ZInsO 2006, S. 94 ff
[184] BGH IX ZR 195/03 = BGHZ 159, S. 388, 393

> **Beispiele:**

Irrelevant ist demnach, wenn eine Zahlung durch Überweisung oder Scheckzahlung anstatt Barzahlung vorgenommen wird. Die Zahlung durch eine Mittelsperson ist als inkongruente Deckung anzusehen.[185]

Nicht zu der Zeit zu beanspruchen ist eine Befriedigung, die nicht fällig ist. Gleiches gilt für eine Befriedigung, die befristet, insbesondere aufschiebend bedingt oder betagt ist.

Darüber hinaus sind Sicherungen anfechtbar, wenn sie nicht, nicht in der Art oder nicht zu der Zeit zu beanspruchen waren. Hierzu ist ein ausdrücklich auf Sicherstellung gerichteter Anspruch erforderlich, der aufgrund der Wesensverschiedenheit von Sicherung und Leistung nicht bereits aus dem Leistungsanspruch erfolgt.[186]

Gemäß § 131 Abs. 1 Nr. 1 InsO sind diese inkongruenten Deckungshandlungen ohne weitere Voraussetzungen anfechtbar, wenn die Handlung **im letzten Monat vor dem Insolvenzantrag** oder nach diesem vorgenommen worden ist. Subjektive Voraussetzungen sind hier nicht zu prüfen. Insbesondere sind damit die Kenntnis von der Krise sowie die Krise selbst unbeachtlich.

Nach § 131 Abs. 1 Nr. 2 InsO sind inkongruente Deckungshandlungen anfechtbar, wenn die Handlung innerhalb des zweiten oder dritten Monats vor dem Eröffnungsantrag vorgenommen worden ist und der Schuldner zur Zeit der Handlung zahlungsunfähig war. Auch hier kommt es auf eine Kenntnis des Anfechtungsgegners nicht an.

Gemäß § 131 Abs. 1 Nr. 3 InsO ist eine kongruente Deckungshandlung innerhalb des **zweiten oder des dritten Monats vor dem Eröffnungsantrag** ebenfalls anfechtbar, wenn dem Gläubiger zur Zeit der Handlung bekannt war, dass sie die Insolvenzgläubiger benachteiligt. Gleiches gilt, wenn sich der Gläubiger einer solchen Kenntnis nach Maßgabe des § 131 Abs. 2 InsO verschlossen hat. Hier kommt es auf das Vorliegen der Zahlungsunfähigkeit nicht an.

Auch hier trägt der Insolvenzverwalter die Beweislast für die Tatbestandsvoraussetzungen des § 131 InsO. Eine Ausnahme besteht wieder bei nahestehenden Personen i.S.d. § 138 AO, bei denen wiederum vermutet wird, dass sie die Zahlungsunfähigkeit oder den Eröffnungsantrag kannten, wobei diese Vermutung widerlegbar ist.

---

[185] BGH NZI 2003, S. 197
[186] BGH ZIP 1998, S. 249, 250

Abbildung 10.3 Inkongruente Deckung

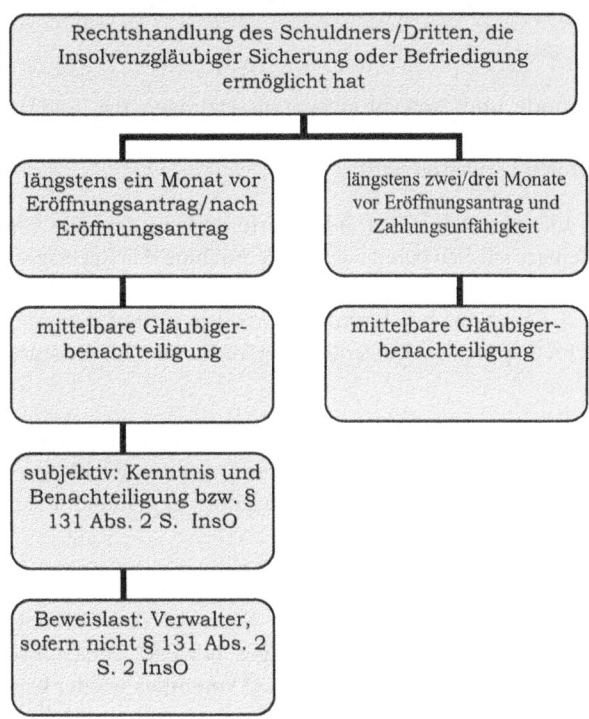

Strittig ist, ob die Abführung von Lohnsteuer und Arbeitnehmeranteilen am Gesamtsozi-alversicherungsbeitrag als Bargeschäft anzusehen sind. Der BGH hat dies verneint.[187] Der BFH vertritt eine andere Auffassung, soweit es um Lohnsteuer geht.[188]

10.5.3   Unmittelbar nachteilige Rechtshandlungen

Gemäß § 132 InsO können unmittelbar nachteilige Rechtshandlungen (sog. Verschleude-rungsgeschäfte) angefochten werden. Bei § 132 InsO genügt es im Unterschied zu §§ 130, 131 InsO, wenn die Rechtsbeziehungen zu dem Anfechtungsgegner gerade durch das anfechtbare Rechtsgeschäft begründet werden. Voraussetzung bei § 132 InsO ist jedoch, dass der Schuldner den Vertrag noch nicht vollständig erfüllt hat. Die Anfechtung dient in erster Linie dazu, durch einen darauf gestützten Widerspruch des Insolvenzverwalters den Eintrag in die Insolvenztabelle zu verhindern.

---

[187] BGH IX ZR 182/01 = ZInsO 206, S. 94 ff
[188] BFH VII 244/04 = ZInsO 2005, S. 1105

> **Beispiel:**

Unter diese Vorschrift fällt auch ein überhöhtes Honorar eines Sanierungsberaters, jedoch geht der BGH in diesem Fall von der Teilbarkeit der angefochtenen Rechtshandlung aus.[189]

Die Anfechtungsgründe und Anfechtungsvoraussetzungen des § 132 InsO entsprechen sowohl in zeitlicher als auch in subjektiver Hinsicht denen des § 130 InsO, so dass auf die dortigen Ausführungen verwiesen wird.

Im Rahmen des § 132 Abs. 1 InsO ist jedoch erforderlich, dass die Gläubigerbenachteiligung eine unmittelbare ist, also bereits aus der Vornahme des Rechtsgeschäfts selbst ohne Hinzuziehen weiterer Umstände sich ergibt. Bei einer entsprechenden Gegenleistung ist dies zu verneinen.[190] Dies wird bei Austauschverträgen immer dann gegeben sein, wenn die vom Schuldner versprochene Gegenleistung nicht mit der Leistung des Gläubigers gleichwertig ist.

Darüber hinaus enthält § 132 Abs. 2 InsO einen vollkommen neuen Anfechtungstatbestand, der bestimmte Rechtshandlungen des Schuldners den Rechtsgeschäften i.S.v. § 132 Abs. 1 InsO gleichstellt, wobei § 132 Abs. 2 InsO jedoch gegenüber § 132 Abs. 1 InsO subsidiär ist.

§ 132 Abs. 3 InsO verweist wiederum auf § 130 Abs. 2 bzw. Abs. 3 InsO. Hieraus ergibt sich, dass der Anfechtungsgegner sich einer Kenntnis der Zahlungsunfähigkeit des Schuldners oder des Insolvenzeröffnungsantrages bewusst verschlossen hat. Für dem Schuldner nahestehende Personen i.S.d. § 138 InsO kommt es wieder bzgl. der subjektiven Seite zu einer Umkehr der Beweislast. Insofern kann wiederum auf die Ausführungen zu § 130 bzw. § 131 InsO verwiesen werden.

10.5.4   Vorsätzliche Benachteiligung

§ 133 InsO sieht eine Anfechtungsmöglichkeit für den Fall einer vorsätzlichen Gläubigerbenachteiligung vor.

Hat der Schuldner eine Rechtshandlung mit **Vorsatz** vorgenommen, seine Gläubiger zu benachteiligen, ist diese Handlung anfechtbar, wenn der Empfänger diesen Vorsatz zum Zeitpunkt der Handlung kannte, oder wenn die Handlung innerhalb der letzten **zehn Jahre** vor dem Eröffnungsantrag oder danach vorgenommen wurde. Es genügt hier, wenn der Schuldner die den Gläubiger benachteiligende Wirkung seiner Handlungsweise mit

---

[189] BGH VIII ZR 62/79 = BGHZ 77, S. 250 ff
[190] BGH IX ZR 93/96 = ZIP 1997, S. 853, 854; BGH IX ZR 302/97 = ZIP 1999, S. 146, 147

bedingtem Vorsatz erkannt hat.[191] Die Androhung eines Insolvenzantrags ist hierfür ein starkes Indiz.[192]

Beweisanzeichen für die subjektiven Voraussetzungen der Vorsatzanfechtung werden durch den Einwand eines Sanierungsversuchs nicht entkräftet, wenn es an jeder Darlegung zu den Inhalten und zu den Grundlagen des Sanierungsversuchs fehlt.[193] Ein erfolgversprechender Sanierungsversuch, welcher den Vorsatz ausschließt, kann dann vorliegen, wenn Regelungen mit Gläubigern getroffen werden, die Liquidität verschaffen, um die anderen Gläubiger zu bedienen.

Nach § 133 Abs. 1 S. 2 InsO wird die Kenntnis des Gegners vom Benachteiligungsvorsatz des Schuldners vermutet, wenn dieser wusste, dass die Zahlungsunfähigkeit des Schuldners drohte und die Handlung die Gläubiger benachteiligt. Für die Benachteiligungsabsicht trägt wiederum der Insolvenzverwalter die Beweislast.

Nach § 133 Abs. 2 InsO wird eine Vermutung der Kenntnis vom Benachteiligungsvorsatz begründet bei einem entgeltlichen Vertrag zwischen dem Schuldner und einer ihm nahestehenden Person gemäß § 138 InsO, wenn dieser Vertrag in den letzten zwei Jahren vor dem Insolvenzvertrag geschlossen wurde.

Bei der **Einschaltung Dritter** ist zu differenzieren: wenn der Schuldner die von ihm geschuldeten Sozialversicherungsbeiträge nicht selbst, sondern über seinen Steuerberater als Treuhänder bezahlen lässt, so ist der Sozialversicherungsträger einer Anfechtung nach §§ 130, 131 InsO ausgesetzt. Wenn dagegen der Treuhänder Kenntnis der Zahlungsunfähigkeit hat, kommt ihm gegenüber § 133 InsO zur Anwendung.[194]

10.5.5 Unentgeltliche Leistung

Gemäß § 134 InsO sind ebenfalls unentgeltliche Leistungen des Schuldners anfechtbar, es sei denn, dass sie früher als vier Jahre vor dem Antrag auf Eröffnung des Insolvenzverfahrens vorgenommen worden sind.

---

[191] BGH IX ZR 169/02 = NJW 2003 S. 3347
[192] BGH NZI 2004, S. 201, 203 f
[193] BGH IX ZR 156 / 09 = DB 2012, S. 173
[194] BGH IX ZR 71 / 11 = DB 2012, S. 1199

Abbildung 10.4   Anfechtung wegen unentgeltlicher Leistungen

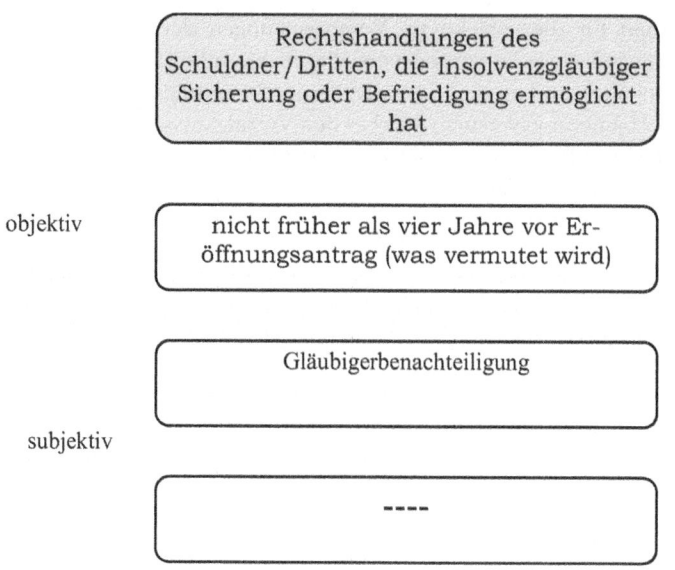

Unentgeltlich ist eine Leistung, wenn ein Vermögenswert des Verfügenden zugunsten einer anderen Person aufgegeben wird, ohne, dass der Empfänger eine ausreichende Gegenleistung an den Verfügenden erbringt.[195]

Hiervon sind gemäß § 134 Abs. 2 InsO lediglich gebräuchliche Gelegenheitsgeschenke geringen Wertes ausgeschlossen. Den Parteien steht hierbei jedoch ein gewisser Beurteilungsspielraum zu.[196]

10.5.6   Geltendmachung des Anfechtungsrechtes

Wird der Anfechtungsanspruch gerichtlich geltend gemacht, gehört dieser als bürgerlicher Rechtsstreit grundsätzlich vor die ordentlichen Gerichte. Folgende Besonderheiten sind jedoch zu berücksichtigen:

---

[195] BGH ZIP 1992, S. 1089, 1091
[196] BGHZ 71, S. 66; BGH ZIP 1998, S. 838

Einwendungen gegen Aufrechnung durch Finanzamt	Finanzgericht
Anfechtung einer Lohnzahlung	Arbeitsgericht[197]
Klage des Insolvenzverwalters gegen Sozialversicherungsträger	ordentliche Gerichte (Amtsgericht, Landgericht) [198]

Die Anfechtung hat grundsätzlich durch **Erhebung einer Klage**, die den Gegenstand und die Anfechtung begründenden Tatsachen enthalten muss, aus denen der Anfechtungsberechtigte die Anfechtungsberechtigung herleitet, zu erfolgen. Dies wird als Streitgegenstand bezeichnet. Es empfiehlt sich, die genaue Anfechtungsvorschrift zu bezeichnen, ist aber nicht Voraussetzung für eine schlüssige Anfechtungsklage.

Hat der Schuldner eine Zwischenperson eingeschaltet, die für ihn wegen einer einheitlichen Handlung eine Zuwendung an einen Dritten bewirkt und damit unmittelbar das den Insolvenzgläubigern haftende Vermögen vermindert, so ist die Anfechtung allein gegen den Dritten als Empfänger zu richten, wenn es sich für den Dritten erkennbar um eine Leistung des Schuldners handelt.[199]

Gemäß § 146 Abs. 1 InsO verjährt der Anfechtungsanspruch nach den allgemeinen Regeln, d. h. nach der regelmäßigen Verjährung des BGB (§§ 195, 199 BGB). Die **Verjährung** wird allerdings gemäß §§ 204 Abs. 1 Nr. 1, 209 BGB i.V.m. § 167 ZPO durch Einreichung der Anfechtungsklage gehemmt, sofern die Anfechtungsklage demnächst zugestellt wird.

Darüber hinaus kann die Anfechtung auch im Wege einer **Einrede** gemäß §§ 794 Abs. 1 Nr. 5, 795, 767 ZPO geltend gemacht werden, was insbesondere dann in Betracht kommt, wenn der Insolvenzverwalter in Anspruch genommen wird. Die Einrede kann auch erhoben werden, wenn der Anfechtungsanspruch verjährt ist. Insofern wird auf § 146 Abs. 2 InsO verwiesen. Darüber hinaus kann der Insolvenzverwalter das Leistungsverweigerungsrecht auch nach Ablauf der Frist geltend machen, wenn er einen in der Masse befindlichen Gegenstand erhalten will, da § 146 Abs. 2 InsO dem Zweck dient, zu verhindern, dass Gegenstände und Rechte, die noch in der Masse sind, aufgrund eines anfechtbaren Rechtsgeschäfts deshalb der Masse entzogen werden, weil die Verjährungsfrist des § 146 Abs. 1 InsO versäumt worden ist.

---

[197] BGH IX ZB 182/08
[198] BGH IX ZR 36/09 = DB 2011, S. 1051
[199] BGHZ 142, S. 284, 287; BGH IX ZR 473/00 = ZInsO 2004, S. 499

Abbildung 10.5   Geltendmachung der Anfechtung

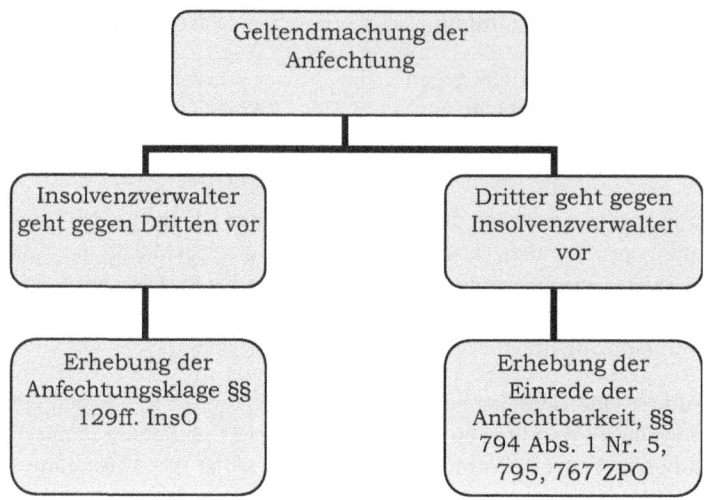

	Zuständiger Amtswalter	Anfechtungsberechtigter
normales Insolvenzverfahren	§ 80 InsO	§ 129 Abs. 1 InsO
normales Insolvenzverfahren mit Eigenverwaltung	Sachwalter § 270 Abs. 1 InsO	Rechtssachwalter § 280 InsO
vereinfachtes Insolvenzverfahren	Treuhänder § 313 Abs. 1 InsO	jeder Gläubiger § 313 Abs. 2 S. 1 InsO

10.6   Rechtsfolgen der Anfechtung

10.6.1   Rückgewähr in Natur

Gemäß § 143 Abs. 1 InsO muss, was durch die anfechtbare Handlung aus dem Vermögen des Schuldners veräußert, weggegeben oder aufgegeben ist, wieder zur Insolvenzmasse zurückgewährt werden. Es handelt sich um ein gesetzliches Rückgewährschuldverhältnis, welches rein schuldrechtlicher Natur, also ohne dingliche Wirkung ist.[200] Der Rückgewähranspruch geht in Natur[201], d. h. die Sache muss an den Insolvenzverwalter zurückübereignet, die Forderung zurückübertragen bzw. ein Grundstück zurück aufgelassen werden. Hierbei erfordert es der Zweck des Insolvenzverfahrens, dass eine Rückübertragung in die Verfügungsgewalt des Insolvenzverwalters erfolgt, damit dieser eine Verwertung vornehmen kann.

> **Beispiel:**
> Der Verwalter kann im Fall der Verweigerung der Genehmigung bei einem debitorisch geführten Konto lediglich die Korrektur der Buchungsbestätigung, nicht aber im Wege der Anfechtung die Auszahlung des Lastschriftbetrages verlangen.[202]

Gegenüber der anfechtbaren Herstellung einer Aufrechnungslage nach § 96 Abs. 1 Nr. 3 InsO hat die Anfechtung die Wirkung, dass die Forderung der Insolvenzmasse, gegen die in anfechtbarer Weise aufgerechnet wurde, unabhängig von der Gegenforderung geltend gemacht werden kann. Damit wird eine frühere Aufrechnung des Anfechtungsgegners rückwirkend (ex tunc) unwirksam. Damit kann der Anfechtungsgegner seine Gegenforderung nicht mehr aufrechnend verwenden. Er muss sie ggf. zur Insolvenztabelle anmelden. Er kann auch kein Zurückbehaltungsrecht geltend machen, in dem er sich auf einen noch nicht bezifferbaren Gegenanspruch beruft.

Anfechtungsgegner ist der Insolvenzgläubiger.[203] Der Anspruch entsteht nach Eröffnung des Insolvenzverfahrens.[204]

---

[200] BGHZ 22, S. 128, 134; 101, S. 286, 288
[201] Bundestags-Drucksache 12/2443, S. 167
[202] BGH IX ZR 78/07 = ZIP 2009 S. 673
[203] BGHZ 174, S. 314 ff
[204] BGH IX ZR 96/04

Abbildung 10.6   Rechtsfolgen der Insolvenzanfechtung

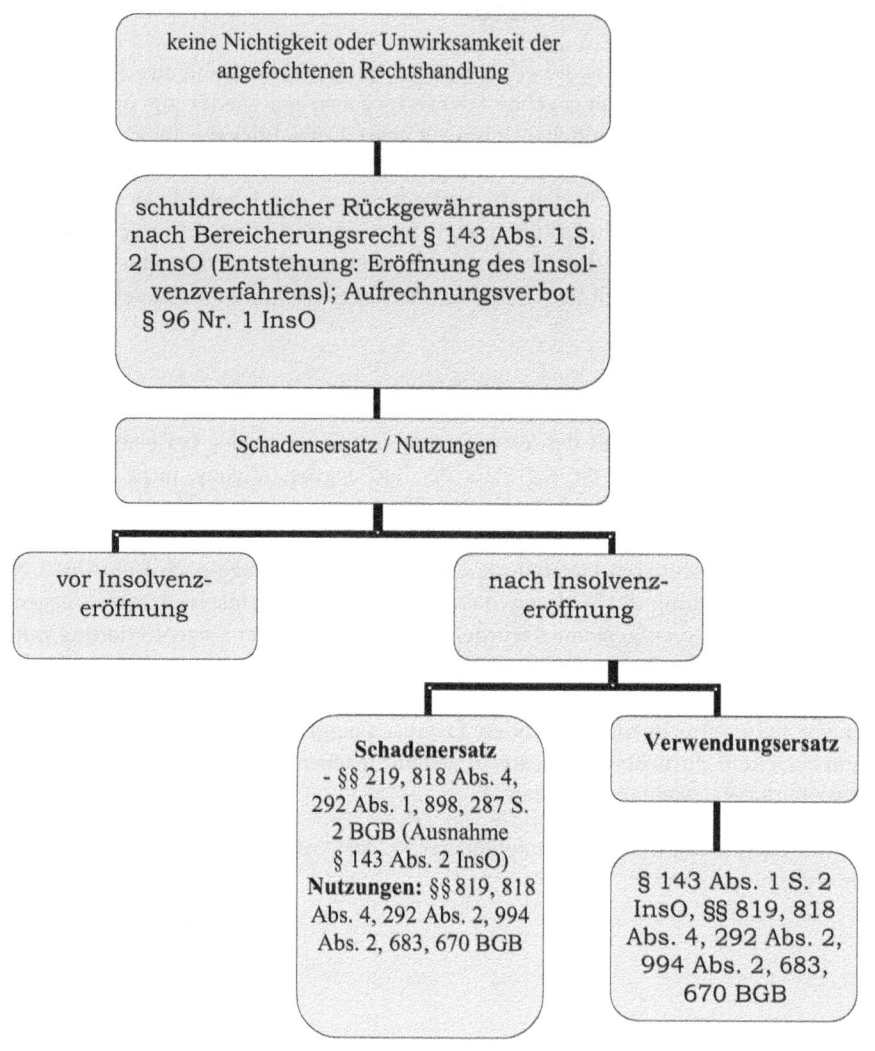

10.6.2   Wertersatz in Geld

Sollte eine Rückgewähr in Natur nicht möglich sein, so ist Wertersatz in Geld nach den allgemeinen (verschärften) Regeln der Bereicherungshaftung gemäß § 143 Abs. 1 S. 2 InsO i.V.m. §§ 819, 818 Abs. 4, 292 Abs. 2, 989, 990 BGB zu leisten. Danach ist der Wert zu erstatten, den der Anfechtungsgegenstand selbst für die Masse haben würde, wenn die anfechtbare Rechtshandlung unterblieben wäre.

Mit umfasst werden auch **Zinsen**, die ohne die angefochtene Zahlung tatsächlich gezogen worden wären. Gemäß § 291 S. 1, 2. Hs BGB sind bei anfechtbarem Erwerb von Geld durch den Anfechtungsgegner auch Prozesszinsen nach Eröffnung des Insolvenzverfahrens zu leisten. Zudem sind gezogene oder schuldhaft nicht gezogene Zinsen als Nutzung ab dem Zeitpunkt der Vornahme der anfechtbaren Rechtshandlung herauszugeben. Die Ansprüche Rückgewähr und Wertersatz stellen verschiedene Streitgegenstände dar, so dass bei einem nur hilfsweise erhobenen Anspruch auf Wertersatz keine Klagehäufung vorliegt.

Maßgeblicher Zeitpunkt für die Wertberechnung ist die letzte mündliche Tatsachenverhandlung des Anfechtungsprozesses.

10.6.3 Empfang unentgeltlicher Leistung

Gemäß § 143 Abs. 2 InsO ist der Empfänger einer unentgeltlichen Leistung nicht zur Rückgewähr verpflichtet, solange er weder weiß noch nach den Umständen hätte wissen müssen, dass diese Leistung den Gläubiger benachteiligt.

> **Beispiel:**
> Der Empfänger von Auszahlungen von Scheingewinnen im Rahmen eines sog. Schneeballsystems muss die empfangene Leistung dann zurückgewähren, wenn er noch bereichert ist.[205] Der Wert der Bereicherung ist nach der Saldotheorie zu bestimmen (Wert des Erlangten abzgl. Aufwendungen für Erwerb).

Für die Frage der Bösgläubigkeit trägt der Insolvenzverwalter nach allgemeinen Regeln die Darlegungs- und Beweislast.

10.6.4 Auskunftsanspruch

Aufgrund des Rückgewährschuldverhältnisses hat der Insolvenzverwalter gegen den Anfechtungsgegner gemäß § 242 BGB einen einklagbaren Anspruch auf Auskunftserteilung, sobald der Rückgewähranspruch in Folge der Anfechtung dem Grunde nach feststeht. Dieser Auskunftsanspruch besteht nicht jedoch schon dann, wenn ein begründeter Verdacht besteht, dass die beklagte Partei von dem (späteren) Insolvenzschuldner etwas in anfechtbarer Weise erworben hat. Der Anspruch muss dem Grunde nach feststehen.

---

[205] OLG München 5 U 2971/09 = ZIP 2009, S. 1918 f

10.6.5   Ansprüche des Anfechtungsgegners

Gemäß § 144 Abs. 1 InsO leben die vom Schuldner anfechtbar bestellten akzessorischen und nicht-akzessorischen Sicherheiten mit der Hauptforderung wieder auf. Eine Aufrechnung mit Forderungen gemäß § 144 Abs. 1 InsO gegenüber dem Rückgewähranspruch nach § 143 Abs. 1 InsO ist allerdings ausgeschlossen.

§ 144 Abs. 2 S. 2 InsO bestimmt, dass der Schuldner des Anfechtungsgegners auf Erstattung der von ihm an den Schuldner bewirkten Gegenleistung gemäß §§ 812 ff. BGB nur eine einfache Insolvenzforderung hat, obwohl sie erst mit Eröffnung des Insolvenzverfahrens entsteht und daher nach dem Gesetzestext des § 38 InsO eigentlich keine Insolvenzforderung ist.

Nur wenn sich die Gegenleistung noch als solche unterscheidbar in der Masse befindet und die Masse noch um deren Wert bereichert ist, stellt der Anspruch des Anfechtungsgegners gemäß § 144 Abs. 2 S. 1 InsO eine Masseverbindlichkeit dar.

10.7   Exkurs: Anfechtung nach dem Anfechtungsgesetz

10.7.1   Grundsatz

Bei einem sich abzeichnenden Vermögensverfall und eventuelle drohenden Zwangsvollstreckungsmaßnahmen überträgt ein Schuldner sehr häufig sein Vermögen auf Dritte, um es dem Zugriff der Gläubiger zu entziehen. Die Anfechtung außerhalb des Insolvenzverfahrens ist im Anfechtungsgesetz (AnfG) geregelt und bezweckt im Interesse von einzelnen Gläubigern die **Einzelzwangsvollstreckungslage wieder** so **herzustellen**, wie sie ohne die anfechtbare Rechtshandlung des Schuldners bestanden hätte (§§ 11, 1 AnfG). Die Anfechtung nach dem AnfG schließt eine Insolvenzanfechtung aus.[206]

Das Anfechtungsrecht entsteht als gesetzliches Forderungsrecht schon mit der Verwirklichung eines gesetzlichen Anfechtungstatbestandes und begründet ein gesetzliches Schuldverhältnis zwischen dem Empfänger der anfechtbaren Leistung und dem anfechtungsberechtigten Gläubiger.

10.7.2   Geltendmachung des Anfechtungsrechts

Das Anfechtungsrecht kann durch eine **Anfechtungsklage** gemäß § 13 AnfG gerichtlich oder gemäß § 9 AnfG mittels einer **Anfechtungseinrede** geltend gemacht werden. Wird es

---

[206] BGH IX 173/09 = DB 2013, S. 114 ff

im Wege einer Anfechtungseinrede geltend gemacht, erfolgt dies meistens gegenüber einer Drittwiderspruchsklage gemäß § 771 ZPO oder bei der Klage auf vorzugsweise Befriedigung nach § 805 ZPO über den Einwand einer unzulässigen Rechtsausübung.

10.7.3 Anfechtungsgläubiger

Gemäß § 2 AnfG ist jeder Gläubiger einer fälligen Forderung, der einen vollstreckbaren Titel erlangt hat und dessen Zwangsvollstreckung in das Vermögen des Schuldners nicht zu einer vollständigen Befriedigung geführt hat, anfechtungsberechtigt.

Hierbei stellen die Tatbestandsmerkmale des § 2 AnfG keine materiellen Anspruchsgrundlagen dar, sondern sind besondere Zulässigkeitsvoraussetzungen für die Anfechtungsklage. Diese müssen erst im Zeitpunkt der letzten mündlichen Verhandlung in der Tatsacheninstanz der Anfechtungsklage vorliegen. Liegen sie dort nicht vor, ist die Anfechtungsklage durch Prozessurteil kostenpflichtig als unzulässig abzuweisen.

10.7.4 Vollstreckbarer Schuldtitel

Jeder Gläubiger, der einen vollstreckbaren Schuldtitel, der auf eine Geldsumme lautet, ist gemäß § 2 AnfG zur Anfechtung berechtigt.

11 Insolvenzverfahren und Gesellschaftsrecht

11.1 Insolvenzantragspflicht

Gemäß § 13 Abs. 1 InsO ist der Schuldner nicht nur berechtigt, sondern oft auch verpflichtet, ab einem bestimmten Zeitpunkt einen Insolvenzantrag zu stellen. Gemäß § 15a InsO muss der Schuldner bei Überschuldung bzw. Zahlungsunfähigkeit unverzüglich, spätestens jedoch innerhalb von drei Wochen Insolvenzantrag stellen. Ist der Schuldner z. B. ein Geschäftsführer einer GmbH, oder Mitglied des Vorstandes einer Aktiengesellschaft, wird die Unterlassung der Stellung des Insolvenzantrages bzw. die verspätete Insolvenzantragstellung mit Strafe bedroht. Dies gilt auch für faktische Geschäftsführer.[207]

> **§ 84 GmbHG: Verletzung der Verlustanzeigepflicht**
>
> (1) Mit Freiheitsstrafe bis zu drei Jahren oder mit Geldstrafe wird bestraft, wer es als Geschäftsführer unterlässt, den Gesellschaftern einen Verlust in Höhe der Hälfte des Stammkapitals anzuzeigen.
>
> (2) Handelt der Täter fahrlässig, so ist die Strafe Freiheitsstrafe bis zu einem Jahr oder Geldstrafe.

> **§ 401 AktG: Pflichtverletzung bei Verlust, Überschuldung oder Zahlungsunfähigkeit**
>
> (1) Mit Freiheitsstrafe bis zu drei Jahren oder mit Geldstrafe wird bestraft, wer es als Mitglied des Vorstands entgegen § 92 Abs. 1 unterlässt, bei einem Verlust in Höhe der Hälfte des Grundkapitals die Hauptversammlung einzuberufen und ihr dies anzuzeigen.
>
> (2) Handelt der Täter fahrlässig, so ist die Strafe Freiheitsstrafe bis zu einem Jahr oder Geldstrafe.

Ist die Pflicht zur Antragstellung einmal entstanden, erlischt sie erst dann wieder, wenn der Insolvenzgrund nachhaltig beseitigt worden ist.[208]

Die Strafandrohung ist **drittschützend i.S.v. § 823 Abs. 1 BGB**, so dass für den Fall, dass ein schuldhafter Verstoß vorliegt, eine Schadensersatzpflicht begründet wird.[209] Da oft der

---

[207] BGH II ZR 113 / 03; OLG Schleswig ZInsO 2007, S. 948

[208] BGH II ZR 315 / 05; BGH II ZR 390 / 03

[209] BGHZ 29, S. 100, 103; BGHZ 75, S. 96, 106; BGHZ 126, S. 181, 190

Nachweis der Kenntnis schwierig zu beweisen ist, wird nach dem BGH lediglich die Kenntnis der wirtschaftlichen Umstände, d. h. „offenkundige Fakten und Merkmale" im Sinne einer Beweiserleichterung verlangt. Der Geschäftsführer kann sich der Erkenntnis, dass er verpflichtet ist, unverzüglich einen Insolvenzantrag zu stellen, nicht dadurch verschließen, dass er es unterlässt, trotz erkennbarer Krisenanzeichen keine **Überschuldungsbilanz selbst zu erstellen** oder erstellen zu lassen.[210]

Entlasten kann den Geschäftsführer dagegen die Einholung des **Rats eines unabhängigen qualifizierten Berufsträgers** bei fehlender eigener Sachkunde.[211] Erteilt er diesem sämtliche für die Beurteilung der Frage der Antragstellung erheblichen Informationen und folgt er nach eigener Plausibilitätskontrolle dem Rat des Sachverständigen, ist die Unterlassung des Antrags unverschuldet.[212] Zudem darf sich der Geschäftsführer nicht mit einer unverzüglichen Auftragserteilung begnügen, sondern muss auch auf eine unverzügliche Vorlage des Prüfergebnisses hinwirken.[213]

Damit stellt sich die Frage, welcher Schaden durch die verspätete oder unterlassene Antragsstellung verursacht worden ist und der nunmehr im Rahmen der Schadensersatzpflicht auszugleichen ist. Hier ist zwischen dem Schaden von Altgläubiger und dem von Neugläubigern zu unterscheiden:

- Bei **Altgläubigern** handelt es sich um Gläubiger, die bereits ihre Forderung zum Zeitpunkt der Pflichtverletzung des Geschäftsführers der GmbH bzw. des Vorstandes der AG hatten. Altgläubiger können nur den sog. Quotenschaden beanspruchen.[214] Quotenschaden ist der Betrag, der ihrer Quote im Falle der Anmeldung zur Insolvenztabelle entspricht. Die Geltendmachung des Quotenschadens erfolgt durch den Insolvenzverwalter gemäß § 93 Abs. 5 S. 4 AktG analog als Gesamtschaden zur Masse (§ 92 InsO).[215]

- Bei **Neugläubigern** handelt es sich dagegen um solche, die erst während oder nach der Pflichtverletzung eine Forderung erworben haben, d. h. Geschäfte mit der entsprechenden Gesellschaft getätigt haben.[216] Neugläubiger haben dagegen einen vollen Anspruch auf das sog. negative Interesse i.S.d. § 249 Abs. 1 S. 1 BGB, da der BGH ausgeführt hat, dass bei Neugläubigern die Vermutung besteht, diese hätten keinen Vertrag mit der insolventen Gesellschaft geschlossen, wenn sie von der tatsächlichen wirt-

---

[210] BGHZ 143 S. 184, 185; BGH II ZR 88/99

[211] BGH NJW 2007, S. 2118

[212] BGH II ZR 48/06

[213] BGH II ZR 171 / 10 = DB 2012, S. 1320

[214] BGHZ 126, S. 181

[215] BAG 6 AZR 559 / 06

[216] BGH IX ZR 48 / 03

schaftlichen Lage der Gesellschaft gewusst hätten.[217] Der Anspruch verjährt nach §§ 195, 199 BGB und nicht nach § 43 Abs. 4 GmbHG.[218]

> **Beispiel:**

Im Fall des Kaufvertrags umfasst der Vertrauensschaden die Aufwendungen für Waren- und Lohnkosten, ferner Rechtsverfolgungskosten. Nicht umfasst ist der Gewinnanteil des Gläubigers, ggfs. kommt aber Ersatz des Gewinns aus einem sonst anderweitig getätigten Geschäft in Betracht.[219]

Die **Haftung** des Geschäftsführers gegenüber Neugläubigern wird **sehr weit ausgedehnt**, was sich daran zeigt, dass sie auch dann zur Anwendung kommt, wenn der Vertrag mit dem Neugläubiger vor und die Vorleistung des Neugläubigers nach dem Zeitpunkt der Insolvenzantragspflicht stattfand.[220] Dieser Grundsatz ist jedoch nicht auf die Entgeltfortzahlung im Krankheitsfall anwendbar.[221]

Wenn der Neugläubiger während des Zeitraums der Insolvenzverschleppung noch Zahlungen auf Altforderungen erhält, werden diese nicht angerechnet, d.h. es findet **keine Vorteilsausgleichung** statt.[222]

Zudem wurde entschieden, dass die Haftung gegenüber Neugläubigern **auch innerhalb eines Verbands** (z.B. Genossenschaft) gilt, d.h. wenn die Genossenschaft durch Insolvenzverschleppung die Mitglieder schädigt, weil letztere wie Dritte mit der Genossenschaft Geschäfte tätigen.[223]

---

[217] BGH NJW 1998, S. 2667
[218] BGH II VR 204/09 = DB 2011, S. 1265 ff
[219] BGH ZIP 2009, S. 1220
[220] BGHZ 171, S. 46 (Erhöhung einer Kreditlinie)
[221] BGH ZIP 2009, S. 366
[222] BGH ZIP 2007, S. 1060
[223] BGH ZIP 2010, S. 776

Abbildung 11.1 Schadensberechnung bei Insolvenzverschleppung

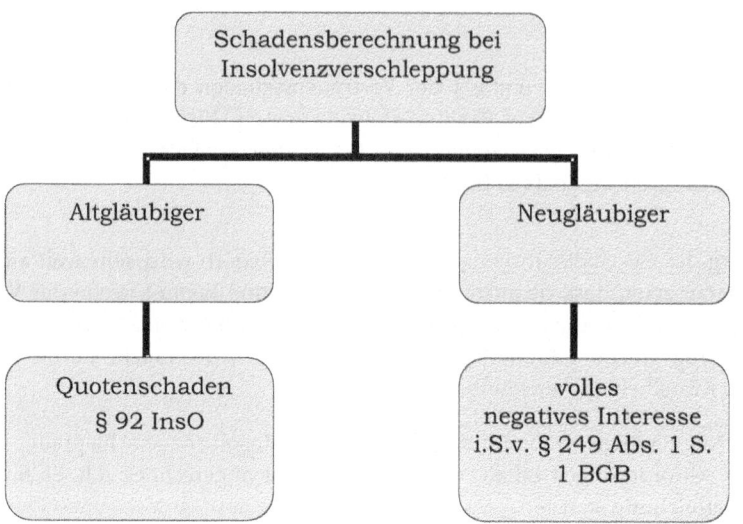

Der Geschäftsführer ist nicht berechtigt, seiner Inanspruchnahme eine mögliche Anfechtung der Auszahlung entgegenzusetzen, wenn der Insolvenzverwalter die Auszahlung zwar hätte anfechten können, eine wirksame Insolvenzanfechtung nach Ablauf der Anfechtungsfrist aber nicht mehr möglich ist.[224]

Allerdings ist nach neuer – geänderter – Rechtsprechung des BGH davon auszugehen, dass eine verbotene Auszahlung i. S. der genannten Vorschriften dann nicht gegeben ist, wenn der organschaftliche Vertreter einer Kapitalgesellschaft bei Insolvenzreife Arbeitnehmeranteile zur Sozialversicherung oder Lohnsteuer an die Sozialversicherungsträger und das Finanzamt abführt. In diesem Fall, den der BGH bisher ebenfalls unter § 15 a InsO subsumiert hatte[225], geht der II. Zivilsenat nunmehr davon aus, dass der Geschäftsführer – ungeachtet der Masseerhaltungspflicht nach Eintritt der Insolvenzreife – trotz der mit der Zahlung verbundenen Kürzung des Gesellschaftsvermögens mit der Sorgfalt eines ordentlichen und gewissenhaften Geschäftsleiters handelt und deshalb nicht wegen des Auszahlungsverbots in Anspruch genommen werden darf.[226]

---

[224] BGH II ZR 277/94 , ZIP 1996 S. 420 (noch zu § 64 S. 2 GmbHG a.F.)
[225] BGH II ZR 88/99; BGH II ZR 61/03

[226] BGH II ZR 48/06

Kann objektiv festgestellt werden – die Darlegungs- und Beweislast trifft insoweit den Antragsteller[227] –, dass der Geschäftsführer die Pflicht zur Insolvenzantragstellung verletzt hat, ist es nicht Sache des auf Schadensersatz klagenden Gläubigers oder Insolvenzverwalters, das Verschulden des Geschäftsführers zu beweisen. Vielmehr wird bei Erkennbarkeit der Insolvenzreife ein Verschulden des Geschäftsführers, das dieser zu widerlegen hat, vermutet.[228] Den Geschäftsführer/Vorstand trifft die Darlegungs- und Beweislast dafür, dass er seine Insolvenzantragspflicht nicht schuldhaft verletzt hat.

Im Zusammenhang mit der Insolvenzverschleppung kommen häufig weitere Anspruchsgrundlagen in Betracht: § 64 GmbHG sowie § 826 BGB. Insbesondere wenn die Agentur für Arbeit Insolvenzgeld bezahlen muss, kommt als Haftungsgrundlage § 826 BGB in Betracht. Wenn der Geschäftsführer den erkannten „Todeskampf" der Gesellschaft hinauszögert und dabei die Schädigung der Unternehmensgläubiger in Kauf nimmt, bejaht die Rechtsprechung diese Anspruchsgrundlage.[229] Wenn jedoch der Geschäftsführer berechtigtes Vertrauen auf Sanierungsbemühungen haben kann, entfällt die Haftung. Ein Schadensersatz wird zudem verneint, wenn die Agentur für Arbeit auch bei rechtzeitiger Antragstellung hätte bezahlen müssen.

11.2 Auswirkungen des Insolvenzverfahrens auf Gesellschaftsorgane

Die Gesellschaftsorgane von Kapitalgesellschaften bleiben auch grundsätzlich während eines Insolvenzverfahrens im Amt. Es kommt jedoch zu einer **aufgespaltenen Zuständigkeit**.

Die Gesellschaftsorgane sind für den insolvenzneutralen Bereich, wie z. B. Organstreitigkeiten oder Anfechtungsklagen zuständig.

Die Hauptversammlung bzw. Gesellschafterversammlung hat lediglich ein Recht auf Satzungsänderung. Alle anderen Befugnisse gehen während des Insolvenzverfahrens auf den Insolvenzverwalter über.

Der Aufsichtsrat ist nach wie vor zuständig für die Bestellung und Abberufung der Organmitglieder. Hier wird aber ein eventueller Anstellungsvertrag vom Insolvenzverwalter geschlossen. Auch besteht keine Zuständigkeit mehr hinsichtlich der Überwachung und der Zustimmungserfordernisse zur Geschäftsführung gemäß § 111 Abs. 4 S. 2 AktG.

---

[227] BGH II ZR 292/91; BGH II ZR 390/03; BGH II ZR 315/05
[228] BGH II ZR 48/06; BGH II ZR 234/05; BGH II ZR 273/98; BGH II ZR 81/94, ZIP 1994 S. 891
[229] BGHZ 175, S. 58 = ZIP 2008, S. 361

§ 111 Abs. 4 S. 2 AktG: Aufgaben und Rechte des Aufsichtsrats

(4) [2]Die Satzung oder der Aufsichtsrat hat jedoch zu bestimmen, dass bestimmte Arten von Geschäften nur mit seiner Zustimmung vorgenommen werden dürfen.

Der Aufsichtsrat ist nicht befugt, dem Insolvenzverwalter Anweisung zu erteilen.

Abbildung 11.2   Aufgespaltene Zuständigkeit

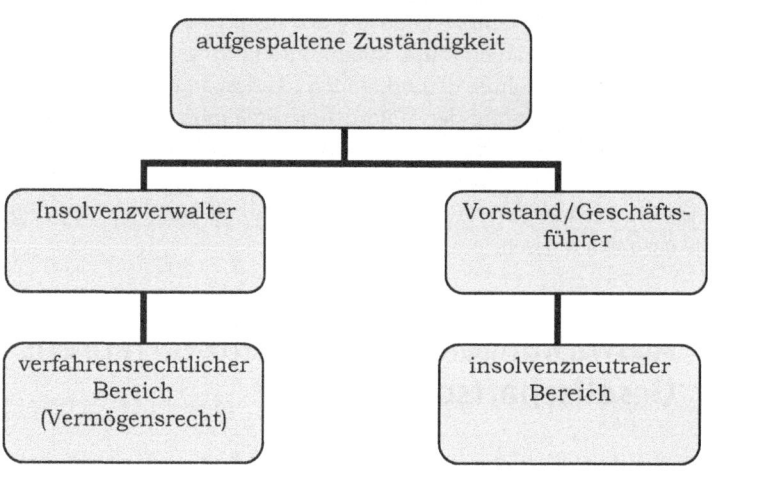

11.3   Gesellschafterhaftung in der Insolvenz

Die Gesellschafterhaftung bei Kapitalgesellschaften spielt aufgrund von § 13 Abs. 2 GmbHG bzw. § 1 Abs. 1 S. 2 AktG bei Kapitalgesellschaften keine Rolle.

§ 13 Abs. 2 GmbHG: Juristische Person; Handelsgesellschaft

(2) Für die Verbindlichkeiten der Gesellschaft haftet den Gläubigern derselben nur das Gesellschaftsvermögen.

§ 1 Abs. 1 S. 2 AktG: Wesen der Aktiengesellschaft

(1) [2]Für die Verbindlichkeiten der Gesellschaft haftet den Gläubigern nur das Gesellschaftsvermögen.

Eine Ausnahme besteht nur gemäß § 826 BGB im Falle der sog. **Durchgriffshaftung**, die von der Rechtsprechung anerkannt ist, zumal diese seit der sog. GAMMA-Entscheidung[230] bzw. Trihotel-Entscheidung des BGH[231] als Innenhaftung, d. h. nur gegenüber der Gesellschaft ausgestaltet ist.

Gemäß § 93 InsO kann bei Insolvenzverfahren über das Vermögen einer **Gesellschaft ohne Rechtspersönlichkei**t, oder einer KGaA, die persönliche Haftung eines Gesellschafters für Verbindlichkeiten der Gesellschaft während der Dauer des Insolvenzverfahrens nur vom Insolvenzverwalter geltend gemacht werden. Zu berücksichtigen ist, dass eine analoge Anwendung der Vorschrift auf andere Haftungstatbestände (z.B. eine Bürgschaft eines Gesellschafters) vom BGH abgelehnt wird.[232]

11.4   Gesellschafterdarlehen

Gesellschafterdarlehen spielen im Kapitalgesellschaftsrecht ebenfalls im Falle einer Insolvenz eine wichtige Rolle. So sehen Gesellschafter häufig als erstes die finanzielle Schieflage der Gesellschaft und entschließen sich statt der gesellschaftsrechtlich gewünschten Zuführung von Eigenkapital Fremdkapital in Form von Darlehen oder anderen Finanzierungsformen zu geben. Hierdurch wollen die betreffenden Gesellschafter den Rang eines einfachen Insolvenzgläubigers erreichen (§ 38 InsO), um wenigstens eine Quote im Rahmen der Darlehensrückzahlung zu erhalten.

11.4.1   Voraussetzungen

Ein Gesellschafterdarlehen im Sinne von § 39 Abs. 1 Nr. 5 InsO 1 liegt vor, wenn:

- der Darlehensgeber als Gesellschafter **mind. zu 10 % an der Gesellschaft beteiligt** ist (§ 39 Abs. 5 InsO) und

- kein Fall des sog. **Sanierungsprivilegs** gemäß §§ 135 Abs. 4, 39 Abs. 1 Nr. 5 InsO vorliegt.

Durch das Sanierungsprivileg soll die Beschaffung von Fremdkapital, insbesondere durch Banken, im Fall einer Krise erreicht werden. Andernfalls wäre dies in der Praxis kaum möglich.

Ausgeschiedene Gesellschafter sind dann von dieser Regelung erfasst, wenn sie ihre Darlehen innerhalb des letzten Jahres vor Insolvenzeröffnung von der Gesellschaft zurückbe-

---

230 BGH DB 2008, S. 1423
231 BGH II ZR 3/04 = NJW 2007, S. 2689, 2691
232 BGH NZI 2002, S. 483

zahlt bekommen haben.[233] Nicht von der Regelung wird der **Zessionar** erfasst, welcher die Forderung außerhalb der Anfechtungsfrist erwirbt. Entsprechendes soll für den Fall gelten, dass der Gesellschafter zwar die Darlehensforderung behält, aber aus der Gesellschaft ausscheidet.[234]

Auf das Vorliegen einer **Krise der Gesellschaft** kommt es nach aktueller Rechtslage nicht mehr an.

Zudem setzt die gesetzliche Regelung voraus, dass es sich um eine Gesellschaft handelt, bei der **keine natürliche Person persönlich haftet**.

> **Beispiele:**

GmbH, AG und GmbH & Co KG

Bei GmbH & Co KGs, an welchen ein **atypisch stiller Gesellschafter** beteiligt ist (Mitwirkungs-, Gewinnermittlungs- und Kontrollrechte), finden die Regelungen des § 39 Abs. 1 Nr. 5 InsO auf den atypisch stillen Gesellschafter Anwendung.[235]

Allgemein anerkannt ist weiterhin, dass auch Darlehen durch dem Gesellschafter nahestehende Personen von der gesetzlichen Regelung umfasst sind. Begründet wird dies damit, dass diese Vorgehensweise einem Gesellschafterdarlehen wirtschaftlich entspricht.[236]

> **Beispiele:**

Der Gesellschafter, welcher zu mehr als 10 % an einer GmbH beteiligt, gibt die Darlehenssumme seiner Ehefrau mit dem Hinweis, diesen Betrag der GmbH als Darlehen zur Verfügung zu stellen. Gleiches gilt für Dritte mit besonderem Einfluss auf die Gesellschaft.

11.4.2   Rechtsfolgen

Gemäß §§ 39 Abs. 1 Nr. 5, 135 InsO ist das **Gesellschafterdarlehen** in der Insolvenz hinsichtlich der Rangfolge der Gläubiger **nachrangig**. In der Praxis erfolgt daher keine Rückzahlung des Darlehens. § 39 Abs. 1 Nr. 5 InsO findet auch dann Anwendung, wenn die Gesellschaft in einem anderen EU-Staat gegründet wurde, das Hauptinsolvenzverfahren jedoch in Deutschland eröffnet wurde.[237]

Wird das Darlehen allerdings einem Gesellschafter von der Gesellschaft **zurückgezahlt**, so

---

[233] BGH II ZR 6/11 = DB 2012, S. 47 ff
[234] BGH NJW 2012, S. 682
[235] BGH IX ZR 191/11 = DB 2012, S. 2212 ff
[236] BGH NZG 2008, S. 507 (zum früheren Recht)
[237] BGH IX ZR 185/10 = DB 2011, S. 2140 ff

kann der Insolvenzverwalter gemäß § 135 Abs. 1 Nr. 2 InsO die Rückzahlung **anfechten**, wenn diese innerhalb des letzten Jahres vor Insolvenzanfechtung erfolgt ist.

§ 135 InsO: Gesellschafterdarlehen

(1) Anfechtbar ist eine Rechtshandlung, die für die Forderung eines Gesellschafters auf Rückgewähr eines Darlehens im Sinne des § 39 Abs. 1 Nr. 5 oder für eine gleichgestellte Forderung

1. Sicherung gewährt hat, wenn die Handlung in den letzten zehn Jahren vor dem Antrag auf Eröffnung des Insolvenzverfahrens oder nach diesem Antrag vorgenommen worden ist, oder

2. Befriedigung gewährt hat, wenn die Handlung im letzten Jahr vor dem Eröffnungsantrag oder nach diesem Antrag vorgenommen worden ist.

(2) Anfechtbar ist eine Rechtshandlung, mit der eine Gesellschaft einem Dritten für eine Forderung auf Rückgewähr eines Darlehens innerhalb der in Absatz 1 Nr. 2 genannten Fristen Befriedigung gewährt hat, wenn ein Gesellschafter für die Forderung eine Sicherheit bestellt hatte oder als Bürge haftete; dies gilt sinngemäß für Leistungen auf Forderungen, die einem Darlehen wirtschaftlich entsprechen.

(3) Wurde dem Schuldner von einem Gesellschafter ein Gegenstand zum Gebrauch oder zur Ausübung überlassen, so kann der Aussonderungsanspruch während der Dauer des Insolvenzverfahrens, höchstens aber für eine Zeit von einem Jahr ab der Eröffnung des Insolvenzverfahrens nicht geltend gemacht werden, wenn der Gegenstand für die Fortführung des Unternehmens des Schuldners von erheblicher Bedeutung ist. Für den Gebrauch oder die Ausübung des Gegenstandes gebührt dem Gesellschafter ein Ausgleich; bei der Berechnung ist der Durchschnitt der im letzten Jahr vor Verfahrenseröffnung geleisteten Vergütung in Ansatz zu bringen, bei kürzerer Dauer der Überlassung ist der Durchschnitt während dieses Zeitraums maßgebend.

(4) § 39 Abs. 4 und 5 gilt entsprechend.

Gemäß § 143 Abs. 1 InsO hat im Falle der Insolvenzanfechtung die Rückabwicklung nach Bereicherungsrecht, also gemäß §§ 812 ff. BGB, zu erfolgen.

Wie bereits oben ausgeführt, ist Voraussetzung für die Anfechtung nach § 135 InsO, dass das Insolvenzverfahren eröffnet ist. Gemäß § 146 Abs. 1 InsO beträgt die Verjährungsfrist zwei Jahre. Außerhalb der Insolvenz kommt nur eine Anfechtung gemäß § 6 Nr. 1 AnfG in Betracht. Hierbei ist allerdings erforderlich, dass das Darlehen innerhalb des letzten Jahres vor der Anfechtung zurückbezahlt worden sein muss.

Neben diesen Grundsätzen sind die früher von der Rechtsprechung entwickelten Rechtsprechungsregeln, also die §§ 30 ff GmbHG, nicht mehr anwendbar, § 30 I S. 3 GmbHG, § 57 I S. 4 AktG.

Hinsichtlich möglicher Umgehungsversuche ist die Rechtsprechung des BGH restriktiv: Wird eine Schuld der Gesellschaft (Tochtergesellschaft) gegenüber Gesellschafter (Muttergesellschaft) übernommen (von Enkelgesellschaft), die eigenkapitalersatzrechtlich gebunden ist, ist auch eine zum Ausgleich der Schuldübernahme durch Anerkenntnis begründete Forderung des Schuldübernehmers gegen die Gesellschaft eigenkapitalersatzrechtlich gebunden.[238]

Der Gerichtsstand für die Rückforderung von Gesellschafterdarlehen richtet sich nach § 22 ZPO.

Abbildung 11.3   Folgen des Gesellschafterdarlehens

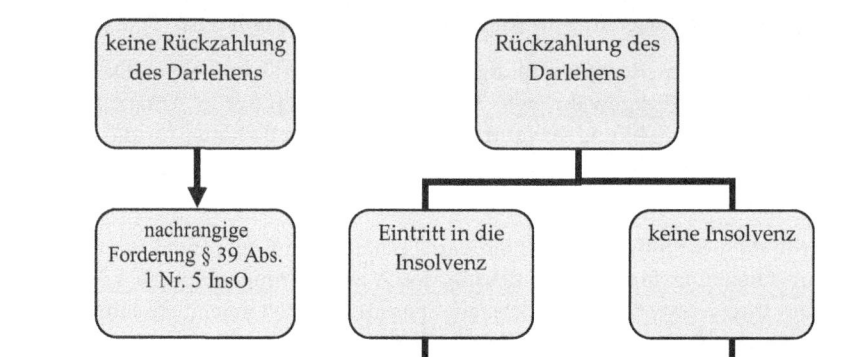

11.4.3   Nutzungsüberlassung

Gesellschafter können nicht nur der Gesellschaft ein Darlehen gewähren, sie können auch Gegenstände an die Gesellschaft überlassen. Wie dies zu beurteilen ist, hat der BGH in der sog. „Lagergrundstück-Urteilen"[239] entschieden, bei der ein Gesellschafter ein wesentliches Betriebsgrundstück in der Krise an die Gesellschaft vermietet hat.[240] Bislang ungeklärt ist

---

[238] BGH DB 2011, S. 405 ff

[239] BGHZ 109, S. 55 (Lagergrundstück I); BGHZ 121, S. 31 (Lagergrundstück II); BGHZ 127, S. 1 (Lagergrundstück III); BGHZ 127, S. 17 (Lagergrundstück III, IV und V) = NJW 1997, S. 3026

[240] BGH DB 1984, S. 1715; 1994, S. 1996; 1996, S. 1031; 1998, S, 1656

die Frage, ob diese Vorschrift auch dann zur Anwendung kommt, wenn nahestehende Dritte den Gegenstand zur Nutzung überlassen.

Gemäß § 135 Abs. 3 InsO kann der Aussonderungsanspruch gemäß § 47 InsO während der Dauer des Insolvenzverfahrens, höchstens aber für eine Zeit von einem Jahr ab Eröffnung des Insolvenzverfahrens nicht geltend gemacht werden, wenn der Gegenstand für die Fortführung des Unternehmens des Schuldners von erheblicher Bedeutung ist.

Die Miete hierfür ist Masseverbindlichkeit gemäß § 55 Abs. 1 Nr. 1 InsO. Anknüpfungspunkt ist das durchschnittliche Nutzungsentgelt aus dem Jahr vor der Insolvenzeröffnung. Etwaige angefochtene Zahlungen des Nutzungsentgelts bleiben außer Betracht.

Tabelle 10.1   Zusammenfassende Übersicht

Nutzungsentgelt vor Insolvenzeröffnung	■ Keine Anfechtung der Zahlung des Nutzungsentgelts[241] (Ausnahme: Zahlungsanspruch wird stehengelassen, d.h. Umwandlung in Darlehen) ■ Vorzeitige Nutzungsbeendigung: gleiche Grundsätze[242]
Nutzungsentgelt nach Insolvenzeröffnung	Ausgleichszahlung durch Insolvenzverwalter § 135 Abs. 3 S. 2 InsO (Durchschnittsvergütung aus Jahr vor Insolvenzeröffnung)

11.4.4   Gesellschaftersicherheiten

Häufig stellt der Gesellschafter der Gesellschaft kein eigenes Darlehen zur Verfügung, sondern stellt nur eine Sicherheit für die Gesellschaft, welche ein Darlehen eines Dritten, z.B. einer Bank, erhalten hat. Wenn das Darlehen notleidend wird und von der Gesellschaft nicht zurückbezahlt wird, greift der Darlehensgeber auf die Sicherheit des Gesellschafters zu. Dieser wiederum will bei der Gesellschaft im Innenverhältnis Regress nehmen.

---

[241] Bundestags-Drucksache 16/6140 S. 56

[242] Unter Geltung des MoMiG ist diese Frage von der Rechtsprechung (soweit ersichtlich) noch nicht entschieden worden.

Abbildung 11.4   Übersicht Gesellschaftersicherheiten

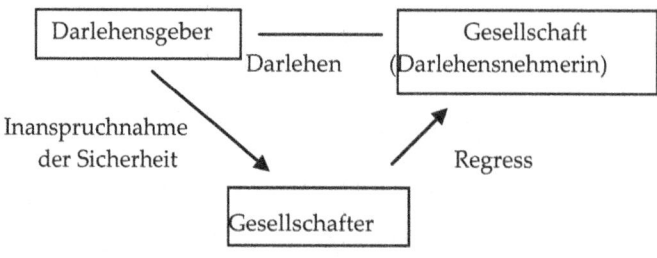

Für die Behandlung dieser Fälle sieht § 44a InsO Sonderregelungen vor. Zum einen ist die **Regressforderung nachrangig** gemäß § 39 Abs. 1 Nr. 5 InsO. Die Anspruchsgrundlage des Regresses hängt von Art der Sicherheit ab:

Bürgschaft	§ 774 BGB
Hypothek	§ 1143 BGB
Pfandrecht	§ 1225 BGB
Auftrag	§§ 670, 683 BGB

Wenn die Gesellschaft die **Regressforderung bedient** hat, so ist dies außerhalb des Insolvenzverfahrens nur dann problematisch, wenn das Stammkapital angegriffen wird. Anders ist es dagegen, wenn die Zahlung innerhalb der letzten 10 Jahre vor Eröffnung des Insolvenzverfahrens bzw. der Ablehnung der Eröffnung mangels Masse erfolgte. In diesem Fall führt dies zur Anfechtbarkeit der Zahlung nach § 135 Abs. 1 Nr. 1 InsO.

Eine **Doppelbesicherung** (Gesellschaft und Gesellschafter als Sicherungsgeber) ändert nach Auffassung des BGH an obigen Grundsätzen nichts. Wenn unter der Mehrzahl von Sicherheiten ein Gesellschafter Sicherungsgeber ist, kommt § 44a InsO zur Anwendung.[243]

---

[243] BGH DStR 2009, S. 699 (Gut Butschow)

11.5 Personengesellschaften und Insolvenz

Im Zusammenhang mit Personengesellschaften in der Insolvenz sind **drei Konstellationen** denkbar:

- Doppelinsolvenz von Gesellschaft und Gesellschafter (Regelfall),
- Gesellschaftsinsolvenz (selten wg. § 128 HGB) und
- Gesellschafterinsolvenz: § 131 III Nr. 2, 161 II HGB.

Die **persönliche Inanspruchnahme** der Gesellschafter (z.B. nach § 128 S. 1 HGB) erfolgt durch den Insolvenzverwalter nach § 93 InsO (ggf. § 224 Abs. 1 HGB). Dieser begründet keine Sondermasse, sondern zieht die Ansprüche zur Insolvenzmasse. Eine Ausnahme besteht bei Kommanditisten. Einwendungen der Gesellschafter nach § 129 HGB können gegen die Haftung erhoben werden.

Die **Auswirkungen eines Insolvenzplans für Gesellschafter** richtet sich nach § 227 Abs. 2 InsO, wonach der Schuldner durch die Befriedigung der Gläubiger durch den gestaltenden Teil des Insolvenzplans von seinen Verbindlichkeiten befreit wird.

Auch eine **Restschuldbefreiung** für den Gesellschafter ist möglich. Hierbei handelt es sich um ein selbstständiges Verfahren neben dem der Insolvenz der Gesellschaft. Es bedarf eines Antrags des Schuldners.

12   Beendigung des Insolvenzverfahrens

12.1   Einstellung des Insolvenzverfahrens

Das Insolvenzverfahren kann vorzeitig beendet werden, wenn der Insolvenzgrund wegfällt, bei Zustimmung der Gläubiger oder bei fehlender Deckung der Verfahrenskosten. In diesen Fällen wird das Insolvenzverfahren eingestellt.

Abbildung 12.1   Einstellung des Insolvenzverfahrens

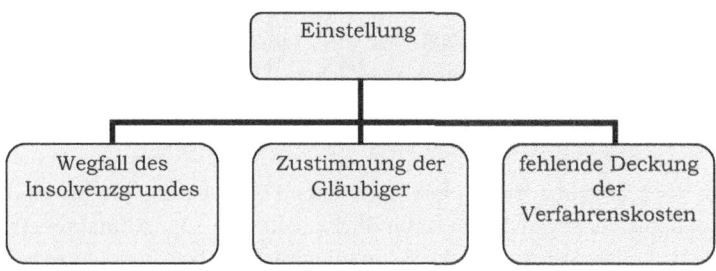

12.1.1   Fehlende Deckung der Verfahrenskosten

Die Einstellung hat nach § 207 Abs. 1 InsO zu erfolgen, wenn sich nach der Verfahrenseröffnung herausstellt, dass eine die Verfahrenskosten deckende Masse nicht vorhanden ist. Gemäß § 207 Abs. 1 InsO ist vor der Einstellung die Gläubigerversammlung zu hören.

Gemäß § 214 Abs. 2 InsO wird die Einstellung vom Insolvenzgericht beschlossen. Gegen den Beschluss des Insolvenzgerichtes steht jedem Insolvenzgläubiger und im Falle des § 207 InsO auch dem Schuldner die sofortige Beschwerde nach § 216 InsO zu. Dem Insolvenzverwalter steht dagegen keine Beschwerdebefugnis zu, wenn das Insolvenzgericht einen von ihm gestellten Antrag, das Verfahren mangels Kostendeckung einzustellen, abgelehnt hat.

12.1.2   Fehlende Deckung der Masseverbindlichkeiten

Wenn keine die sonstigen Masseverbindlichkeiten deckende Masse vorhanden ist, beschließt das Insolvenzgericht ebenfalls die Einstellung. Reicht die Masse zwar für die Verfahrenskosten gemäß § 54 InsO aus, aber nicht für sonstige Masseverbindlichkeiten gemäß § 55 InsO, spricht man von der Masseunzulänglichkeit.

Die Masseunzulänglichkeit ist von der Masselosigkeit und von der Abweisung des Insolvenzantrages mangels Masse bzw. Einstellung des Insolvenzverfahrens mangels Masse abzugrenzen.

◼ **Masselosigkeit:** Insolvenzantrag ist als unzulässig gemäß § 26 Abs. 1 InsO abzuweisen.

◼ **Einstellung mangels Masse:** Die mangelnde Masse stellt sich erst im Laufe des Verfahrens heraus. Der Insolvenzverwalter muss nach § 207 InsO verfahren. Hier sind noch nicht einmal die Kosten des Insolvenzverfahrens gedeckt.

◼ **Masseunzulänglichkeit:** Hier sind zwar die Kosten des Insolvenzverfahrens gedeckt, jedoch noch nicht die sonstigen Masseverbindlichkeiten, § 208 InsO.

Der Insolvenzverwalter hat in diesem Fall nach §§ 208, 209 InsO zu verfahren. Zeigt der Insolvenzverwalter die Masseunzulänglichkeit bei Gericht an, muss das Insolvenzgericht das Verfahren einstellen. Gemäß § 208 Abs. 2 S. 3 InsO hat das Gericht die Anzeige des Insolvenzverwalters öffentlich bekannt zu machen. Diese wird mit Eingang bei Gericht wirksam. Wird später ein Prozessgericht mit der Frage der Masseunzulänglichkeit beschäftigt, ist die öffentliche Bekanntmachung auch für dieses bindend.

Mit Anzeige der Masseunzulänglichkeit findet eine Herabsetzung der bis zu diesem Zeitpunkt begründeten sonstigen Masseverbindlichkeiten, den sog. **Altmasseverbindlichkeiten** statt. Die nach der Anzeige der Masseunzulänglichkeit begründeten sonstigen Masseverbindlichkeiten, die sog. **Neumasseverbindlichkeiten**, sind gemäß § 209 Abs. 1 S. 1 InsO vorab zu begleichen. Hierzu zählen auch nach § 209 Abs. 2 InsO

◼ aus einem gegenseitigen Vertrag, dessen Erfüllung der Insolvenzverwalter gewählt hat (§ 103 Abs. 1 i.V.m. § 55 Abs. 2 Nr. 1 InsO), nachdem er die Masseunzulänglichkeit anzeigt hatte (§ 209 Abs. 2 Nr. 1 InsO)

◼ aus einem Dauerschuldverhältnis für die Zeit nach dem ersten Termin, zu dem der Insolvenzverwalter nach der Anzeige der Masseunzulänglichkeit kündigen konnte (§ 209 Abs. 2 Nr. 2 InsO)

◼ aus einem Dauerschuldverhältnis, soweit der Verwalter nach der Anzeige der Masseunzulänglichkeit für die Insolvenz die Gegenleistung in Anspruch nimmt (§ 209 Abs. 2 Nr. 3 InsO)

Bei eingetretener Masseunzulänglichkeit richtet sich die Verteilung der Masse nach § 209 Abs. 1 InsO. Der Insolvenzverwalter hat danach die Masseverbindlichkeiten nach der dort aufgeführten Reihenfolge zu begleichen, bei gleichem Rang nach dem Verhältnisse ihrer Beträge (Quote):

◼ Kosten des Insolvenzverfahrens

◼ Masseverbindlichkeiten, die nach Anzeige der Masseunzulänglichkeit begründet worden sind, ohne zu den Kosten des Verfahrens zu gehören (sog. neue Masseverbindlichkeiten)

■ die übrigen Masseverbindlichkeiten, unter diesen zuletzt ein dem Schuldner nach §§ 100, 101 Abs. 1 S. 3 InsO bewilligter Unterhalt.

Fallen Massegläubiger bei der Verteilung der Masse aus, können sie den Insolvenzverwalter persönlich nach § 61 S. 1 InsO auf Schadenersatz in Anspruch nehmen, es sei denn, der Insolvenzverwalter konnte bei Begründung der Verbindlichkeit nicht erkennen, dass die Masse voraussichtlich zur Erfüllung nicht ausreichen wird (§ 61 S. 2 InsO). Hat der Insolvenzverwalter die Masseunzulänglichkeit angezeigt, tritt gemäß § 210 InsO für die Altmassegläubiger ein gesetzliches Vollstreckungsverbot ein.

Die Masseunzulänglichkeit lässt sich als „**Insolvenz in der Insolvenz**" bezeichnen. Die Masseverbindlichkeiten haben dann den Status von bloßen Insolvenzforderungen, während neue Masseverbindlichkeiten den eigentlichen Masseverbindlichkeiten gleich stehen.

Hier braucht ein Prüfungstermin, soweit er nicht bereits abgehalten wurde, nicht mehr durchgeführt zu werden. Das Verfahren dient nur noch zur Befriedigung der Massegläubiger, deren Forderungen dem Insolvenzverwalter meist genau bekannt sind.

Sollte sich dagegen das Insolvenzverfahren nach Anzeige der Masseunzulänglichkeit so positiv entwickeln, dass voraussichtlich doch sämtliche Massegläubiger voll befriedigt werden können, kann der Insolvenzverwalter dem Insolvenzgericht den Wegfall der Masseunzulänglichkeit anzeigen. Hier hat das Gericht wiederum die Anzeige öffentlich gemäß § 208 Abs. 1, Abs. 3 InsO analog bekannt zu machen und den Massegläubigern zuzustellen. Damit erfolgt die Rückkehr in das Regelverfahren. Ein gesonderter Beschluss des Insolvenzgerichtes ist hierfür nicht erforderlich.

12.2   Aufhebung des Insolvenzverfahrens

Das Insolvenzgericht kann durch Beschluss das Insolvenzverfahren aufheben, wenn dessen Zweck erreicht ist, d. h. insbesondere wenn

■ die Schlussverteilung vollzogen ist (§ 200 Abs. 1 InsO)

■ nach rechtskräftiger Bestätigung des Insolvenzplans (§ 258 Abs. 1 InsO)

■ nach Rechtskraft des Beschlusses, der dem Insolvenzschuldner die Möglichkeit der Restschuldbefreiung einräumt (§ 289 Abs. 3 S. 2 InsO).

Die Aufhebung kommt nur in Betracht, wenn die Masseverbindlichkeiten beglichen sind, was auf Grundlage des Verteilungsverzeichnisses gemäß § 188 InsO geschieht. Endgültig bestrittene Forderungen nehmen hier nicht teil. Im Regelfall erhalten die Gläubiger eine gewisse Befriedigungsquote.

12.3   Rechtsfolgen der Beendigung des Insolvenzverfahrens

Mit der Beendigung des Insolvenzverfahrens erhält der Insolvenzschuldner wieder die **Verwaltungs- und Verfügungsbefugnis** über sein Vermögen zurück, die während des Insolvenzverfahrens dem Insolvenzverwalter zustand. Nunmehr kann er über die vom Insolvenzverwalter noch nicht verwerteten Gegenstände wieder gemäß § 215 Abs. 2 S. 1 InsO frei verfügen. Gemäß § 185 Abs. 2 BGB werden seine nach § 81 Abs. 1 S. 1 InsO unwirksamen Verfügungen wieder wirksam. Dritte können ihre Schulden gegenüber dem Insolvenzschuldner nicht mehr durch Zahlung an den Insolvenzverwalter bzw. auf dessen Anderkonto zum Erlöschen bringen.[244]

Der Schuldner ist nach Beendigung des Insolvenzverfahrens allerdings nicht berechtigt, einen bisher vom Insolvenzverwalter geführten **Anfechtungsprozess** weiterzuführen, da er hinsichtlich des geltend gemachten Rückgewähranspruchs nicht Rechtsnachfolger des Insolvenzverwalter gemäß § 239 ZPO ist.

§ 239 ZPO: Unterbrechung durch Tod der Partei

(1) Im Falle des Todes einer Partei tritt eine Unterbrechung des Verfahrens bis zu dessen Aufnahme durch die Rechtsnachfolger ein.

(2) Wird die Aufnahme verzögert, so sind auf Antrag des Gegners die Rechtsnachfolger zur Aufnahme und zugleich zur Verhandlung der Hauptsache zu laden.

(3) Die Ladung ist mit dem den Antrag enthaltenden Schriftsatz den Rechtsnachfolgern selbst zuzustellen. Die Ladungsfrist wird von dem Vorsitzenden bestimmt.

(4) Erscheinen die Rechtsnachfolger in dem Termin nicht, so ist auf Antrag die behauptete Rechtsnachfolge als zugestanden anzunehmen und zur Hauptsache zu verhandeln.

(5) Der Erbe ist vor der Annahme der Erbschaft zur Fortsetzung des Rechtsstreits nicht verpflichtet.

Ein Schuldner ist weder außerhalb noch innerhalb des Insolvenzverfahrens berechtigt, eigene Rechtshandlungen oder gegen ihn gerichtete Rechtsverhandlungen seiner Gläubiger nach den §§ 129 ff. InsO anzufechten.

Die bisherigen Insolvenzorgane, wie die Gläubigerversammlung oder der Gläubigerausschuss, selbstverständlich auch der Insolvenzverwalter, verlieren ihre Befugnisse. Hiervon ausgenommen ist die Nachtragsverteilung.

---

[244] BGH IX ZR 133/10 = DB 2011, S. 1972 ff

Auch sind die Gläubiger nunmehr hinsichtlich ihres Vorgehens gegen den Insolvenz-schuldner nicht mehr beschränkt, da sowohl das Prozessverbot des § 87 InsO als auch das Vollstreckungsverbot des § 89 InsO nun nicht mehr gelten. Gemäß § 201 Abs. 1 InsO gilt das sog. **Recht der freien Nachforderung**. Der Auszug aus der Insolvenztabelle ist unter den Voraussetzungen des § 201 Abs. 2 InsO ein Vollstreckungstitel.

13 Forderungsanmeldung und Vermögensverteilung

13.1 Formelle Anforderung

Gemäß § 174 InsO haben die Insolvenzgläubiger ihre Forderungen beim Insolvenzverwalter schriftlich anzumelden, damit er die teilnehmenden Forderungen erfassen kann. Die Forderungsmeldung ist rechtlich gesehen eine **Prozesshandlung**, da sie auf die Herbeiführung von Wirkungen in einem gerichtlichen Prüfungsverfahren abzielt. Gemäß §§ 56, 88 ZPO i.V.m. § 4 InsO muss der Forderungsanmelder hierzu prozessfähig und sein Vertreter hinreichend legitimiert sein.

§ 28 Abs. 1 InsO regelt eine **Anmeldefrist**, die aber keine Wirksamkeitsvoraussetzung für die Anmeldung darstellt. Wird eine Forderung zu spät angemeldet und ist ihre Prüfung im allgemeinen Prüfungstermin nicht mehr möglich, ist gemäß § 177 InsO ein nachträglicher Prüfungstermin zu bestimmen. Gemäß § 177 Abs. 1 InsO können nach dem Ermessen des Gerichts auch nachträgliche Forderungsanmeldungen in einem schriftlichen Verfahren geprüft werden.

Um die Forderung richtig anmelden zu können, erhalten die Gläubiger häufig vom Insolvenzverwalter ein Merkblatt nach folgendem Muster:

I. Ihre Forderungsanmeldung:

Da fehlerhafte Forderungsanmeldungen zu einem Bestreiten Ihrer Forderung durch den Insolvenzverwalter oder andere Verfahrensbeteiligte sowie zur Verzögerung der Forderungsprüfung führen können, beachten Sie bitte in Ihrem eigenen Interesse die nachfolgenden Hinweise. Wenn Sie unsicher sind, wie Sie Ihre Forderung korrekt anmelden können, nehmen Sie bitte die Hilfe eines Rechtsanwaltes oder Rechtsbeistandes in Anspruch. Beachten Sie unbedingt, dass das Gericht und der Insolvenzverwalter nicht befugt sind, in Einzelangelegenheiten Rechtsrat zu erteilen. Bitte sehen Sie deshalb von entsprechenden Anfragen ab!

1. Die Forderung muss beim Insolvenzverwalter (nicht beim zuständigen Amtsgericht) in inländischer Währung in schriftlicher Form auf dem beigefügten Formular angemeldet werden. Die Forderungsanmeldung muss immer in zweifacher Form eingereicht werden. Bei der Forderungsanmeldung muss zwingend der Rechtsgrund der Forderung angegeben werden und der anmeldende Gläubiger genau bezeichnet werden.

---

2. Der angemeldete Betrag ist getrennt nach Hauptforderung, Kosten und Zinsen anzumelden, der geltend gemachte Gesamtbetrag muss gleichfalls mitgeteilt werden. Soweit nicht das Gericht ausdrücklich dazu aufgefordert hat, können Zinsen, die nach Eröffnung des Insolvenzverfahrens entstanden sind, nicht angemeldet werden. Wenn Zinsen angemeldet werden, müssen der Verzinsungszeitraum und der Zinssatz zwingend angegeben werden.

3. Sie müssen zum Nachweis sämtlicher von Ihnen angemeldeter Forderungen, insbesondere auch hinsichtlich eventuell angemeldeter Kosten, Belege vorlegen, aus denen sich die Berechtigung und die Höhe Ihrer Forderungen ergeben. Wenn über die angemeldete Forderung ein Vollstreckungstitel vorliegt, muss dieser der Forderungsanmeldung im Original beigefügt werden. Soweit Ihrer Forderungsanmeldung nicht sämtliche Belege beigefügt sind, kann die Forderung nicht festgestellt werden, sondern wird vom Insolvenzverwalter bestritten. Sofern Sie eine höhere/anderweitige Verzinsung als die gesetzliche Verzugsverzinsung geltend machen, müssen Sie Ihre Berechtigung hierzu durch geeignete Belege nachweisen.

4. Forderungen, die nicht auf Zahlung von Geld gerichtet sind, sondern deren Geldbetrag unbestimmt ist, müssen zur Forderungsanmeldung mit ihrem Schätzwert angegeben werden. Bitte fügen Sie in diesem Fall auch die Unterlagen bei, auf die Ihre Schätzung sich stützt.

5. Aussonderungs- und Absonderungsansprüche sind unverzüglich gegenüber dem Insolvenzverwalter – also nicht gegenüber dem Gericht – geltend zu machen. Bitte geben Sie immer an, ob Sie Aus- oder Absonderungsrechte geltend machen und fügen Sie die Unterlagen bei, aus denen Sie Ihre Rechte herleiten, da Ihre Rechte ansonsten nicht überprüft und berücksichtigt werden können. Beachten Sie bitte auch, dass der Verwalter gemäß § 107 Abs. 2 InsO in der Regel nicht berechtigt ist, eine unter Eigentumsvorbehalt stehende bewegliche Sache vor dem ersten Berichtstermin an Sie herauszugeben.

Soweit Gegenstände mit einem Absonderungsrecht belastet sind, ist der Insolvenzverwalter berechtigt, diese freihändig zu verwerten. Hierzu erfolgt gegebenenfalls eine gesonderte Information durch den Verwalter. Jedenfalls ist der Verwalter berechtigt, für die Wertfeststellung einen Betrag in Höhe von 4 % und für eine Verwertung einen Betrag in Höhe von weiteren 5 % des Verwertungserlöses oder die tatsächlich angefallenen Kosten sowie die abzuführende Mehrwertsteuer vom Sicherungsnehmer heraus zu verlangen.

II. Hinweise für Arbeitnehmer des Insolvenzschuldners:

Sie können als Arbeitnehmer für offene Forderungen aus dem Arbeitsverhältnis, die aus den letzten drei Monaten Ihres Arbeitsverhältnisses vor Eröffnung des Insolvenzverfahrens stammen, Insolvenzgeld beim Arbeitsamt beantragen. Das Insolvenzgeld wird in Höhe des für den bezeichneten Zeitraum rückständigen Nettoarbeitsentgeltes gezahlt.

Der notwendige Antrag ist innerhalb einer Ausschlussfrist von zwei Monaten nach Eröffnung des Insolvenzverfahrens beim zuständigen Arbeitsamt zu stellen. Mit dem Antrag auf Insolvenzgeld gehen die Ansprüche auf Arbeitsentgelt, die den Anspruch auf Insolvenzgeld begründen, auf das Arbeitsamt über.

Die Regelung gilt entsprechend für die im Rahmen betrieblicher Berufsausbildung Beschäftigten und für die Heimarbeiter. Nähere Auskunft gibt ein von der Bundesagentur für Arbeit herausgegebenes Merkblatt über Insolvenzgeld mit Hinweisen zur Ausfüllung des Antragvordruckes, das bei der zuständigen Agentur für Arbeit erhältlich ist.

Forderungen, die aus dem Arbeitsverhältnis resultieren, aber nicht aus dem oben genannten „Insolvenzgeldzeitraum" stammen, können Sie nur als gewöhnliche Insolvenzforderungen anmelden. Insofern gelten die Hinweise unter Ziff. I. Bitte achten Sie bei der Forderungsanmeldung dann unbedingt darauf, den Zeitraum kenntlich zu machen, aus dem die angemeldete Forderung stammt. Beachten Sie ferner, dass Ansprüche auf Urlaubsabgeltung – wie alle anderen Forderungen – nur festgestellt werden können, wenn Sie das Bestehen von Resturlaub nachweisen. Wenn Urlaubsabgeltungsansprüche für Urlaub aus dem vorangegangenen Kalenderjahr angemeldet werden, muss auch deren Übertragbarkeit nachgewiesen werden.

Für Ansprüche auf Weihnachtsgratifikation, 13. Monatsgehalt u.ä. müssen Sie beachten, dass ein Anspruch auf Insolvenzgeld nur insoweit besteht, als der Anspruch auf die genannten Leistungen im Insolvenzgeldzeitraum erworben wurde. Deshalb können Sie maximal für 3/12 des Weihnachtsgeldes oder 13. Monatsgehaltes Insolvenzgeld erhalten.

III. Informationsmöglichkeiten betreffend die Forderungsprüfung:

Eine Verpflichtung, zum Prüftermin zu erscheinen oder einen Vertreter zu entsenden, besteht für Sie als Insolvenzgläubiger nicht. Insolvenzgläubiger, deren angemeldete Forderung ganz oder teilweise bestritten wird, werden nach dem Prüftermin von Amts wegen durch das Insolvenzgericht durch Übersendung eines Auszuges aus der Insolvenztabelle informiert. Wenn Ihre Forderung festgestellt wurde, erhalten Sie hierüber also keine Nachricht.

Bitte beachten Sie, dass der Insolvenzverwalter außerhalb der Gläubigerversammlung nicht verpflichtet ist, Insolvenzgläubigern Auskunft (z. B. über den Stand der Forderungsprüfung) zu erteilen.

Wir müssen daher um Ihr Verständnis bitten, dass Sachstandsanfragen außerhalb der Gläubigerversammlung im Interesse der Gesamtheit der Gläubiger nicht beantwortet werden können, da der damit verbundene hohe zeitliche Aufwand zu einer Erhöhung der Verfahrenskosten zulasten aller Gläubiger führen würde.

13.2   Inhaltliche Anforderungen

§ 174 Abs. 2 InsO bestimmt, dass die Forderung dem Grund und Betrag nach genau bezeichnet werden muss. Damit sind auch z. B. etwaige Zinsen genau auszurechnen. Dies ist wie bei einer Klage oder bei einem Mahnbescheid vorzunehmen. Bei einer unzulänglichen Bezeichnung ist die Anmeldung unwirksam. Dies hat zur Folge, dass eine unwirksame Anmeldung die Verjährung nicht hemmt. Auch kann die Feststellungswirkung des § 178 Abs. 3 InsO nicht erfolgen.

Wird eine Forderung wegen einer vorsätzlich begangenen unerlaubten Handlung angemeldet, sind dort diejenigen Tatsachen gemäß § 174 Abs. 2 InsO anzugeben, aus denen
sich nach Gläubigereinschätzung der Schuldgrund ergibt. Fehlen diese Angaben, unter

13.3   Anlage der Insolvenztabelle

Gemäß § 175 InsO hat der Insolvenzverwalter alle angemeldeten Forderungen in die Insolvenztabelle einzutragen. Hierbei hat er für jede angemeldete Forderung ein einzelnes
Tabellenblatt mit eigener laufender Nummer zu erstellen.

<u>Muster:</u> Auszug aus der Insolvenztabelle

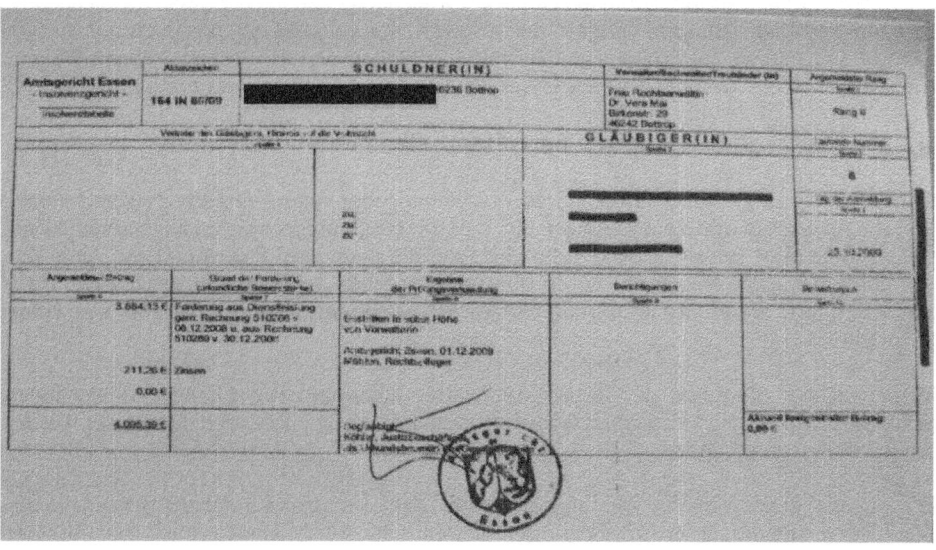

Gegen jede der zu prüfende Forderungen kann im Prüfungstermin **Widerspruch** erhoben
werden. Nach § 176 S. 2 InsO gilt dann die Forderung als bestritten. Widerspruch können
hierbei der Insolvenzverwalter, jeder Insolvenzgläubiger oder der Schuldner erheben.
Erhebt der Schuldner den Widerspruch gegen die Forderung, hat dies nur zur Folge, dass
dem Gläubiger nach Aufhebung des Insolvenzverfahrens gemäß §§ 178 Abs. 1 S. 2, 201
Abs. 2 S. 1 InsO kein vollstreckbarer Auszug aus der Insolvenztabelle erteilt werden kann.
Wird die Forderung eines Gläubigers bestritten oder nicht geprüft, hat dies keinen Einfluss
auf das Recht, gegen andere Forderungen Widerspruch zu erheben. Die meisten Wider-
sprüche werden in der Praxis vom Insolvenzverwalter erhoben.

Abbildung 13.1 Forderungsanmeldung

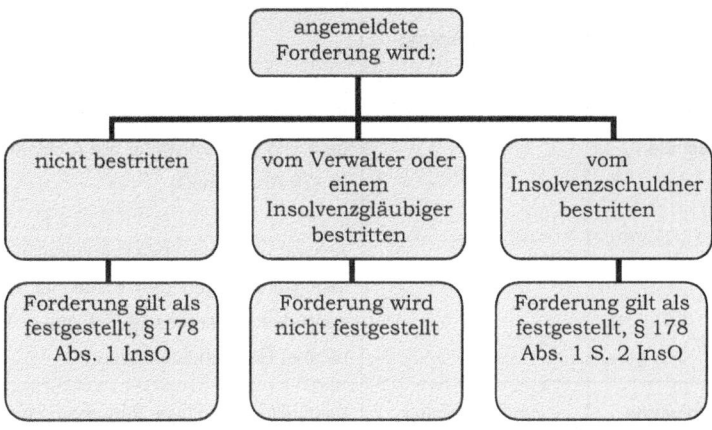

Üblich und zulässig ist auch ein sog. **vorläufiges Bestreiten**. Dies erfolgt durch den Insolvenzverwalter insbesondere dann, wenn er noch keine Möglichkeit gehabt hatte, die Forderung zu prüfen, aber auch den Prüfungstermin nicht hinauszögern möchte. Die Zulässigkeit des vorläufigen Bestreitens ist in der gerichtlichen Praxis zwar umstritten, aber wie eben dargelegt, in der Praxis Gang und Gebe. Der Insolvenzverwalter kann aber auch die Vertagung des Prüfungstermins beantragen, wenn er sich außer Stande sieht, die Forderung zu prüfen. Klagt nunmehr der Gläubiger auf Feststellung der Forderung, hat der Insolvenzverwalter keine Kostentragungspflicht, trotz eines späteren Anerkenntnisses der angemeldeten Forderung, da § 93 ZPO in diesem Falle nicht greift.

> **§ 93 ZPO: Kosten bei sofortigem Anerkenntnis**
>
> Hat der Beklagte nicht durch sein Verhalten zur Erhebung der Klage Veranlassung gegeben, so fallen dem Kläger die Prozesskosten zur Last, wenn der Beklagte den Anspruch sofort anerkennt.

Bevor der Gläubiger einen Rechtsstreit nach § 180 Abs. 2 InsO anstrebt, ist es auch dem Gläubiger vorher zuzumuten, mit dem Insolvenzverwalter Rücksprache zu halten, ob der Widerspruch aufrechterhalten wird.

Gemäß § 178 Abs. 1 S. 1 InsO gilt eine angemeldete Forderung als festgestellt, wenn gegen sie im Prüfungstermin oder im schriftlichen Verfahren **kein Widerspruch** erhoben wird oder ein bestehender **Widerspruch beseitigt** ist.

Abbildung 13.2   Die Tabelleneinträge in der Insolvenztabelle und ihre Wirkung

	Tabelleneintrag	Wirkung
Forderung wurde nicht bestritten	„festgestellt"	Eintrag wirkt gegenüber allen Insolvenzgläubigern und dem Verwalter wie rechtskräftiges Urteil (§ 178 Abs. 3 InsO) Auszug aus der Insolvenztabelle ist Vollstreckungstitel gegen den Schuldner nach Beendigung des Verfahrens (§ 201 Abs. 2 InsO) – Ausnahme: Restschuldbefreiung
Forderung wurde vom Verwalter oder Insolvenzgläubiger bestritten	„vom Verwalter bestritten" oder „vom Gläubiger x bestritten" oder „in Höhe von .... € festgestellt"	Feststellungsprozess außerhalb des Verfahrens (§ 180 InsO) eventuell durch Aufnahme des unterbrochenen Prozesses
Forderung wurde vom Insolvenzschuldner bestritten	„festgestellt" „Bemerkungen: vom Schuldner bestritten"	keine Zwangsvollstreckung aus Eintrag nach Aufhebung des Verfahrens (§ 201 Abs. 2 InsO) Feststellungsprozess außerhalb des Verfahrens (§ 184 InsO) eventuell durch Aufnahme des unterbrochenen Prozesses

Wird die Forderung des Gläubigers nicht bestritten, so erhält er folgendes Schreiben über die Schlussverteilung:

Adresse Gläubiger

....., den .....

Insolvenzverfahren über das Vermögen des Schuldners .....
Amtsgericht .....
Geschäfts-Nr.: .....
Verfahrensabschluss, Quotenausschüttung

Sehr geehrte Damen und Herren,

in dem vorgenannten Verfahren teile ich mit, dass das Insolvenzverfahren nach Verwertung der Masse und Abhaltung des Schlusstermins nunmehr beendet wird. Zur Schlussverteilung steht ein Betrag in Höhe von ..... € zur Verfügung, der an die Gläubiger mit einer Gesamtforderung von .....€ verteilt wird. Auf die Gläubiger entfällt damit eine Quote von ..... %.

Den Betrag der auf Ihre zur Tabelle festgestellte Forderung entfallenden Quotenzahlung erhalten Sie durch den anliegenden Verrechnungsscheck.

Mit freundlichen Grüßen
.....
(Insolvenzverwalter)

13.4   Gerichtliche Feststellung

Ein gegen eine nicht titulierte Forderung erhobener Widerspruch kann auch durch ein **Feststellungsurteil** beseitigt werden. Hierbei obliegt die Erhebung einer entsprechenden Klage gemäß §§ 179 Abs. 1, 180 Abs. 1 InsO dem Gläubiger der bestrittenen Forderung.

Die Klage ist gemäß § 180 Abs. 1 InsO bei dem Gericht zu erheben, das nach den allgemeinen Vorschriften, d. h. nach der ZPO bzw. dem GVG bzw. der Prozessordnung in der Verwaltungsgerichtsbarkeit für die Geltendmachung des Anspruchs zuständig ist, vgl. § 185 InsO. § 181 InsO setzt allerdings als besondere Sachurteilsvoraussetzung voraus, dass der angemeldete und nunmehr gerichtlich erfolgte Anspruch deckungsgleich sind. Dies kann der Kläger mit Hilfe des ihm nach § 179 Abs. 3 InsO überlassenen Auszugs aus der Insolvenztabelle nachweisen.

Wurde gegen eine titulierte Forderung, für die im Zeitpunkt der Eröffnung des Insolvenzverfahrens zumindest ein vorläufig vollstreckbarer Titel vorliegt, Wiederspruch erhoben, so kann der Bestreitende nach § 179 Abs. 1 InsO entscheiden, ob der Widerspruch weiterverfolgt wird. Ungeachtet dessen gilt allerdings die titulierte Forderung durch den Widerspruch als bestritten. Im Ergebnis kann dann die Forderung als festgestellt in die Tabelle aufgenommen werden, wenn der Widerspruch beseitigt ist, was entweder durch die

Rücknahme des Widerspruchs oder aufgrund eines entsprechenden Feststellungsurteils geschehen kann.

Abbildung 13.3   Ablauf und Folgen der Forderungsanmeldung

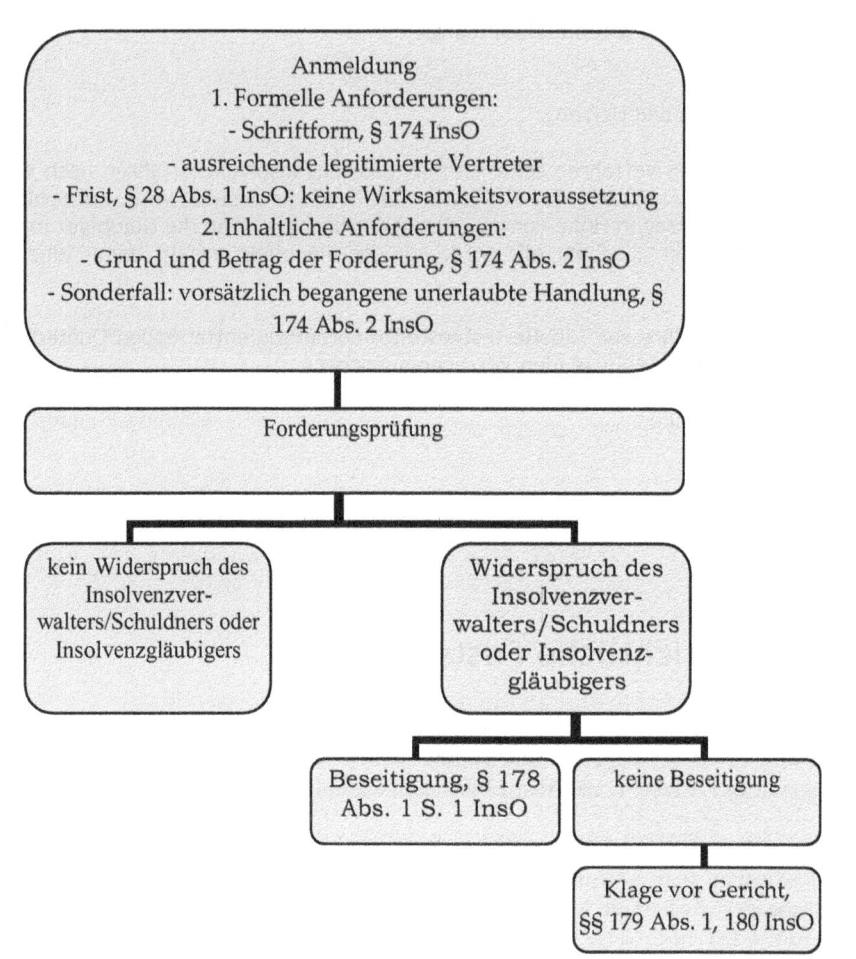

13.5   Vermögensverteilung

Gemäß § 178 Abs. 1, 3 S. 1 InsO hat der Insolvenzverwalter die Verteilungsmasse an die Insolvenzgläubiger nach vorheriger Zustimmung durch den Gläubigerausschuss gemäß § 187 Abs. 3 S. 2 InsO, auszukehren. Der Insolvenzverwalter hat die verteilte Insolvenzmasse nach Abhaltung eines allgemeinen Berichtstermins gemäß § 46 Abs. 1 InsO vorzunehmen, wenn hinreichende Barmittel in der Insolvenzmasse vorhanden sind, § 187 Abs. 2 S. 1 InsO. Dabei handelt es sich um eine sog. **Abschlagsverteilung**, wobei der zu zahlende Betrag gemäß § 195 Abs. 1 InsO festgesetzt wird.

Nach Beendigung der Verwertung der Masse erfolgt dann die **Schlussverteilung**, für die dann gemäß § 196 InsO die Genehmigung des Insolvenzgerichtes erforderlich ist. Hier wird allerdings nicht die Erledigung etwaiger Feststellungsprozesse abgewartet. In diesen Fällen werden gemäß § 198 InsO ggf. die zur Auszahlung gelangten Beträge hinterlegt.

Wird eine Forderung erst nach Veröffentlichung und Niederlegung der Schlussverteilung angemeldet, nimmt diese nicht mehr an der Schlussverteilung teil.

Werden nach der Schlussverteilung noch Beträge für die Masse frei, z. B. weil zurückgehaltene Beträge doch unterliegen, oder infolge Insolvenzanfechtung gemäß § 129 ff. InsO dennoch zur Masse gelangen, so findet auf die Anordnung des Insolvenzgerichtes eine sog. **Nachtragsverteilung** gemäß § 203 InsO statt. Die Nachtragsverteilung erfolgt hierbei auch, wenn ein nicht erwarteter Übererlös durch einen absonderungsberechtigten Gläubiger erzielt wird.

Für die Verteilung ist Grundlage das vom Insolvenzverwalter aufzustellende Verzeichnis der zu berücksichtigenden Forderungen.

Es handelt sich hierbei um:

- die festgestellte Forderung

- die bestrittenen titulierten Forderungen (§ 189 InsO)

- die bestrittenen, nicht titulierten Forderungen, soweit der Gläubiger der bestrittenen Forderung innerhalb einer Ausschlussfrist von zwei Wochen seit der öffentlichen Bekanntmachung der Verteilung dem Insolvenzverwalter Nachweis führt, dass er Feststellungsklage erhoben oder einen anhängigen Prozess aufgenommen hat (§ 189 InsO)

- die Auswahlforderung von Absonderungsberechtigten (§§ 52, 190 Abs. 1 InsO)

14   Besondere Verfahrensarten

14.1   Eigenverwaltung

Gemäß § 80 Abs. 1 InsO ist im normalen Insolvenzverfahren der Insolvenzverwalter für die Verwaltung und Verfügungen über die Insolvenzmasse zuständig. Gemäß § 313 InsO hat der Treuhänder diese Befugnisse im Verbraucherinsolvenzverfahren.

Ausnahmsweise kann es vorteilhaft sein, dem Schuldner selbst diese Befugnisse zu überlassen, z. B. weil seine Erfahrungen und Kenntnisse für die Geschäftsführung des Unternehmens unentbehrlich sind. Aufgrund dessen besteht gemäß §§ 270 – 285 InsO die Möglichkeit der Durchführung des Insolvenzverfahrens im Wege der Eigenverwaltung durch den Schuldner.

Hier behält der Schuldner die Verwaltungs- und Verfügungsbefugnis, wird allerdings gemäß § 270 Abs. 1 InsO unter die Aufsicht eines sog. **Sachwalters** gestellt. Dies soll auch das Insolvenzverfahren günstiger machen, da der Sachverwalter gemäß § 12 InsVV nur die Hälfte der Vergütung eines Insolvenzverwalters erhält.

Gemäß § 270 Abs. 1 u. 2 Nr. 1 InsO wird die Eigenverwaltung auf **Antrag des Schuldners** vom Insolvenzgericht im Eröffnungsbeschluss angeordnet. Die Eigenverwaltung setzt darüber hinaus noch gemäß § 270 Abs. 2 Nr. 2 InsO die **Zustimmung des Gläubigers** voraus, der den Insolvenzantrag gestellt hat. Die sonstigen Vorschriften, insbesondere die des materiellen Insolvenzrechts, bleiben hiervon unberührt.

Abbildung 14.1   Besonderheiten des Insolvenzverfahrens mit Eigenverwaltung

Normales Insolvenzverfahren	Insolvenzverfahren mit Eigenverwaltung
Insolvenzverwalter	Sachwalter
Eröffnung im Grundbuch eingetragen	Öffentliche Bekanntmachung § 273 InsO
Forderungsanmeldung beim Insolvenzverwalter	Forderungsanmeldung beim Schuldner § 281 Abs. 1 InsO

Normales Insolvenzverfahren	Insolvenzverfahren mit Eigenverwaltung
bei gegenseitigen Verträgen entscheidet der Insolvenzverwalter über deren Erfüllung	bei gegenseitigen Verträgen entscheidet der Schuldner gemäß § 279 Abs. 1 InsO über die Erfüllung
Verwertung von Sicherheitsgut (Absonderungsrechte durch den Insolvenzverwalter)	Schuldner verwertet Sicherungsgut § 282 InsO
Feststellungsverfahren: Widerspruch nur des Schuldners belanglos §§ 178 Abs. 1, 201 Abs. 2 InsO	Widerspruch durch den Schuldner, Sachverwalter und Gläubiger möglich § 283 Abs. 1 S. 1 InsO
Verteilung durch den Insolvenzverwalter	Verteilung durch den Schuldner § 283 Abs. 2 InsO

14.2 Planverfahren

Eine weitere besondere Verfahrensart ist das Planverfahren. In der Praxis erfolgte bislang das Planverfahren nur selten, was sich jedoch in Zukunft ändern dürfte.

Die Vorteile des Planverfahrens bestehen darin, dass die Möglichkeit der Unternehmensfortführung besteht, die Verfahrensdauer sich verkürzt und auch die Gläubiger bzw. der Schuldner Gestaltungsmöglichkeiten haben.

Bisher haben Erfahrungen gezeigt, dass mehr als 2/3 der Unternehmen, deren Insolvenz im Planverfahren abgewickelt wurde, wirtschaftlich aktiv bleiben. Ca. 55 bis 60% der Arbeitsplätze bleiben auf diesem Weg erhalten. Im Zeitraum 1999 bis Anfang 2010 wurden bislang 180 Planverfahren durchgeführt, davon 30 in Sachsen. Hintergrund ist der Umstand, dass die Sächsische Landesbank ein entsprechendes Förderprogramm hierfür vorgesehen hat.

Wichtige Beispiele für das Planverfahren waren

- ■ die Herlitz AG und die Herlitz PBS AG, welche 3.500 Mitarbeiter bei einem Jahresumsatz von 450 Millionen € hatten. Die Verfahrensdauer betrug nur sechs Wochen.

- ■ die Bekleidungskette SinnLeffers. Hier konnten 24 von 48 Filialen (2.700 von insgesamt 4.000 Mitarbeitern) erhalten werden. Das Verfahren konnte in lediglich 8 Monaten abgeschlossen werden.

Der Zweck des Insolvenzplanverfahrens besteht darin, den Beteiligten eine Möglichkeit zu eröffnen, **von den gesetzlichen Bestimmungen** der Verwertung bzw. der Verteilung der Masse gemäß § 217 InsO **abzuweichen**. Beteiligte am Insolvenzplanverfahren sind die absonderungsberechtigten Gläubiger, Insolvenzgläubiger und selbstverständlich der Schuldner.

Dem BGH zufolge ist der Insolvenzplan ein spezifisches Insolvenzrechtsinstrument, mit welchem die Gläubigergesamtheit ihre Befriedigung aus dem Schuldnervermögen organisiert.

Damit gibt es folgende Möglichkeiten im Planverfahren:

Abbildung 14.2   Planverfahren

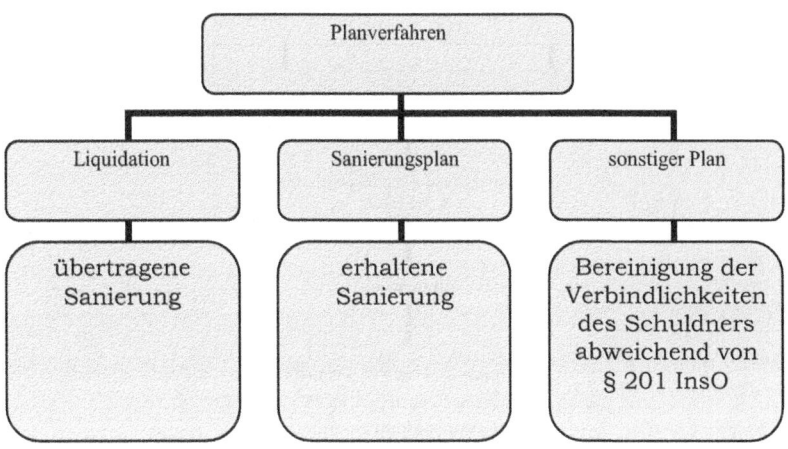

Gemäß § 218 Abs. 1 S. 1 InsO sind lediglich der Insolvenzverwalter und der Insolvenzschuldner zur Vorlage des Insolvenzplans an das Insolvenzgericht berechtigt. Die Gläubiger haben lediglich die Möglichkeit gemäß §§ 157, 218 Abs. 2 InsO im Gerichtstermin den Insolvenzverwalter mit der Ausarbeitung eines Plans zu beauftragen.

Die Erstellung eines Insolvenzplans erfolgt wie folgt:

Abbildung 14.3   Planvorlage

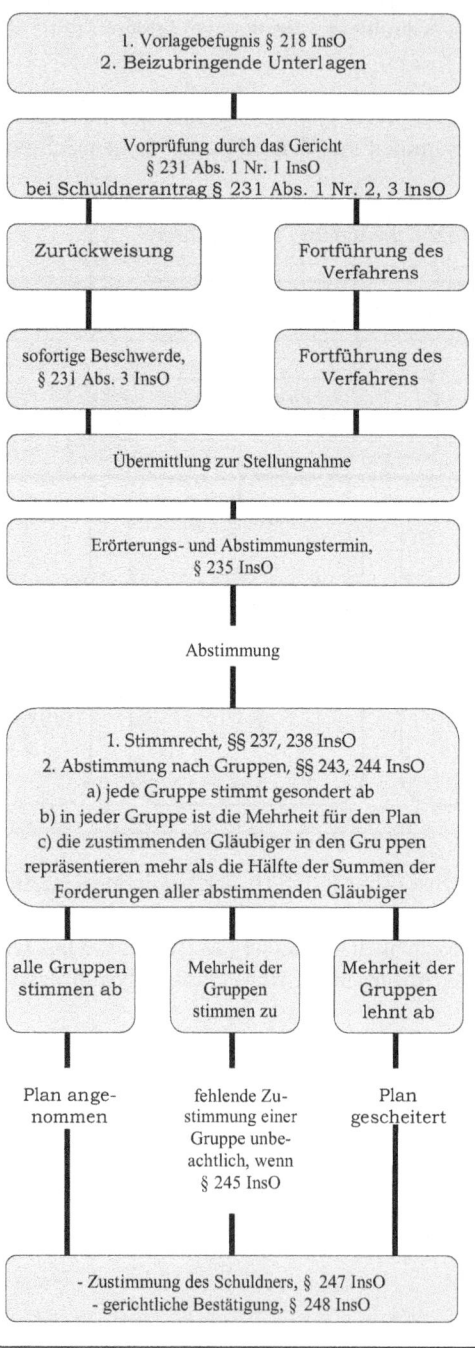

Üblicherweise gliedert sich ein Insolvenzplan in drei Teile:

- im **darstellenden Teil** (§ 220 InsO) wird die Lage des Schuldners sowie tatsächliche Maßnahmen zur Verfahrensabwicklung beschrieben (Ist-Situation des Unternehmens, Sanierungskonzepte, erforderliche Beiträge der Beteiligten, Quotenvergleich für Alternativszenarien),

- der **gestaltende Teil** (§ 221 InsO) beinhaltet das Sanierungskonzept. Die Besonderheit dieses Teils besteht darin, dass die Rechtsstellung der Gläubiger jedoch verhindert werden kann,

- daneben bestehen noch **Plananlagen** (§§ 229, 230 InsO).

Der **darstellende Teil** des Insolvenzplans beschreibt nach § 221 InsO Maßnahmen, die nach Eröffnung des Insolvenzverfahrens bereits getroffen worden sind bzw. noch getroffen werden sollen. Hierbei liegt gemäß §§ 229, 230 InsO der Schwerpunkt des darstellenden Teils beim **Sanierungskonzept**.

Gemäß § 220 Abs. 2 InsO soll darüber hinaus der Insolvenzplan alle Angaben zu den Grundlagen und Auswirkungen enthalten, die für die Entscheidung der Gläubiger über deren Zustimmung zum Plan und für die gerichtliche Bestätigung erheblich sind. Der Insolvenzplan muss sich im Wege einer Bestandsaufnahme über die Vermögens-, Finanz- und Ertragslage des insolventen Unternehmens äußern.

Der **gestaltende Teil** des Insolvenzplans regelt gemäß § 221 InsO wie die **Rechtstellung der Parteien** durch den Plan **geändert werden soll**.

> **Beispiele:**

So können bei Kapitalgesellschaften Kapitalerhöhungen bzw. -herabsetzungen durchgeführt werden oder auch Eigentumsübertragungen vorgesehen werden. Neu wurde durch die Insolvenzrechtsnovelle 2012 der dept-equity-swap eingeführt, wonach Fremdkapital in Eigenkapital umgewandelt werden kann. Demnach können Gläubiger zu Gesellschaftern werden (§§ 217 S. 2, 225 a Abs. 2 InsO). Auch Stundungen oder Maßnahmen nach § 254 a InsO können Gegenstand des gestaltenden Teils eines Insolvenzplans sein.

Gemäß § 222 InsO sind bei der Festlegung der Rechte der beteiligten Gruppen zu bilden, wenn durch den Insolvenzplan Gläubiger mit unterschiedlicher Rechtstellung betroffen sind. Gemäß § 226 Abs. 1 InsO sind alle Beteiligten innerhalb einer Gruppe gleich zu behandeln. Eine Bildung von Mischgruppen, d. h. eine Gruppe bestehend aus Gläubigern unterschiedlicher Rechtstellung, ist unzulässig.[245] Es ist damit unzulässig, in einer Gruppe absonderungsberechtigter Gläubiger mit einfachen Gläubigern zusammenzufassen.

---

[245] BGH NZI 2005, S. 619, 621

Muster: Gestaltender Teil eines Insolvenzplans

<u>Insolvenzplan</u>

...

1. Die absonderungsberechtigten Gläubiger (§ 223 InsO) verzichten für die Dauer von 6 Monaten auf die Zinsen (§ 169 InsO). Zudem verzichten sie über einen Kostenbeitrag (§ 171 InsO) hinaus auf 10 % des Verwertungserlöses.

2. Die Insolvenzgläubiger erlassen dem Schuldner 70 % ihrer Forderungen und stunden den nicht erlassenen Teil für 3 Jahre.

3. Die Arbeitnehmer (als Insolvenzgläubiger) verzichten in Höhe ihrer nicht durch Insolvenzgeld gedeckten rückständigen Bezüge aus dem Arbeitsverhältnis gegen Erhalt von Mitgliedschaftsrechten an einer Übernahmegesellschaft.

4. Die Erfüllung des Insolvenzplanes soll durch den Insolvenzverwalter überwacht werden (§§ 260, 261 InsO).

5. Investitionen der Übernahmegesellschaft mit einem Einzelbetrag von mehr als 20.000 € bedürfen der Zustimmung des Insolvenzverwalters (§ 263 InsO).

6. Die Übernahmegesellschaft darf während der Zeit der Überwachung Kredite von insgesamt höchstens 1,3 Mio. € aufnehmen (§ 264 InsO).

......

14.3   Verbraucherinsolvenzverfahren

Für die Insolvenz von Verbrauchern sieht die InsO ein vereinfachtes Verfahren vor.

Gemäß § 304 InsO sind Verbraucher natürliche Personen, die **keine selbstständige und wirtschaftliche Tätigkeit** ausüben oder ausgeübt haben. Hat der Schuldner dennoch eine selbstständige wirtschaftliche Tätigkeit ausgeübt, kann das Verbraucherinsolvenzverfahren dennoch zur Anwendung gelangen, wenn die Vermögensverhältnisse des Schuldners überschaubar sind und gegen den Schuldner keine Forderungen aus Arbeitsverhältnissen bestehen. Gemäß § 304 Abs. 2 InsO wird dies angenommen, wenn der Schuldner zu dem Zeitpunkt, zu dem er den Antrag auf Eröffnung des Insolvenzverfahrens gestellt hat, weniger als 20 Gläubiger hat.

Gemäß § 305 Abs. 1 S. 1 InsO muss dem Verbraucherinsolvenzverfahren ein **außergerichtlicher Schuldenbereinigungsplan** vorausgehen, der von einer geeigneten Person erstellt wird. Geeignet hierfür sind insbesondere Rechtsanwälte, Rechtsbeistände, Notare und Steuerberater. Alternativ kommt auch die Betreuung durch eine zugelassene Stelle in Betracht, insbesondere die Schuldnerberatungsstellen.

Der außergerichtliche Schuldenplan stellt einen schriftlichen Plan dar, der mind. einen Zahlungs- und Tilgungsplan enthält. Er ist an alle Gläubiger zu versenden. Die Gläubiger können dazu Stellung nehmen. Die darin enthaltenen Forderungen sind nach Hauptforderung, Zinsen und Kosten zu gliedern. Für die Erstellung eines Schuldenbereinigungsplans kann der Schuldner Antrag auf Beratungshilfe beim zuständigen Amtsgericht stellen. Der Schuldenbereinigungsplan ist gescheitert, wenn nicht alle Gläubiger ihm zustimmen. Wird der Schuldenbereinigungsplan angenommen, stellt dieser einen außergerichtlichen Vergleich gemäß § 779 Abs. 2 BGB dar. Er ist jedoch kein Vollstreckungstitel.

Scheitert das außergerichtliche Schuldenbereinigungsverfahren, d. h. dass nicht alle Gläubiger dem Schuldenbereinigungsplan zugestimmt haben, gelangt das Verbraucherinsolvenzverfahren in den **gerichtlichen Abschnitt**. Der schriftliche Schuldenbereinigungsplan ist nunmehr dem Gericht vorzulegen, wobei noch vorzulegen sind:

■ Negativbescheinigung hinsichtlich des außergerichtlichen Schuldenbereinigungsversuchs, welche nicht älter als sechs Monate alt ist,

■ Antrag auf Restschuldbefreiung oder der Verzicht hierauf (verbunden mit einer Abtretungserklärung nach § 287 Abs. 2 InsO über die pfändbaren Beträge des Schuldners)

■ Vermögensverzeichnis (Verzeichnis der Gläubiger und der Forderungen und der Erklärung der Vollständigkeit der Angaben),

■ einen Schuldenbereinigungsplan.

Im gerichtlichen Verfahren wird zunächst wieder versucht, eine Einigung herbeizuführen. Hierfür ist nunmehr der Richter zuständig. Das Insolvenzverfahren ruht unterdessen gemäß § 306 Abs. 1 InsO. Dies soll drei Monate nicht überschreiten. In dieser Zeit sind allerdings Sicherungsmaßnahmen des Gerichtes gemäß §§ 21, 22 InsO nach § 306 Abs. 2 InsO möglich.

Nachdem das Gericht den Gläubigern den Schuldenbereinigungsplan zugestellt hat, können diese sich binnen einer Notfrist, d. h. einer Frist, die nicht verlängert werden kann, von einem Monat dazu Stellung nehmen. Hierbei kann gemäß § 310 InsO kein Anspruch auf Kostenerstattung gegen den Schuldner entstehen.

Gemäß § 308 InsO gilt der **Schuldenbereinigungsplan** als angenommen, wenn kein Gläubiger Einwendungen vorgebracht hat. Gemäß § 309 InsO kann das Gericht selbst bei Einwendungen fehlende Zustimmungen bei 50 % Kopf- und Summenmehrheit ersetzen. Allerdings kommt die Ersetzung des Gerichts gemäß § 309 Abs. 1 S. 2 N. 2 InsO nur in Betracht, wenn der Gläubiger sich nicht verschlechtern würde. Einzusetzen sind bei der Vergleichsberechnung im Wesentlichen die pfändbaren Anteile des Arbeitseinkommens über den Zeitraum von sechs Jahren, der sog. Prognosebetrag. Gemäß § 309 Abs. 1 S. 2 Nr. 2, 2. Hs. InsO ist von gleichen Einkommens-, Familien- und Vermögensverhältnissen für die gesamte Dauer des Verfahrens im Zweifel prognostisch auszugehen.

Gemäß § 305 Abs. 3 S. 1 InsO kann das Gericht dem Schuldner eine Frist von einem Monat setzen, wenn von ihm noch Erklärungen oder Unterlagen fehlen. Reicht der Schuldner die

fehlenden Unterlagen oder Erklärungen nicht nach, gilt der Antrag des Schuldners gemäß
§ 305 Abs. 3 S. 2 InsO als zurückgenommen.

Gemäß § 310 InsO haben die Gläubiger insgesamt keinen Anspruch auf Kostenerstattung
während des gesamten Verfahrens über den gerichtlichen Schuldenbereinigungsplan.

Scheitert auch das gerichtliche Schuldenbereinigungsverfahren, kommt es gemäß § 311
InsO nunmehr zum **vereinfachten Verbraucherinsolvenzverfahren**. Für diese gelten gemäß § 304 Abs. 1 InsO die allgemeinen Vorschriften. Gemäß § 89 InsO besteht während
des gesamten Verfahrens ein Vollstreckungsverbot. Gemäß § 114 Abs. 1 InsO werden
Lohnabtretungen nach drei Jahren unwirksam.

Auch findet ein Prüftermin gemäß § 312 Abs. 1 InsO statt. Hier ist gemäß § 312 Abs. 1 InsO
auch ein schriftliches Verfahren möglich.

Allerdings sind im vereinfachten Verbraucherinsolvenzverfahren ein Insolvenzplan und
eine Eigenverwaltung nicht möglich. Statt des Insolvenzverwalters tritt hier ein **Treuhänder** auf, dessen Vergütung sich nach § 13 Abs. 1 InsVV richtet und 15 % der Masse bzw.
mind. 250,00 € beträgt.

Gemäß § 289 Abs. 1 InsO wird nach der Verwertung des Schuldnervermögens über den
Restschuldbefreiungsantrag im sog. Schlusstermin entschieden. Im Anschluss an das ver-
einfachte Insolvenzverfahren findet nunmehr die Wohlverhaltensperiode statt.

Abbildung 14.4 Ablauf des Verbraucherinsolvenzverfahrens

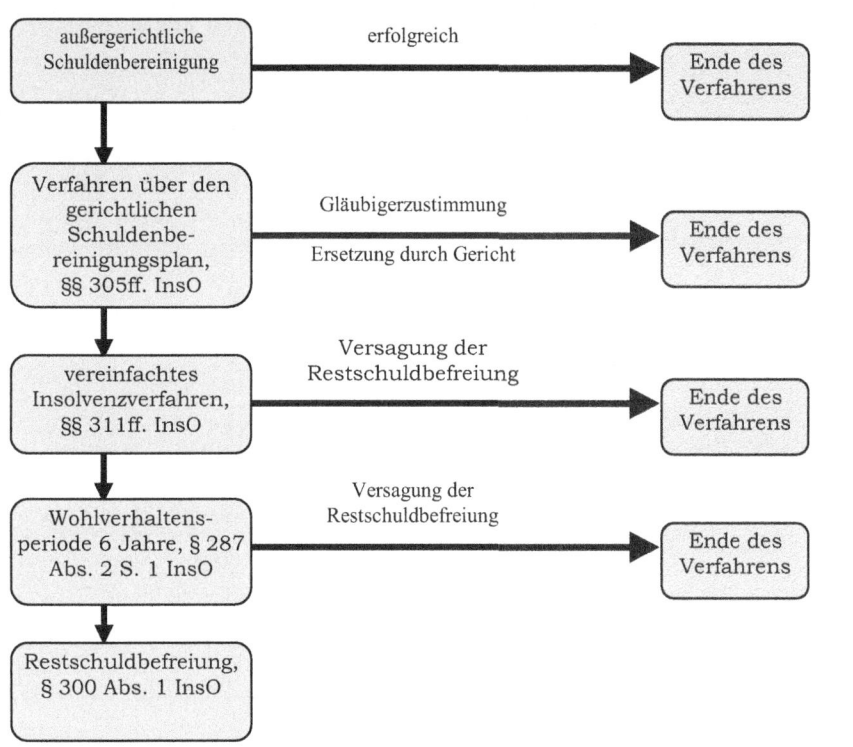

15   Restschuldbefreiung

15.1   Voraussetzungen

Das Ende eines Insolvenzverfahrens bedeutet nicht automatisch, dass die persönliche Haftung eines Schuldners erlischt. Üblicherweise werden in einem Insolvenzverfahren die einzelnen Gläubiger mit einer Quote befriedigt. Gemäß § 201 Abs. 1 S. 1 InsO haben sie mit dem Rest ihrer Forderungen ein Nachforderungsrecht. Dies würde dazu führen, dass Schuldner trotz eines Insolvenzverfahrens lebenslang dem Zugriff der Gläubiger ausgesetzt sind. Deshalb sehen die §§ 286 ff. InsO die Möglichkeit der sog. Restschuldbefreiung vor.

Abbildung 15.1   Voraussetzungen der Restschuldbefreiung

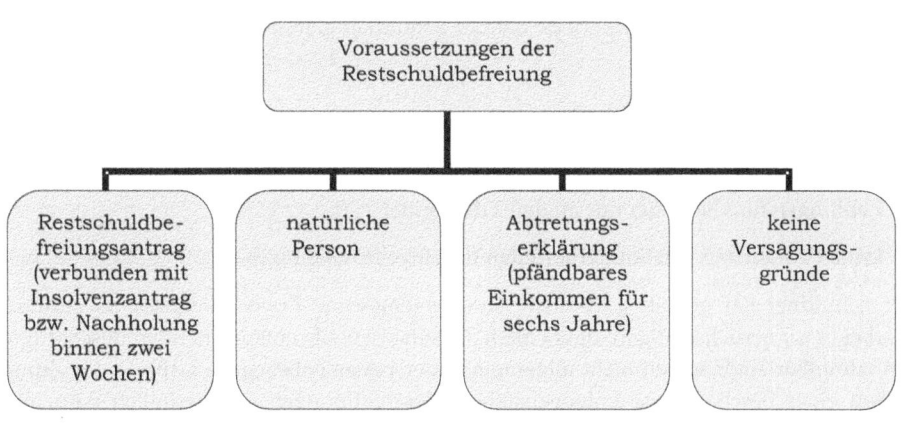

Gemäß § 287 Abs. 1 S. 1 InsO bedarf es für die Restschuldbefreiung eines Schuldnerantrages, der im Regelfall mit der Eröffnung des Insolvenzverfahrens gestellt wird, jedoch gemäß § 20 Abs. 2 InsO nach einem entsprechenden Hinweis des Gerichts auch noch innerhalb von zwei Wochen nach dem Antrag auf Eröffnung des Insolvenzverfahrens gestellt werden kann. Wird der Antrag zu spät gestellt, tritt später keine Restschuldbefreiung ein.

Darüber hinaus kommt die Restschuldbefreiung nur bei natürlichen Personen in Betracht. Hierbei kommt es allerdings nicht darauf an, ob die natürliche Person Verbraucher, Arbeitnehmer oder Selbstständiger ist. Gemäß § 287 Abs. 2 S. 1 InsO muss der Schuldner eine Erklärung abgeben, dass er seine pfändbaren Bezüge aus einem Dienst- oder Arbeitsverhältnis für die Dauer von sechs Jahren nach Eröffnung des Insolvenzverfahrens an einen vom Gericht zu bestimmenden Treuhänder abtritt.

Das wesentliche Element der Restschuldbefreiung ist die sog. Wohlverhaltensperiode, die gemäß § 287 Abs. 2 S. 1 InsO grundsätzlich sechs Jahre dauert. Gemäß § 294 Abs. 1 InsO dauert so lange das Vollstreckungsverbot fort.

Der vom Gericht eingesetzte Treuhänder hat gemäß § 292 InsO folgende Aufgaben:

- Unterrichtung des Arbeitgebers über die Abtretung

- Einziehung der abgetretenen Beträge

- Verteilung an die Gläubiger (einmal jährlich)

- Auszahlung des Selbstbehaltes an den Schuldner (§ 292 Abs. 1 S. 2 InsO)

- Überwachung der Obliegenheiten des Schuldners bei entsprechendem Antrag der Gläubigerversammlung (§ 292 Abs. 2 InsO).

Gemäß § 293 InsO beträgt die Vergütung des Treuhänders mind. 100,00 € jährlich (§ 14 Abs. 3 InsVV). Ansonsten erhält der Treuhänder einen Prozentsatz der Einziehungsbeträge nach § 14 Abs. 2 InsVV von 1 – 5 %.

Während der Wohlverhaltensperiode hat der Schuldner gemäß § 295 InsO folgende Obliegenheitspflichten:

- angemessene Erwerbstätigkeit

- Anzeigen eines Wohnsitz- oder Arbeitgeberwechsels

- Zahlungen für Gläubiger nur an den Treuhänder

- keine Gewährung von Sondervorteilen für einzelne Gläubiger

Der Schuldner hat gemäß § 295 InsO eine angemessene Erwerbstätigkeit auszuführen. Hierbei ist zu berücksichtigen, dass einem Arbeitslosen alle entsprechenden Beschäftigungen zumutbar sind, soweit nicht allgemeine oder personenbezogene Gründe der Zumutbarkeit einer Beschäftigung entgegenstehen. Beschäftigungen sind lediglich dann nicht zumutbar, wenn sie gegen gesetzliche, tarifliche oder betriebliche Vereinbarungen über Arbeitsbedingungen oder Arbeitsschutzbestimmungen verstoßen.

Wählt der verheiratete Schuldner ohne sachlichen Grund eine ungünstige Steuerklasse, kann dies einen Verstoß gegen die Erwerbspflichten darstellen.[246]

Oft stellt sich in der Praxis die Frage, welche Einkommensminderungen der Schuldner hinzunehmen hat. Ein personenbezogener Grund, welcher einer Beschäftigung entgegensteht, liegt dann vor, wenn das Arbeitsentgelt erheblich niedriger ist, als das der Bemessung des Arbeitslosengeldes zugrunde liegende Arbeitsentgelt ist. Bemessungsgrundlage ist das durchschnittliche Nettoeinkommen der letzten zwölf Monate vor der Arbeitslosig-

---

[246] BGH NZI 2009, S. 326

keit. Vor diesem Hintergrund hat der Schuldner folgende Einkommensminderungen hinzunehmen:

Dauer Arbeitslosigkeit	zumutbare Minderung des Einkommens
1. bis 3. Monat	bis 20 %
4. bis 6. Monat	bis 30 %
ab dem 7. Monat	fiktives Arbeitslosengeld (in der Regel 60 % des letzten Nettoeinkommens, 67 % bei einem Kind)

Darüber hinaus stellt sich oft in der Praxis die Frage, welche Fahrtzeiten der Schuldner zu seiner Arbeitsstelle hinnehmen muss. Bei einer Arbeitszeit von mehr als sechs Stunden beträgt die tägliche zumutbare maximale Fahrtzeit drei Stunden, bei einer Arbeitszeit von bis zu sechs Stunden oder weniger, beträgt die tägliche zumutbare Fahrtzeit maximal zwei Stunden.

Dem Schuldner können auch befristete Beschäftigungen, Beschäftigungen, die mit einer getrennten Haushaltsführung verbunden sind, eine ausbildungsfremde Tätigkeit und eine minderqualifizierte Tätigkeit zugemutet werden.

15.2 Entscheidung über die Restschuldbefreiung

Gemäß § 1 S. 2 InsO wird die Restschuldbefreiung nur redlichen Schuldnern gewährt. § 290 Abs. 1 InsO zählt Gründe auf, die zu einer Versagung der Restschuldbefreiung führen können. Die Aufzählung ist abschließend.[247] Hiernach darf der Schuldner nicht

- wegen einer Insolvenzstraftat verurteilt worden sein,

- Kredite oder öffentliche Mittel unlauter erschlichen haben,

- bereits innerhalb einer 10-Jahresfrist in den Genuss einer Restschuldbefreiung gekommen sein, ohne dass ihm diese versagt wurde,

- verschwenderisch gehandelt haben,

---

[247] BGH NZI 2006, S. 249

■ während des laufenden Insolvenzverfahrens Auskunfts- und Mitwirkungspflichten nachhaltig verletzt haben,

■ im Rahmen des Insolvenzverfahrens in mindestens grob fahrlässiger Weise unrichtige Angaben gemacht haben.

Ein Schuldner hat oft schon während des Insolvenzverfahrens ein Interesse daran, dass festgestellt wird, ob bzw. dass die Voraussetzungen für die Restschuldbefreiung vorliegen. Das Gericht kann hierzu einen sog. Ankündigungsbeschluss erlassen, in welchem es über die Voraussetzungen der Restschuldbefreiung entscheidet.

<u>Muster</u>: Ankündigungsbeschluss (Auszug)

Amtsgericht...

Beschluss

In dem Insolvenzverfahren

1. Es wird festgestellt, dass der Schuldner Restschuldbefreiung erlangt, wenn er für die Zeit von sechs Jahren ab Eröffnung des Insolvenzverfahrens, das heißt ab ... vorliegende Obliegenheiten erfüllt:

a) eine angemessene Erwerbstätigkeit ausgeübt hat und, wenn er ohne Beschäftigung ist, sich um eine solche bemüht und keine zumutbare Erwerbstätigkeit ablehnt,
b) Vermögen, dass er von Todes wegen erwirbt oder mit Rücksicht auf ein künftiges Erbrecht erwirbt zur Hälfte des Wertes an den vom Gericht bestimmten Treuhänder herausgibt
c) jeden Wechsel seines Wohnsitzes oder der Beschäftigungsstelle unverzüglich dem Insolvenzgericht und dem Treuhänder anzeigt, ...

Gemäß § 300 InsO entscheidet das Gericht nach Anhörung der Beteiligten, wenn die Restschuldbefreiung nicht gemäß § 300 Abs. 2 InsO versagt wird. Das Gericht hat hierbei **kein Ermessen** im Bezug auf die Restschuldbefreiung, sondern hat diese zu gewähren, wenn die gesetzlichen Voraussetzungen vorliegen. Das Gericht versagt diese nur, wenn zu seiner vollen Überzeugung feststeht, dass ein Versagungsgrund vorliegt.[248] Funktionell zuständig ist der Richter.

---

[248] BGH NZI 2006, S. 249 f

Abbildung 15.2 Wohlverhaltensperiode und Entscheidung über die Restschuldbefreiung

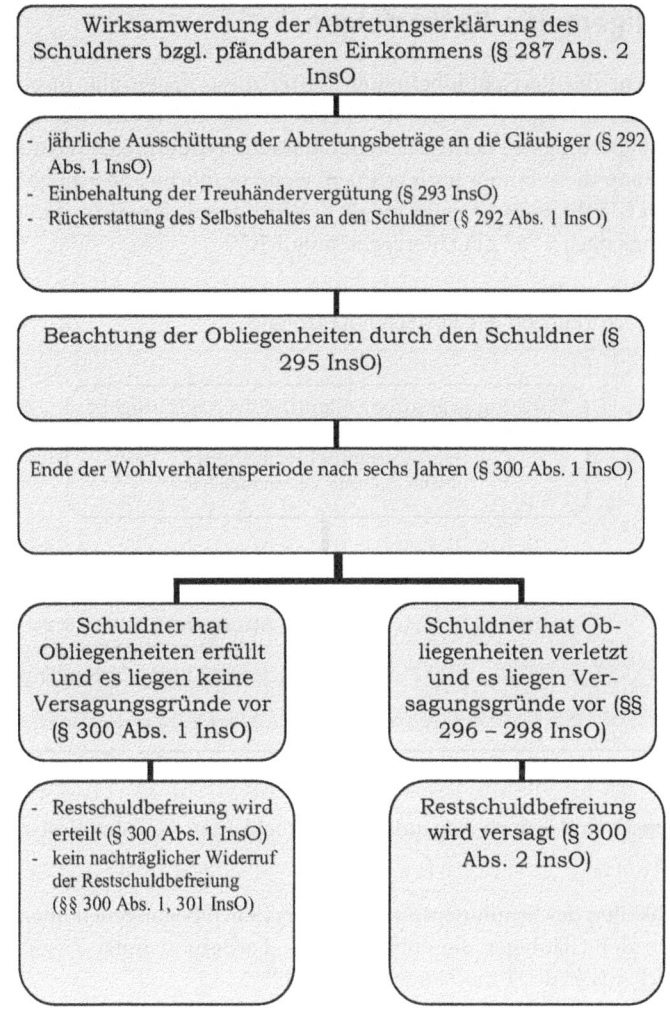

15.3   Rechtsfolgen der Restschuldbefreiung

15.3.1   Allgemeine Rechtsfolgen

Erteilt das Gericht die Restschuldbefreiung, wirkt diese gegen alle Insolvenzgläubiger. Gemäß § 301 Abs. 1 InsO gilt dies auch für Gläubiger, die ihre Forderung nicht angemeldet haben. Dabei ist allerdings zu berücksichtigen, dass die Forderungen nicht erlöschen, d. h. der Schuldner kann diese immer noch erfüllen, wenn er möchte, allerdings ist die Erzwingung durch den Gläubiger nicht mehr möglich. Wird dennoch vollstreckt, ist die Vollstreckungsgegenklage nach § 767 ZPO hiergegen möglich.[249]

Abbildung 15.3   Wirkungen der Restschuldbefreiung

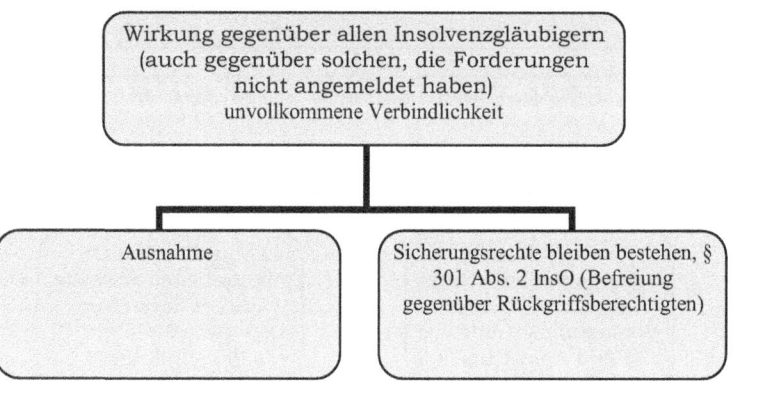

Gemäß § 302 InsO sind jedoch folgende Verbindlichkeiten von der Restschuldbefreiung ausgenommen:

■ Verbindlichkeiten des Schuldners aus einer vorsätzlich begangenen unerlaubten Handlung, sofern der Gläubiger die entsprechende Forderung unter Angabe des Rechtsgrundes nach § 174 Abs. 1 InsO angemeldet hat;[250]

■ Geldstrafen und diesen gemäß § 39 Abs. 1 Nr. 3 InsO gleichgestellten Verbindlichkeiten des Schuldners;

■ Verbindlichkeiten aus zinslosen Darlehen, die dem Schuldner zur Begleichung der Kosten des Insolvenzverfahrens gewährt wurden.

---

[249] BGH NZI 2008, S. 737 f

[250] Säumniszuschläge wegen vorenthaltenen Arbeitnehmerbeiträgen zur Sozialversicherung gemäß § 24 Abs. 1 SGB IV fallen nicht darunter; vgl. BGH IX ZR 218 / 10 = DB 2012, S. 798

Auch ist zu berücksichtigen, dass Sicherungsrechte gemäß § 301 Abs. 2 S. 1 InsO bestehen bleiben. Gemäß § 301 Abs. 2 S. 2 InsO wird der Schuldner allerdings gegenüber dem Mitschuldner, dem Bürgen oder anderen Rückgriffsberechtigten in gleicher Weise befreit wie gegenüber Insolvenzgläubigern.

15.3.2 Nachteile der Restschuldbefreiung

Im Rahmen der Beratung insolventer Mandanten sind diesem auch die möglichen Nachteile einer Restschuldbefreiung vor Augen zu führen.

Leben am Existenzminimum	Pfändbare Vermögenswerte sind abzuführen. Darum ist in Grenzfällen eine genaue Berechnung angebracht, ob nicht ein Vergleich zu günstigeren Ergebnissen führt[251]
Auseinandersetzung mit Gläubigern	Widerruft der Insolvenzverwalter Lastschriften[252], droht Auseinandersetzung mit Gläubigern. Darum ist diese Vorgehensweise umstritten bei Gefährdung von Elementarbedürfnissen.
Restschuldbefreiung nur bei Redlichkeit	Der Schuldner muss alle vermögensbezogenen Auskünfte erteilen.
Widerruf der Restschuldbefreiung	Spätere Aufdeckung von Verstößen: Widerruf (§ 303 Abs. 1 InsO).
Verbleibende Restverbindlichkeiten	Gestundete Verfahrenskosten bleiben mind. 4 weitere Jahre zu zahlen (§ 4b InsO). Faktisch erhält ein redlicher Schuldner also erst nach 10 Jahren die vollständige Restschuldbefreiung.
Geldstrafen und deliktsrechtliche Verbindlichkeiten bleiben bestehen	Geldstrafen u. ä. und Verbindlichkeiten aus vorsätzlicher unerlaubter Handlung, ohne Zinsen und Kosten[253], bleiben bis zur Verjährung bestehen (§ 302 InsO). Der Schuldner kann der Einordnung als deliktisch widersprechen und Gläubiger zu einer Feststellungsklage zwingen.[254] Steuerhinterziehung wird als nicht deliktisch betrachtet[255]

---

[251] OLG Naumburg 1 U 74/07
[252] BGH - IX ZR 22/03
[253] KG Berlin 7 U 47/08
[254] BGH IX ZR 176/05
[255] BFH- VII R 6/07.

Neuverbindlichkeiten bleiben unberührt	Ein zweite Restschuldbefreiung ist im Fall einer Versagung im Erstverfahren erst nach 10 Jahren zulässig (§ 290 Abs. 1 Nr. 3 InsO).
Möglichkeit der Nachtragsverteilung	Wenn nach Aufhebung des Verfahrens Neues an sich Massezugehöriges ermittelt wird, kommt es zur Nachtragsverteilung (§ 203 InsO).
Publizität	Das Insolvenzverfahren wird öffentlich bekannt.

16   Sanierungsberatung

16.1   Grundsätzliches

Wie bereits oben mehrfach erwähnt ist das Insolvenzverfahren sowohl für die Gläubiger wie auch für den Schuldner mit erheblichen Nachteilen belastet. Neben der langen Verfahrensdauer ist häufig die Zerschlagung von wirtschaftlichen Werten, insbesondere des Unternehmens des Schuldners, ein erheblicher Nachteil. Aus diesem Grunde hat sich ein weiteres Feld, das der Sanierungsberatung, etabliert. Hierbei wird versucht, eine Insolvenz bereits im Vorfeld zu vermeiden. Ungeachtet etwaiger Sanierungsbemühungen **besteht die Insolvenzantragspflicht fort**. Dies bedeutet, dass bei Vorliegen eines Insolvenzgrundes und einer Antragsverpflichtung der Insolvenzantrag gestellt werden muss.

Die **Anforderungen an einen Sanierungsberater** sind sehr komplex, da dieser neben einem breiten rechtlichen Fachwissen auch betriebswirtschaftliche Kenntnisse mitbringen muss. Grundlage ist ein Geschäftsbesorgungsvertrag, wobei die Vergütung wegen § 142 InsO zumeist in Abständen von 30 Kalendertagen in Rechnung gestellt und bezahlt wird.[256] Andernfalls droht die Anfechtung der Vergütungsleistung. Der Sanierungsberater ist **erheblichen Haftungsrisiken** ausgesetzt. Insbesondere besteht die Gefahr der Insolvenzverschleppung mit ihren straf- und zivilrechtlichen Folgen. Wenn die Leistungen des Sanierungsberaters nicht klar definiert sind und auch so abgerechnet werden, besteht zudem das Risiko, dass dieser als faktischer Geschäftsführer in Haftung genommen wird.[257] Ist der Sanierungsberater auch Steuerberater, vereidigter Buchprüfer oder Wirtschaftsprüfer, besteht zudem die Gefahr einer Strafbarkeit bei Verstößen gegen Buchführungs- und Bilanzierungsvorschriften (§§ 283 Abs. 1 Nr. 5, 6 und 7 StGB sowie § 283 b, 14 StGB). Hierbei ist jedoch zu beachten, dass dem Sanierungsberater ein Leistungsverweigerungsrecht zusteht, wenn sein Honorar bzw. Vorschuss vom Mandanten nicht bezahlt wird.[258]

Die Sanierungsberatung setzt bei ihrer Tätigkeit häufig an verschiedenen Punkten an, wobei auf die jeweilige individuelle Lage des Unternehmens abzustellen ist. So kann es ausreichen, die Finanzierung des Unternehmens auf eine neue Grundlage zu stellen. Im Bereich der Eigenfinanzierung der Gesellschafter kommen

- Kapitalerhöhungen,

- die Aufnahme neuer Gesellschafter,

- ein Forderungsverzicht (gegebenenfalls mit Besserungsabrede) sowie

---

[256] BGH ZInsO 2006, S. 712, 714
[257] BGHZ 104, S. 44, 46
[258] BGH DB 1988, S. 907

■ ein Rangrücktritt in Bezug auf Gesellschafterdarlehen

in Betracht.

Daneben kann auch eine entsprechende Fremdfinanzierung durch Dritte erfolgen.

In einigen Fällen reicht die Finanzierung alleine nicht aus, sondern aus betriebswirtschaftlicher Sicht macht es Sinn, sich von einem Unternehmen zu trennen. Unternehmenskäufe in der Krise haben erhebliche Vorteile, da der Käufer ein entsprechendes Unternehmen zu besonders günstigen Konditionen erhält. Weiterhin hat das Zielunternehmen zu diesem Zeitpunkt noch keinen insolvenzbedingten Imageschaden erlitten. Die übertragende Sanierung knüpft daran an und führt zu Trennung von Aktiva und Passiva: die Schulden verbleiben beim Veräußerer und die fortführungsfähigen Teile (eines Unternehmens) werden auf den Erwerber übertragen.

16.2   Arten und Risiken des Unternehmenskaufs

16.2.1   Arten des Unternehmenskaufs

Der **Unternehmenskauf**, welcher im Regelfall eine Kapitalgesellschaft betrifft, kann in **zwei Formen** durchgeführt werden.

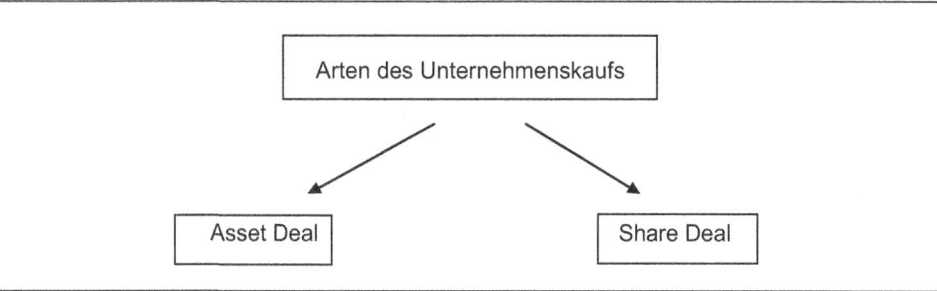

Beim Asset Deal werden einzelne Wirtschaftsgüter übertragen (so genannte übertragende Sanierung). Dagegen werden beim Share Deal nur die Anteile übertragen.

Der Unternehmenskauf bringt für den Käufer **nicht unerhebliche Haftungsrisiken**:

■ Im Fall einer Firmenfortführung besteht die Gefahr der Übernahme der Schulden gemäß § 25 HGB. Diese sieht die Haftung mit vollem Vermögen, unabhängig von der Rechtsform des gekauften Unternehmens, vor. Durch die Fortführung der Firma (§ 17 HGB) wird der Eindruck der Kontinuität des Unternehmens erweckt.

§ 25 HGB: Haftung des Erwerbers bei Firmenfortführung

(1) Wer ein unter Lebenden erworbenes Handelsgeschäft unter der bisherigen Firma mit oder ohne Beifügung eines das Nachfolgeverhältnis andeutenden Zusatzes fortführt, haftet für alle im Betriebe des Geschäfts begründeten Verbindlichkeiten des früheren Inhabers. Die in dem Betriebe begründeten Forderungen gelten den Schuldnern gegenüber als auf den Erwerber übergegangen, falls der bisherige Inhaber oder seine Erben in die Fortführung der Firma eingewilligt haben.

(2) Eine abweichende Vereinbarung ist einem Dritten gegenüber nur wirksam, wenn sie in das Handelsregister eingetragen und bekannt gemacht oder von dem Erwerber oder dem Veräußerer dem Dritten mitgeteilt worden ist.

(3) Wird die Firma nicht fortgeführt, so haftet der Erwerber eines Handelsgeschäfts für die früheren Geschäftsverbindlichkeiten nur, wenn ein besonderer Verpflichtungsgrund vorliegt, insbesondere wenn die Übernahme der Verbindlichkeiten in handelsüblicher Weise von dem Erwerber bekannt gemacht worden ist.

Der BGH verneint die Anwendung dieser Vorschrift im Rahmen eines Insolvenzverfahrens und begründet dies damit, dass ansonsten das Unternehmen unverkäuflich wäre.[259] Gleiches soll gelten wenn das Insolvenzverfahren mangels Masse nicht eröffnet wird. Jedoch kommt § 25 HGB zur Anwendung, wenn das Insolvenzverfahren vorläufig eröffnet wurde und Sicherungsmaßnahmen nach § 21 InsO getroffen wurden. Bislang noch nicht entschieden ist der Fall, dass hieran ein Insolvenzverfahren sich anschließt.

■ Der Erwerber haftet zudem gemäß § 75 Abs. 1 AO für betrieblich veranlasste Steuern. Voraussetzung ist, dass es sich um ein lebendes Unternehmen handelt, welches ohne weiteres fortgeführt werden kann und die Steuern im letzten Jahr vor der Übertragung begründet wurden. Zudem ist die Haftung auf Betriebssteuern begrenzt (z. B. Umsatzsteuer, Gewerbesteuer).

§ 75 AO: Haftung des Betriebsübernehmers

(1) Wird ein Unternehmen oder ein in der Gliederung eines Unternehmens gesondert geführter Betrieb im Ganzen übereignet, so haftet der Erwerber für Steuern, bei denen sich die Steuerpflicht auf den Betrieb des Unternehmens gründet, und für Steuerabzugsbeträge, vorausgesetzt, dass die Steuern seit dem Beginn des letzten, vor der Übereignung liegenden Kalenderjahrs entstanden sind und bis zum Ablauf von einem Jahr nach Anmeldung des Betriebs durch den Erwerber festgesetzt oder angemeldet werden. Die Haftung beschränkt sich auf den Bestand des übernommenen Vermögens. Den Steuern stehen die Ansprüche auf Erstattung von Steuervergütungen gleich.

(2) Absatz 1 gilt nicht für Erwerbe aus einer Insolvenzmasse und für Erwerbe im Vollstreckungsverfahren.

---

[259] BGH II ZR 313/87

Auch diese Norm ist bei einem Unternehmenskauf im Rahmen der Insolvenz nicht anwendbar, da ansonsten das Unternehmen in der Regel nicht verkäuflich wäre, § 75 Abs. 2 1. Alt. AO. Deshalb kommt der Ausschluss nicht zur Anwendung, wenn die Eröffnung des Insolvenzverfahrens mangels Masse abgelehnt wurde.[260]

■ Die Arbeitsverhältnisse der betroffenen Arbeitnehmer gehen gemäß § 613 a Abs. 1 BGB auf den Erwerber über. Dies bedeutet, dass auch nachteilhafte Arbeitsverhältnisse zu Lasten des Erwerbers fortgelten. Diese Vorschrift kommt auch in der Insolvenz zur Anwendung, jedoch nicht die Haftungsregelung des § 613 a Abs. 2 BGB. [261]

■ Ein weiteres Problem ist die sog. **Anschlussinsolvenz**. Diese tritt häufig n zwei Konstellationen auf: zum einen kann im Falle fehlerhafter Vertragsgestaltung bzw. entsprechender Anfechtung des Unternehmenskaufvertrags gemäß §§ 129 ff InsO durch den Insolvenzverwalter und der damit verbundenen Rückabwicklung gemäß § 143 Abs. 1 Insolvenzordnung der Erwerber selbst in Insolvenz fällt. Besonders § 133 InsO kommt hierbei eine tragende Rolle zu, denn durch die Durchführung einer Due Diligence vor dem Unternehmenskauf hat der Erwerber meistens Kenntnis von den wirtschaftlichen Fakten des Unternehmens, so dass die Kenntnis hinsichtlich der Zahlungsunfähigkeit leichter beweisbar ist. Dieses Risiko besteht nicht, wenn das Unternehmen vom Insolvenzverwalter erworben wird. Zum anderen kommt die Anschlussinsolvenz zum Tragen, wenn der Insolvenzverwalter die Erfüllung des Kaufvertrags gemäß § 103 Abs. 1 InsO ablehnt.

Der Unternehmenskauf bedeutet aber auch Vorteile. Insbesondere können auch der Unternehmer selbst, bzw. der Gesellschafter der in die Krise geratenen Gesellschaft, das Unternehmen selbst, oder über einen Strohmann, schuldenfrei und günstig zurückkaufen (sog. **Insiderlösung**).

In der Praxis wird hinsichtlich der Form des Unternehmenskaufs zwischen den einzelnen zeitlichen Stadien unterschieden:

- Unternehmenskauf vor Eröffnung des Insolvenzverfahrens: in dieser Phase sind Share Deal und Asset Deal möglich, wenngleich ersterer geringere Haftungsrisiken aufweist.

- Unternehmenskauf im Insolvenzeröffnungsverfahren: im Regelfall geschieht dies durch einen Asset Deal, der Share Deal ist die Ausnahme.

- Unternehmenskauf während des Insolvenzverfahrens: auch hier findet im Regelfall eine Übertragung durch einen Asset Deal statt.

- Unternehmenskauf im Insolvenzplanverfahren: in dieser Konstellation dominiert der Share Deal.

---

[260] FG München v. 24. 1. 2008 - 14 K 4361/06
[261] BAG, Urteil v. 17. 1. 1980 - 3 AZR 160/79 , BAGE 32 S. 326, 333 f.

16.2.2 Zustandekommen des Unternehmenskaufs

Sofern das schuldnerische Unternehmen nicht bereits selbst vor Stellung eines Insolvenzantrags mit potentiellen Käufern Verbindung getreten war, werden Erwerbsinteressenten spätestens nach der Veröffentlichung von Sicherungsmaßnahmen tätig und zeigen ihr Erwerbsinteresse an. Häufig handelt um Mitbewerber, Lieferanten oder Abnehmer des Schuldners. Größere Unternehmen führen Bieterverfahren durch. Die Erwerbsinteressenten vereinbaren mit dem Insolvenzverwalter strafbewehrte Vertraulichkeitsvereinbarungen und erhalten danach Zugang zu den für die Investition relevanten Unternehmensdaten des Schuldners. Der Erwerbsinteressent hat sodann Gelegenheit, das Erwerbsobjekt in technischer, wirtschaftlicher, rechtlicher und/oder steuerrechtlicher Hinsicht zu prüfen und zu bewerten (Due Diligence).

16.3 Der Unternehmenskaufvertrag in der Insolvenz

16.3.1 Sachenrechtlicher Bestimmtheitsgrundsatz

Der schuldrechtliche Kaufvertrag muss dem sachenrechtlichen **Bestimmtheitsgrundsatz** genügen. Jede einzelne zu übereignende Sache muss durch äußere Merkmale so bestimmt bezeichnet sein; bloße Bestimmbarkeit reicht nicht aus. Diese Konkretisierung wird in Insolvenzverfahren häufig durch die Bezugnahme auf das vom Insolvenzverwalter nach Maßgabe der §§ 151, 153 InsO erstellte Verzeichnis erreicht. Dieses listet die vorgefundenen Vermögensgegenstände auf und äußert sich idealerweise auch zu etwaigen Sicherungs- und Drittrechten.

16.3.2 Bestimmung des Kaufpreises

Der Insolvenzverwalter wird sich bei den Kaufpreisverhandlungen für die interne Bestimmung des Mindestkaufpreises, welchen er gegenüber den Gläubigern (noch) verantworten kann, an den Liquidationswerten für die einzelnen Vermögensgegenstände abzüglich etwaiger Stilllegungskosten orientieren. Diesen Liquidationswert wird er meistens im Zusammenhang mit der Vermögensaufzeichnung ermittelt haben (vgl. §§ 151, 153 InsO). Insolvenzverwalter lassen regelmäßig nur auf **feste Kaufpreise** ein. Die mit der künftigen Entwicklung verbundene Unsicherheit spiegelt sich meistens bereits in Gestalt eines „Insolvenzabschlags" im Kaufpreis wider. Für weitergehende Anpassungsmechanismen besteht daher auch kein Bedarf. Der Kaufpreis wird i. d. R. bereits im Kaufvertrag auf die einzelnen Übertragungsgegenstände verteilt.

16.3.3   Formvorschriften und Genehmigungserfordernisse

Der Unternehmenskaufvertrag kann formfrei abgeschlossen werden. Zu beachten sind aber **Formvorschriften**, die für einzelne Übertragungsgegenstände gelten (z. B. § 311b Abs. 1 BGB und § 15 Abs. 3 GmbHG). Greift in Bezug auch nur eines einzigen Kaufgegenstands das Erfordernis einer notariellen Beurkundung ein, gilt dies für den gesamten Unternehmenskaufvertrag.

Eine gem. § 160 Abs. 2 Nr. 1 InsO erforderliche **Zustimmung des Gläubigerausschusses** ist keine Wirksamkeitsvoraussetzung – weder für den Kaufvertrag noch für die Übereignung. Das Zustimmungserfordernis betrifft nur das Innenverhältnis zwischen den Gläubigern und dem Insolvenzverwalter und beschränkt nicht die Verfügungsbefugnis des Insolvenzverwalters im Außenverhältnis.

16.3.4   Steuerliche Aspekte

Ertragsteuerlich stellt der Asset Deal für den Schuldner einen Veräußerungsvorgang dar. Folglich kann es beim Schuldner infolge der Aufdeckung stiller Reserven zu einem steuerpflichtigen Veräußerungsgewinn kommen. Etwa anfallende Einkommensteuer ist nach h.M. **Masseverbindlichkeit**. Ob dies auch dann gilt, wenn die veräußerten Gegenstände, in denen die stillen Reserven ruhten, mit Absonderungsrechten belastet waren und der Insolvenzverwalter den Veräußerungserlös nach Maßgabe der §§ 170 f. InsO an den berechtigten Gläubiger ausgekehrt hat, ist noch nicht abschließend geklärt.[262] Aus Erwerbersicht handelt es sich um eine **Anschaffung**. Die Anschaffungskosten für die einzelnen Wirtschaftsgüter werden, sofern diese abnutzbar sind, aufgrund der AfA bei den Ertragsteuern berücksichtigt.

Umsatzsteuerrechtlich ist wie folgt zu differenzieren:

• Unternehmensveräußerung im Ganzen i. S. von § 1 Abs. 1a UStG: keine Umsatzsteuer. Damit erlangt § 15a UStG keine Bedeutung beim Schuldner. Der Erwerber tritt in die steuerrechtliche Stellung des Veräußerers und damit auch in die Fristen des § 15a UStG ein (vgl. § 1 Abs. 1a Satz 3, § 15a Abs. 10 UStG).

• Kein Tatbestand des § 1 Abs. 1a UStG: umsatzsteuerbarer Vorgang vor, es sei denn es handelt sich um die Veräußerung einer Arztpraxis (§ 4 Nr. 28 UStG). Wenn bewegliche Sachen veräußert werden, ist die Umsatzsteuer (Teil des Kaufpreises) an den Insolvenzverwalter zu überweisen. Die Insolvenzmasse schuldet für alle Kaufgegenstände die Umsatzsteuer (vgl. § 13b Abs. 2 Nr. 2, Abs. 4 UStG). §§ 170 f. InsO stellen sicher, dass die Umsatzsteuer an das Finanzamt ausgekehrt wird.

---

[262] BFH IV R 271/83, BStBl 1984 II S. 602: Masseverbindlichkeit nur, soweit Massezufluss

17   Insolvenzstrafrecht

17.1   Wirtschaftliche Bedeutung

Das Insolvenzstrafrecht ist von **erheblicher praktischer Bedeutung**. 57 % aller Straftaten entfallen auf den Bereich Wirtschaftskriminalität. Innerhalb dieses Bereichs entfallen 42 % der Schäden auf Insolvenzdelikte.

Durch das Insolvenzstrafrecht wird die Insolvenzmasse vor unwirtschaftlicher Verringerung, Verheimlichung und ungerechter Verteilung geschützt.

Erfahrungsgemäß werden die meisten Insolvenzstraftaten von GmbH-Geschäftsführung oder leitenden Personen mit Überwachungs- und Kontrollaufgaben begangen. Kriminologisch betrachtet ist der „typische" Täter männlich und älter als 40 Jahre. Er lebt in geordneten Verhältnissen und ist beruflich engagiert. Das Motiv ist in der Regel weniger der wirtschaftliche Gewinn als das Streben nach Macht und Einfluss.

17.2   Einzelne Straftatbestände

Im Zusammenhang mit dem Insolvenzstrafverfahren kommen folgende Straftaten in Betracht:

- Bankrott (§ 283 StGB)
- besonders schwerer Fall des Bankrotts (§ 283a StGB)
- Verletzung der Buchführungspflicht (§ 283b StGB)
- Gläubigerbegünstigung (§ 283c StGB)
- Schuldnerbegünstigung (§ 283d StGB)

> **§ 283 StGB: Bankrott**
>
> (1) Mit Freiheitsstrafe bis zu fünf Jahren oder mit Geldstrafe wird bestraft, wer bei Überschuldung oder bei drohender oder eingetretener Zahlungsunfähigkeit
>
> 1. Bestandteile seines Vermögens, die im Falle der Eröffnung des Insolvenzverfahrens zur Insolvenzmasse gehören, beiseiteschafft oder verheimlicht oder in einer den Anforderungen einer ordnungsgemäßen Wirtschaft widersprechenden Weise zerstört, beschädigt oder unbrauchbar macht,
>
> 2. in einer den Anforderungen einer ordnungsgemäßen Wirtschaft widersprechenden Weise Verlust- oder Spekulationsgeschäfte oder Differenzgeschäfte mit Waren oder

Wertpapieren eingeht oder durch unwirtschaftliche Ausgaben, Spiel oder Wette übermäßige Beträge verbraucht oder schuldig wird,

3. Waren oder Wertpapiere auf Kredit beschafft und sie oder die aus diesen Waren hergestellten Sachen erheblich unter ihrem Wert in einer den Anforderungen einer ordnungsgemäßen Wirtschaft widersprechenden Weise veräußert, oder sonst abgibt,

4. Rechte anderer vortäuscht oder erdichtete Rechte anerkennt,

5. Handelsbücher, zu deren Führung er gesetzlich verpflichtet ist zu führen, unterlässt oder so führt oder verändert, dass die Übersicht über seinen Vermögensstand erschwert wird,

6. Handelsbücher oder sonstige Unterlagen, zu deren Aufbewahrung ein Kaufmann nach Handelsrecht verpflichtet ist, vor Ablauf der für Buchführungspflichtige bestehenden Aufbewahrungsfristen beiseiteschafft, verheimlicht, zerstört oder beschädigt und dadurch die Übersicht über seinen Vermögensstand erschwert,

7. entgegen dem Handelsrecht

   a) Bilanzen so aufstellt, dass die Übersicht über seinen Vermögensstand erschwert wird, oder

   b) es unterlässt, die Bilanz seines Vermögens oder das Inventar in der vorgeschriebenen Zeit aufzustellen, oder

8. in einer anderen, den Anforderungen einer ordnungsgemäßen Wirtschaft grob widersprechenden Weise seinen Vermögensstand verringert oder seine wirklichen geschäftlichen Verhältnisse verheimlicht oder verschleiert.

(2) Ebenso wird bestraft, wer durch eine der in Absatz 1 bezeichneten Handlungen seine Überschuldung oder Zahlungsunfähigkeit herbeiführt.

(3) Der Versuch ist strafbar.

(4) Wer in den Fällen

1. des Absatzes 1 die Überschuldung oder die drohende oder eingetretene Zahlungsunfähigkeit fahrlässig nicht kennt oder

2. des Absatzes 2 die Überschuldung oder Zahlungsunfähigkeit leichtfertig verursacht,

wird mit Freiheitsstrafe bis zu zwei Jahren oder mit Geldstrafe bestraft.

(5) Wer in den Fällen

1. des Absatzes 1 Nr. 2, 5 oder 7 fahrlässig handelt und die Überschuldung oder die drohende oder eingetretene Zahlungsunfähigkeit wenigstens fahrlässig nicht kennt oder

2. des Absatzes 2 in Verbindung mit Absatz 1 Nr. 2, 5 oder 7 fahrlässig handelt und die Überschuldung oder Zahlungsunfähigkeit wenigstens leichtfertig verursacht,

wird mit Freiheitsstrafe bis zu zwei Jahren oder mit Geldstrafe bestraft.

6) Die Tat ist nur dann strafbar, wenn der Täter seine Zahlungen eingestellt hat oder über sein Vermögen das Insolvenzverfahren eröffnet oder der Eröffnungsantrag mangels Masse abgewiesen worden ist.

§ 283a StGB: Besonders schwerer Fall des Bankrotts

In besonders schweren Fällen des § 283 Abs. 1 bis 3 wird der Bankrott mit Freiheitsstrafe von sechs Monaten bis zu zehn Jahren bestraft. Ein besonders schwerer Fall liegt in der Regel vor, wenn der Täter

1. aus Gewinnsucht handelt oder

2. wissentlich viele Personen in die Gefahr des Verlustes ihrer ihm anvertrauten Vermögenswerte oder in wirtschaftliche Not bringt.

§ 283b StGB: Verletzung der Buchführungspflicht

(1) Mit Freiheitsstrafe bis zu zwei Jahren oder mit Geldstrafe wird bestraft, wer

1. Handelsbücher, zu deren Führung er gesetzlich verpflichtet ist, zu führen unterlässt oder so führt oder verändert, dass die Übersicht über seinen Vermögensstand erschwert wird,

2. Handelsbücher oder sonstige Unterlagen, zu deren Aufbewahrung er nach Handelsrecht verpflichtet ist, vor Ablauf der gesetzlichen Aufbewahrungsfristen beiseiteschafft, verheimlicht, zerstört oder beschädigt und dadurch die Übersicht über seinen Vermögensstand erschwert,

3. entgegen dem Handelsrecht

    a) Bilanzen so aufstellt, dass die Übersicht über seinen Vermögensstand erschwert wird, oder

    b) es unterlässt, die Bilanz seines Vermögens oder das Inventar in der vorgeschriebenen Zeit aufzustellen.

(2) Wer in den Fällen des Absatzes 1 Nr. 1 oder 3 fahrlässig handelt, wird mit Freiheitsstrafe bis zu einem Jahr oder mit Geldstrafe bestraft.

(3) § 283 Abs. 6 gilt entsprechend.

§ 283c StGB: Gläubigerbegünstigung

(1) Wer in Kenntnis seiner Zahlungsunfähigkeit einem Gläubiger eine Sicherheit oder Befriedigung gewährt, die dieser nicht oder nicht in der Art oder nicht zu der Zeit zu beanspruchen hat, und ihn dadurch absichtlich oder wissentlich vor den übrigen Gläubigern begünstigt, wird mit Freiheitsstrafe bis zu zwei Jahren oder mit Geldstrafe bestraft.

(2) Der Versuch ist strafbar.

(3) § 283 Abs. 6 gilt entsprechend.

§ 283d StGB: Schuldnerbegünstigung

(1) Mit Freiheitsstrafe bis zu fünf Jahren oder mit Geldstrafe wird bestraft, wer

1. in Kenntnis der einem anderen drohenden Zahlungsunfähigkeit oder

2. nach Zahlungseinstellung, in einem Insolvenzverfahren oder in einem Verfahren zur Herbeiführung der Entscheidung über die Eröffnung des Insolvenzverfahrens eines anderen Bestandteile des Vermögens eines anderen, die im Falle der Eröffnung des Insolvenzverfahrens zur Insolvenzmasse gehören, mit dessen Einwilligung oder zu dessen Gunsten beiseiteschafft oder verheimlicht oder in einer den Anforderungen einer ordnungsgemäßen Wirtschaft widersprechenden Weise zerstört, beschädigt oder unbrauchbar macht.

(2) Der Versuch ist strafbar.

(3) In besonders schweren Fällen ist die Strafe Freiheitsstrafe von sechs Monaten bis zu zehn Jahren. Ein besonders schwerer Fall liegt in der Regel vor, wenn der Täter

1. aus Gewinnsucht handelt oder

2. wissentlich viele Personen in die Gefahr des Verlustes ihrer dem anderen anvertrauten Vermögenswerte oder in wirtschaftliche Not bringt.

(4) Die Tat ist nur dann strafbar, wenn der andere seine Zahlungen eingestellt hat oder über sein Vermögen das Insolvenzverfahren eröffnet oder der Eröffnungsantrag mangels Masse abgewiesen worden ist.

17.3   Tatbestandswirkung der Insolvenzeröffnung

Sämtliche Delikte haben als objektive Bedingung der Strafbarkeit, dass die Voraussetzungen für die Eröffnung eines Insolvenzverfahrens vorliegen müssen. Um festzustellen, ob ein Unternehmen oder Schuldner seine Zahlungen tatsächlich völlig eingestellt hat, muss die Staatsanwaltschaft bzw. das Gericht ggf. weitergehende Ermittlungen vornehmen. Hat das Insolvenzgericht eine Entscheidung bzgl. der Eröffnung eines Insolvenzverfahrens getroffen, entfaltet diese auch für das Strafverfahren **Tatbestandswirkung**, wobei es alleine auf die Rechtskraft des Eröffnungs- bzw. Abweisungsbeschlusses ankommt.[263] Der Beschuldigte kann sich, selbst wenn sich der Insolvenzrichter über die Voraussetzung der Insolvenzeröffnung geirrt haben sollte, hierauf nicht berufen, da die Entscheidung des Insolvenzgerichtes das Strafverfahren präjudiziert.

---

[263] BGH NJW 2001, S. 1874 ff

18   Steuerrecht in der Insolvenz

18.1   Allgemeines

Sobald das Insolvenzverfahren über das Vermögen eines Steuerschuldners eröffnet wird, treten **Besonderheiten beim steuerlichen Verfahren** im Finanzamt auf:

*   Zum einen hat das Finanzamt zwischen Insolvenzforderungen und Masseverbindlichkeiten zu differenzieren. In der Regel geschieht dies durch Vergabe von neuen Steuernummern (9000er-Nummer), z.B. 22/200/9099/9.
*   Zudem hat das Finanzamt das Vollstreckungsverbot bzw. die Zuständigkeit des Insolvenzverwalters durch Aufnahme eines Insolvenzvermerks sowie des Namens des Insolvenzverwalters in den Steuerkonten zu berücksichtigen.
*   Wenn das Finanzamt Insolvenzforderungen zur Tabelle anmeldet, wird kein Steuerbescheid, sondern eine Steuerberechnung der Forderungsanmeldung beigefügt. Verwaltungsakte dürfen nicht mehr ergehen.[264]

Wenn dagegen das **Finanzamt den Antrag auf Eröffnung des Insolvenzverfahrens stellt**, so sind zur Glaubhaftmachung der Steuerforderungen dem Antrag auch die Steuerbescheide und Steueranmeldungen beizufügen.[265] Grundsätzlich ist die Vorlage eines vollstreckbaren Titels Voraussetzung für die Glaubhaftmachung.[266]

Im Übrigen ist zu beachten, dass nach § 93 InsO die persönliche Haftung eines Gesellschafters einer Personengesellschaft (z.B. über § 128 InsO) nur über den Insolvenzverwalter geltend gemacht werden kann. Jedoch bleibt die Inanspruchnahme aufgrund steuerrechtlicher Vorschriften daneben zulässig.[267]

18.2   Verfahrensrechtliche Besonderheiten

18.2.1   Bekanntgabe im Insolvenzeröffnungsverfahren

Die Bekanntgabe von Steuerbescheiden im Insolvenzeröffnungsverfahren stellt sich wie folgt dar:

---

[264] AEAO § 122 Nr. 2.9.1
[265] BGH IX ZB 38/05 = ZInsO 2006, S. 97
[266] BGH IX ZB 246/05 = ZInsO 2006, S. 824 ff
[267] BGH IX ZR 265/01 = ZInsO 2002, S. 764

	Antrag auf Insolvenzeröffnung	Vorl. schwache Insolvenzverwaltung	Vorl. starke Insolvenzverwaltung
Bekanntgabe-adressat[268]	Schuldner	Schuldner	Vorl. starker Insolvenzverwalter
Inhaltsadressat[269]	Schuldner	Schuldner	Schuldner

18.2.2   Bekanntgabe im Insolvenzverfahren

Sobald das Insolvenzverfahren eröffnet wurde, ist hinsichtlich der Bekanntgabe von Steuerbescheiden zu unterscheiden:

■ Wenn die **Steuerschuld vor Insolvenzeröffnung** entstanden ist, handelt es sich um eine einfache Insolvenzforderung. In diesem Fall findet keine Steuerfestsetzung, sondern nur eine Steuerberechnung statt. Diese wird dann der Anmeldung zur Insolvenztabelle beigefügt. Ausnahmen ergeben sich, wenn es sich um eine 0,-- €-Festsetzung, einen vorteilhaften Feststellungs- und Messbescheid oder einen Bescheid aufgrund des Antrags des Insolvenzverwalters handelt.

■ Betrifft die **Steuerschuld insolvenzfreies Vermögen,** so erfolgt eine Steuerfestsetzung nach § 155 Abs. 1 S. 2 AO. Bekanntgabe- und Inhaltsadressat ist der Schuldner.[270]

■ Bei **Masseverbindlichkeiten** oder **Erstattungsansprüchen zu Gunsten der Masse** erfolgt eine Steuerfestsetzung (§ 155 Abs. 1 S. 2 AO). Bekanntgabeadressat ist der Insolvenzverwalter bzw. der vorläufige starke Insolvenzverwalter.[271] Inhaltsadressat ist dagegen der Schuldner.[272]

---

[268] AEAO § 122 Nr. 2.9.3
[269] AEAO § 122 Nr. 2.9.3
[270] AEAO § 122 Nr. 2.9.5

[271] AEAO § 122 Nr. 1.4
[272] AEAO § 122 Nr. 1.3

18.2.3 Erstattungsansprüche

Besonderheiten bestehen bei der Zusammenveranlagung von Ehegatten. Hier ergeht ein einheitlicher Steuerbescheid § 155 Abs. 1 S. 2 AO.

Ist der **Erstattungsanspruch vor Verfahrenseröffnung begründet** worden, so ist Bekanntgabeadressat der Insolvenzverwalter bzw. Treuhänder[273], Inhaltsadressat dagegen der Ehegatte bzw. Schuldner.[274] Gleiches gilt, wenn der **Anspruch nach Verfahrenseröffnung begründet** wurde. Betrifft er dagegen **insolvenzfreies Vermögen**, so ist unproblematisch der Schuldner Bekanntgabeadressat, Inhaltsadressat sind der Schuldner bzw. dessen Ehegatte. Wenn dagegen der Anspruch dem Vermögen des nicht insolventen Ehegatten zuzurechnen ist, so ist Bekanntgabeadressat der (nicht insolvente) Ehegatte, während Inhaltsadressaten beide Ehegatten sind.

18.2.4 Bekanntgabe im Insolvenzverfahren von Gesellschaften

Im Rahmen der Besteuerung von Personengesellschaften ist zu unterscheiden:

■ Wenn die Personengesellschaft Steuerschuldner ist, findet durch die Insolvenz der Gesellschaft keine Unterbrechung des Besteuerungsverfahrens statt. Die Steuerfestsetzung findet mittels Steuerbescheid statt. Bekanntgabeadressat ist die Gesellschaft oder deren Vertreter, Inhaltsadressat die Gesellschaft.

■ Im Fall der gesonderten und einheitlichen Feststellung (§ 180 Abs. 1 Nr. 2 a AO) unterbricht die Insolvenz eines Gesellschafters das Gewinnfeststellungsverfahren. Diesem Gesellschafter darf kein Bescheid gegenüber ergehen. In Bezug auf andere Gesellschafter bleibt das Verfahren unberührt; es ergeht ein Bescheid nach § 180 I Nr. 2 a AO.

18.2.5 Säumniszuschläge in der Insolvenz

Auch im Insolvenzverfahren besteht die Möglichkeit der Verhängung von Säumniszuschlägen durch das Finanzamt, § 240 AO. Jedoch ist zu differenzieren: Säumniszuschläge, die **bis zur Verfahrenseröffnung** entstanden sind, sind Insolvenzforderungen gemäß § 38 InsO,[275] während solche, welche **nach Verfahrenseröffnung** entstanden sind, nachrangige Insolvenzforderungen gemäß § 39 InsO sind.

---

[273] AEAO § 122 Nr. 1.4
[274] AEAO § 122 Nr. 1.3
[275] BGH VII B 284/04

Wenn feststeht, dass der Schuldner zum Zeitpunkt der Fälligkeit zahlungsunfähig oder überschuldet war, ist die Hälfte der Säumniszuschläge zu erlassen.[276] Ein entsprechender Eintrag in der Insolvenztabelle ist dann zu berichtigen.

18.3   Ertragsteuern in der Insolvenz

Die Folgen der Insolvenzeröffnung auf Ertragsteuern sind vielfältig. Im Folgenden werden einige wichtige Aspekte (ohne Anspruch auf Vollständigkeit) dargestellt.

18.3.1   Zuordnung der Verbindlichkeiten im Rahmen der Einkommensteuer

Im Rahmen der Einkommensteuer muss eine Zuordnung von Verbindlichkeiten zur ertragsteuerlichen Vermögenssphäre erfolgen:

- Besteht ein **privater Veranlassungszusammenhang,** so gehört die Verbindlichkeit zum Privatvermögen (Finanzierungskosten sind ggfs. Werbungskosten bei Überschusseinkunftsart).

- Bei einem **betrieblichen Veranlassungszusammenhang** gehört die Verbindlichkeit zum Betriebsvermögen. Im laufenden Betrieb bleibt die Verbindlichkeit Betriebsvermögen (soweit Verbindlichkeit nicht erloschen und betrieblicher Zusammenhang nicht gelöst). Nach Betriebsbeendigung bleibt die Verbindlichkeit im Betriebsvermögen (ohne Betrieb) oder wird in das Privatvermögen überführt.[277]

Die handels- und steuerrechtlichen **Buchführungs- und Rechnungslegungspflichten** bestehen während des Insolvenzverfahrens fort. Diese hat der Insolvenzverwalter zu erfüllen.[278]

18.3.2   Betriebsaufspaltung und Insolvenz

Besonderheiten bestehen im Zusammenhang mit der **Insolvenz des Betriebsunternehmens** im Rahmen von Betriebsaufspaltungen. Die Aufspaltung fällt durch die Insolvenz weg, so dass es zur Versteuerung stiller Reserven und zur Betriebsaufgabe beim Besitzunternehmer kommt.[279]

---

[276] AEAO § 240 Nr.. 5 c
[277] BFH VIII R 2/81 = BStBl 1985 S. 323
[278] BFH IV R 36/02 = BStBl II 2003, S. 871
[279] BFH XI R 2/96 = BStBl II 1997 S. 460

Gleiches gilt im Fall der **Insolvenz des Besitzunternehmens**, denn durch die Insolvenzeröffnung fällt die erforderliche personelle Verflechtung weg. Auch hier kommt es zu einer Versteuerung der stillen Reserven und zu einer Betriebsaufgabe durch den Besitzunternehmer.

18.3.3   Versteuerung von Sanierungsgewinnen

Hinsichtlich der Versteuerung von Sanierungsgewinnen ist seit dem Wegfall von § 3 Nr. 66 EStG von einer Versteuerungspflicht auszugehen. Zeitpunkt der Gewinnrealisierung ist der Verzicht des Gläubigers auf Forderungen, die betriebliche Verbindlichkeiten des Schuldners darstellen. Dies ist bei Eintritt der Rechtskraft des gerichtlich bestätigten Insolvenzplans bzw. ein anderer im Insolvenzplan festgelegter Zeitpunkt. Die **Voraussetzungen eines begünstigten Sanierungsgewinns** liegen bei einem Sanierungsplan regelmäßig dann vor, bei:[280]

- Sanierungsbedürftigkeit des Unternehmens,

- Sanierungsfähigkeit des Unternehmens,

- Sanierungseignung des Schuldenerlasses und

- Sanierungsabsicht der Gläubiger.

Auf Antrag können dann folgende **Rechtsfolgen** eintreten:

- Abweichende Steuerfestsetzung (§ 163 AO), so dass eine Verrechnung negativer Einkünfte und Verlustabzüge mit dem Sanierungsgewinn erfolgen kann. Verlustabzugsbeschränkungen sind unbeachtlich.

- Der verbleibende Gewinn kann gestundet werden (§ 222 AO) bis zur vorrangigen Verrechnung des Verlustvortrags aus dem Folgejahr mit den noch verbliebenen Sanierungsgewinnen.

- Die auf den Sanierungsgewinn endgültig verbleibende Einkommensteuer kann aus sachlichen Billigkeitsgründen erlassen werden (§ 227 AO).

---

[280] BMF-Schreiben vom 27.3.2003 = BStBl 2003, S. 240

18.4   Umsatzsteuer in der Insolvenz

18.4.1   Grundsätzliches

Die Unternehmereigenschaft des Schuldners gemäß § 2 Abs. 1 S. 1 UStG bleibt in der Insolvenz erhalten.[281] Genauso gilt der Grundsatz, dass ein Unternehmer nur ein Unternehmen haben kann, in der Insolvenz.[282] Daran ändert sich auch nichts dadurch, dass der Schuldner einen Teil seiner unternehmerischen Tätigkeit mit Hilfe von unpfändbaren Gegenständen ausübt.[283]

Die Regelungen über den jeweiligen **Entstehungszeitpunkt der Umsatzsteuer** gemäß § 13 UStG sind von dem Insolvenzverfahren nicht berührt. Für das Jahr der Verfahrenseröffnung ist das Kalenderjahr gemäß § 16 Abs. 1 S. 2 UStG der maßgebliche Besteuerungszeitraum, es sei denn, die unternehmerische Tätigkeit wird vor Ablauf des Kalenderjahrs eingestellt.[284]

Die bis zur Verfahrenseröffnung begründeten Umsatzsteueransprüche sind zur Tabelle anzumelden. Die nach Verfahrenseröffnung entstehenden Ansprüche sind Masseverbindlichkeiten nach § 55 Abs. 1 InsO. Sofern insolvenzfreies Vermögen betroffen ist (z.B. nach einer Freigabe durch den Insolvenzverwalter), ist der Schuldner zugleich Steuerschuldner. Maßgebliches Abgrenzungskriterium ist die insolvenzrechtliche Begründetheit.[285] Es kommt demnach nicht auf den Zeitpunkt der steuerrechtlichen Entstehung an, sondern auf das die Steuer begründende Rechtsgeschäft.

18.4.2   Verwertung von Sicherungsgut durch den Insolvenzverwalter

Hinsichtlich der Verwertung von Sicherungsgut in Form von **beweglichen Gegenständen** im Insolvenzverfahren ist Folgendes zu unterscheiden:

■ **Außerhalb des Insolvenzverfahrens** ist zwischen Verwaltung und Verkauf zu unterscheiden. Im Rahmen der Verwaltung liegt ein Doppelumsatz vor: Sicherungsgeber an Sicherungsnehmer und Sicherungsnehmer an Dritten.[286] Der BFH sieht den Verkauf dagegen als Dreifachumsatz: Sicherungsgeber an Dritten, Sicherungsgeber an Siche-

---

[281] BFH V R 196/83; BGH V R 21/02 = BStBl II 2003, S. 39

[282] BFH V R 87/99

[283] BFH V R 5/04 = BStBl II 2005, S. 848

[284] BFH V R 21/02 = BStBl II 2003, S. 39

[285] BFH VII R 75/03; BFH/NV 2005, S. 730

[286] BFH V R 57/79

rungsnehmer und Sicherungsnehmer an Sicherungsgeber (Kommission).[287]

■ **Im Rahmen eines Insolvenzverfahrens** ist wiederum danach zu differenzieren, ob der Sicherungsnehmer den Gegenstand verwertet (§§ 170 Abs. 2, 173 InsO) oder ob eine freihändige Verwertung durch den Insolvenzverwalter erfolgt (§ 166 Abs. 1 InsO). In ersterem Fall handelt es sich um einen Doppelumsatz: Sicherungsgeber an Sicherungsnehmer und Sicherungsnehmer an Dritten. Bei der freihändigen Verwertung durch den Insolvenzverwalter liegt dagegen nur ein Umsatz vor (Lieferung des Schuldners an den Dritten).

Bei **unbeweglichen Gegenständen** ist ebenfalls danach zu unterscheiden, ob die Verwertung außerhalb oder innerhalb des Insolvenzverfahrens erfolgt.

■ **Außerhalb des Insolvenzverfahrens** erfolgt die Verwertung durch Zwangsversteigerung, welche eine steuerfreie Lieferung darstellt (§ 4 Nr. 9 a UStG), es sei denn, es wird zur Umsatzsteuer optiert (§ 9 Abs. 3 S. 1 UStG). Die Umsatzsteuerschuld wäre dann eine Masseverbindlichkeit. Steuerschuldner ist der Leistungsempfänger gemäß § 13 b Abs. 1 Nr. 3 UStG.

■ **Im Rahmen des Insolvenzverfahrens** hat der Insolvenzverwalter ein Wahlrecht. Er kann den oben beschriebenen Weg der Zwangsversteigerung gehen oder den des freihändigen Verkaufs. Letzterer stellt eine steuerfreie Lieferung nach § 4 Nr. 9 a UStG dar, es sei denn, es wird zur Umsatzsteuer optiert, § 9 Abs. 3 S. 1 UStG.

---

[287] BMF Schreiben vom 30.11.2006 – IV A 5 S 7100 – 166/06 = BStBl I 2006, S. 794

19   Internationales Insolvenzrecht

19.1   Grundsätze

Das Internationale Insolvenzrecht erlangt durch den zunehmenden internationalen Rechtsverkehr stetig an Bedeutung. Es regelt dabei die gerichtliche Zuständigkeit und das anwendbare Recht in Insolvenzfällen mit grenzüberschreitenden Bezügen. Hierbei sind zwei Regelungsbereiche zu unterscheiden:

Innerhalb der Europäischen Union (ohne Dänemark) hat die EuInsVO (EG-VO Nr. 1346/2000) den Vorrang vor dem Recht der einzelnen Mitgliedstaaten.

Die EuInsVO geht von drei wesentlichen Grundsätzen aus:

*   **Automatische Anerkennung** des Hauptverfahrens innerhalb der EU

*   **Ausschließlichkeit**, d.h. eine Zuständigkeit nach der EuInsVO verdrängt andere Zuständigkeiten (Art. 17 EuInsVO)

*   **Ausschließlichkeit**, d.h. das Hauptverfahren verdrängt grundsätzlich etwaige Partikularverfahren

In Bezug auf alle anderen Länder gelten dagegen die §§ 335 ff InsO. Der Grundsatz besteht hier darin, dass die Eröffnung eines ausländischen Insolvenzverfahrens in Deutschland anzuerkennen ist, wenn nicht deutsche Gerichte zuständig sind und die Rechtsanwendung nicht mit wesentlichen Grundsätzen des deutschen Rechts unvereinbar ist. Insbesondere muss die ausländische Rechtsordnung die Grundrechte anerkennen. In den §§ 336 bis 342 InsO werden Sonderanknüpfungen normiert, die verstärkt dem Interesse des Rechtsverkehrs dienen sollen.

Insgesamt bestehen erhebliche Gemeinsamkeiten zwischen der EuInsVO und den §§ 335 ff InsO, wie die nachfolgende Übersicht zeigt.

EuInsVO	Insolvenzordnung
Art. 3 Abs. 1	§ 3
Art. 4, 28	§ 335
Art. 8	§ 336
Art. 10	§ 337
Art. 6	§ 338
Art. 13	§ 339
Art. 9	§ 340
Art. 32, 39	§ 341
Art. 20	§ 342
Art. 16, 26	§ 343 Abs. 1
Art. 25	§ 343 Abs. 2
Art. 21	§ 345
Art. 22	§ 346
Art. 19	§ 347
Art. 14	§ 349
Art. 24	§ 350
Art. 5	§ 351
Art. 15	§ 352
Art. 25	§ 353
Art. 3 Abs. 2, Art. 4	§ 354
Art. 34 Abs. 2	§ 355
Art. 27	§ 356
Art. 31	§ 357 Abs. 1
Art. 32 Abs. 3	§ 357 Abs. 2
Art. 35	§ 358

19.2   Allgemeine Anknüpfungsnorm

Die EuInsVO geht vom sog. **Käseglockenprinzip** aus. Das Hauptverfahren hat universale Geltung denn es erfasst das gesamte Vermögen des Schuldners weltweit. Bildlich wirkt das Hauptverfahren wirkt wie „große Käseglocke", die über Schuldnervermögen gestülpt wird. Deswegen sieht Art. 4 Abs. 1 EuInsVO vor, daß das Insolvenzverfahren und seine Wirkungen sich nach dem Recht des Mitgliedstaates richten, in dem das Verfahren eröffnet wird. Zuständig sind die Gerichte des Mitgliedstaates, in welchem der Schuldner den Mittelpunkt seiner hauptsächlichen (wirtschaftlichen) Interessen hat (**center of main interests COMI**), Art. 3 Abs. 1 EuInsVO. Zur Bestimmung des COMI kommt es allein auf den

Zeitpunkt der Antragstellung an.[288] Bei Gesellschaften und juristischen Personen wird vermutet, daß dies an deren Sitz ist, Art. 3 Abs. 1 S. 2 EuInsVO.[289] Bei Konzerninsolvenzen ist der COMI jedes einzelnen Rechtsträgers gesondert zu ermitteln.[290]

Nach Art. 3 Abs. 4 EUInsVO kommen **Partikularverfahren** („kleine Käseglocken") innerhalb und außerhalb der „großen Käseglocke" nur in Bezug auf das im Territorium des Partikularverfahrensstaats belegene Vermögen (Art. 2 lit g EuInsVO) vor. Hierbei sind wiederum zwei Fälle zu unterscheiden:

- Isolierte Partikularverfahren werden vor Hauptverfahren eröffnet und nehmen das im Gebiet des Partikularverfahrensstaat belegene Vermögen schon von Anfang an aus dem Hauptverfahren und somit der „großen Käseglocke" aus.

- Sekundärverfahren: werden erst nach Hauptverfahrenseröffnung eröffnet: Beschlagswirkungen dieser „kleinen Käseglocke" überlagern mit ex-nunc-Wirkung den Beschlag der „großen Käseglocke". Sobald die Wirkungen des Sekundärverfahrens infolge Sekundärinsolvenzaufhebung enden, greift wieder der Beschlag der „großen Käseglocke" ein.

19.3   Wichtige Einzelanknüpfungen der EuInsVO

Die EuInsVO ist weiterhin dadurch gekennzeichnet, dass sie neben dem Grundsatz zahlreiche Einzelregelungen für verschiedene Bereiche aufstellt:

19.3.1   Dingliche Rechte Dritter

Art. 5 Abs. 1 EUInsVO bestimmt demnach, dass dingliche Rechte Dritter durch die Verfahrenseröffnung nicht berührt werden. Eine abschließende Aufzählung des dinglichen Rechts ist in dieser Vorschrift nicht enthalten. Vielmehr sind in Art. 5 Abs. 2 EuInsVO nur wichtige Bespiele aufgeführt:

- Art. 5 Abs. 2 a EuInsVO: Hypothek, Pfandrecht
- Art. 5 Abs. 2 b EuInsVO: Sicherungsabtretung
- Art. 5 Abs. 2 c EuInsVO: Vormerkung

Wichtig ist, dass diese Begrifflichkeiten unabhängig von den Begriffen der einzelnen Mitgliedstaaten ausgelegt werden (autonome Auslegung).

Weitere Anknüpfungen der EuInsVO sind in den folgenden Abschnitten aufgeführt.

---

[288] EuGH C-1/04 Staubitz-Schreiber
[289] BGH IX ZR 232/10 = DB 2012, S. 223 ff
[290] EuGH C-341/04 Eurofood/Parlamat

19.3.2   Aufrechnung

Für die Aufrechnung gilt Art. 6 EuInsVO, wonach grundsätzlich das Recht des Mitgliedstaats gilt, bei dem das Insolvenzverfahren anhängig ist (lex fori concursus).

19.3.3   Eigentumsvorbehalt

Die Eröffnung eines Insolvenzverfahrens gegen den Käufer einer Sache lässt die Rechte des Verkäufers aus einem Eigentumsvorbehalt unberührt, wenn sich diese Sache zum Zeitpunkt der Eröffnung des Verfahrens eines anderen Mitgliedstaats als dem der Verfahrenseröffnung befindet, Art. 7 Abs. 1 EuInsVO.

Was dagegen den Eigentumsvorbehalt in der Verkäuferinsolvenz angeht, so ist das Anwartschaftsrecht des Käufers insolvenzfest, Art. 7 Abs. 2 EuInsVO.

19.3.4   Verträge über unbewegliche Gegenstände

Gemäß Art. 8 EuInsVO gilt das Recht des Staates, in welchem der Gegenstand belegen ist.

19.3.5   Zahlungssysteme und Finanzmärkte

Zahlungssysteme und Finanzmärkte richten sich entsprechend Art. 9 EuInsVO nach dem Recht des Mitgliedstaates, das für das Zahlungssystem gilt.

19.3.6   Arbeitsverträge

Für die Wirkungen des Insolvenzverfahrens auf einen Arbeitsvertrag und auf das Arbeitsverhältnis gilt ausschließlich das Recht des Mitgliedstaates, das auf den Arbeitsvertrag anwendbar ist, Art. 10 EuInsVO.

Für das Arbeitsrecht befanden sich die entsprechenden Regelungen bis zum 16.12.2009 in Art. 27, 30 EGBGB. Nunmehr finden sich diese in § 8 der Rom-I-Verordnung (Verordnung (EG) Nr. 593/2008 des Europäischen Parlaments und des Rates vom 17. Juni 2008 über das auf vertragliche Schuldverhältnisse anwendbare Recht).

Grundsätzlich steht es den Arbeitsvertragsparteien frei, zu wählen, welche Rechtsordnung zur Anwendung kommen soll (§ 8 i.V.m. § 3 Rom I). Insofern besteht wieder die Problematik, dass ein Arbeitgeber, der üblicherweise die stärkere Vertragspartei ist, dies ausnutzen könnte, indem er das Recht des Staates für anwendbar erklärt, das den wenigsten Schutz des Arbeitnehmers enthält. Jedoch darf **freie Rechtswahl** nicht dazu führen, dass zwingende Bestimmungen des Rechts verloren gehen.

19.3.7   Benachteiligende Handlungen

In Bezug auf die Insolvenzanfechtung gilt Art. 13 EuInsVO. Demnach ist grundsätzlich das Recht am Sitz des Prozessgerichts (lex fori processus) zuständig. Lediglich Einwendungen richten sich nach dem Recht des Landes, aus welchem die Einwendungen resultieren (lex causae).

19.3.8   Schutz des entgeltlichen Dritterwerbs

Verfügt der Schuldner durch eine nach Eröffnung des Insolvenzverfahrens vorgenommene Rechtshandlung gegen Entgelt über

- einen beweglichen Gegenstand,

- über ein Schiff oder ein Luftfahrzeug, das der Eintragung in ein öffentliches Register unterliegt oder

- über Wertpapiere, deren Eintragung in ein gesetzlich vorgeschriebenes Register Voraussetzung für ihre Existenz ist.

Hier gilt im ersten Fall das Recht am Belegenheitsort, während in den letzten beiden Fällen das Recht am Ort des Registers zur Anwendung kommt.

19.3.9   Anhängige Rechtsstreite

Art. 15 EuInsVO sieht hinsichtlich der Frage der Massezugehörigkeit eines Gegenstands die Zuständigkeit des Mitgliedstaats vor, bei dem das Insolvenzverfahren anhängig ist (lex fori concursus). Im Gegensatz dazu richten sich die Wirkungen des Insolvenzverfahrens auf den Rechtsstreit nach dem Prozessgericht (lex fori processus).

Stichwortverzeichnis

The manufacturer's authorised representative in the EU is Springer
Nature Customer Service Centre GmbH, Europaplatz 3, 69115 Heidelberg,
Germany. If you have any concerns regarding our products, please
contact ProductSafety@springernature.com

Printed and bound by CPI Group (UK) Ltd, Croydon, CR0 4YY
30/04/2026
02100569-0002